迈向共同富裕

——浙江上虞八乡镇“强村富民”调查

裘　斌◎著

中国财经出版传媒集团
中国财政经济出版社
·北京·

图书在版编目（CIP）数据

迈向共同富裕 ： 浙江上虞八乡镇“强村富民”调查 / 裘斌著. -- 北京 ： 中国财政经济出版社, 2024. 10.

ISBN 978-7-5223-3490-5

Ⅰ. F127.554

中国国家版本馆CIP数据核字第2024WG2102号

责任编辑：董小烨　　责任校对：徐艳丽

封面设计：孙俪铭　　责任印制：张　健

迈向共同富裕——浙江上虞八乡镇“强村富民”调查

MAIXIANG GONGTONG FUYU

——ZHEJIANG SHANGYU BAXIANGZHEN “QIANGCUN FUMIN” DIAOCHA

中国财政经济出版社 出版

URL: http: //www. cfeph. cn

E－mail: cfeph@ cfeph. cn

社址：北京市海淀区阜成路甲 28 号　邮政编码：100142

营销中心电话：010－88191522

天猫网店：中国财政经济出版社旗舰店

网址：https: //zgczjjcbs. tmall. com

北京厚诚则铭印刷科技有限公司印刷　各地新华书店经销

成品尺寸：170mm×240mm　16 开　17 印张　261 000 字

2024 年 10 月第 1 版　2024 年 10 月北京第 1 次印刷

定价：68. 00 元

ISBN 978－7－5223－3490－5

（图书出现印装问题，本社负责调换，电话：010－88190548）

本社质量投诉电话：010－88190744

打击盗版举报热线：010－88191661　QQ：2242791300

“绍兴市社科赋能共同富裕行动”首批调研课题
“聚力强村富民，提速赋能共同富裕对策研究”成果
（编号：145HQ17）

绍兴文理学院
出版基金资助

目　录

引　子

2021 年 5 月 20 日，《中共中央 国务院关于支持浙江高质量发展 建设共同富裕示范区的意见》（以下简称《意见》）发布，《意见》指出，当前，我国发展不平衡不充分问题仍然突出，城乡区域发展和收入分配差距较大，各地区推动共同富裕的基础和条件不尽相同。促进全体人民共同富裕是一项长期艰巨的任务，需要选取部分地区先行先试、作出示范。

《意见》指出，浙江省在探索解决发展不平衡不充分问题方面取得了明显成效，具备开展共同富裕示范区建设的基础和优势，也存在一些"短板"和弱项，具有广阔的优化空间和发展潜力。支持浙江高质量发展建设共同富裕示范区，有利于通过实践进一步丰富共同富裕的思想内涵，有利于探索破解新时代社会主要矛盾的有效途径，有利于为全国推动共同富裕提供省域范例，有利于打造新时代全面展示中国特色社会主义制度优越性的重要窗口。

这是一个国家层面支持浙江省高质量发展建设共同富裕示范区的文件，表明了中央对浙江省争创共同富裕示范区的认可和期望。承接这一中央下达的光荣使命和任务后，浙江省委、省政府与广大干部群众备受鼓舞，并以实际行动投身到争创高质量发展建设共同富裕示范区的火热实践中去。

习近平同志指出，“从中华民族伟大复兴战略全局看，民族要复兴，乡村必振兴。”[①] 推进我国现代化建设的关键问题是“三农”问题。而在推进农民共同富裕的系统工程中，强村富民无疑是重中之重。2022 年 2 月 22 日，浙江省委农村工作会议暨粮食安全工作会议召开，大会指出，浙江将全面推进以集体经济为核心的“强村富民”乡村集成改革，重点打好“标准地改革 + 农业‘双强’”“宅基地改革 + 乡村建设”“市场化改革 + 集体经营”“数字化改革 + 赋能创富”四套改革组合拳。

不难看出，四套改革组合拳瞄准了兴业富民、活权富民、强村富民三大重点。接下去，浙江将进一步完善农业标准地改革、农村一二三产业融合发展用地保障、村集体经营性建设用地入市试点等意见，制订闲置农房激活改革方案等，持续完善落实“强村富民”的关键政策。

2022 年 6 月 20 日，中国共产党浙江省第十五次代表大会召开。时任省委书记袁家军作了题为“忠实践行‘八八战略’坚决做到‘两个维护’在高质量发展中奋力推进中国特色社会主义共同富裕先行和省域现代化先行”的报告。大会号召全体党员干部团结带领全省人民忠实践行“八八战略”、奋力打造“重要窗口”，坚决扛起高质量发展建设共同富裕示范区政治责任，深入实施富民强省十大行动计划，全面建设“六个浙江”，让浙江发展站上新的更高起点。

在中央和省委的部署下，绍兴迅速吹响了打造新时代共同富裕示范区的号角。2021 年 7 月 27 日，中共绍兴市委、绍兴市人民政府印发《绍兴奋力打造浙江高质量发展建设共同富裕示范区市域范例行动方案（2021—2025 年）》，要求全体党员干部和群众坚持党的全面领导、以人民为中心、共建共享、改革创新、系统观念“五大工作原则”，以满足人民日益增长的美好生活需要为根本目的，以数字化改革为重要手段，以改革创新为根本动力，以解决地区差距、城乡差距和收入差距问题为主攻方向，持续打好以“两业经”“双城计”“活力城”为重点的高质量发展组合拳，加快破解发展不平衡不充分问题，着力构建在高质量发展中扎实推动共同富裕的体制机制。

---

① 习近平谈治国理政（第四卷）［M］. 北京：外文出版社，2022：192.

为切实加强高质量发展推动共同富裕工作的组织领导和统筹协调，奋力打造浙江高质量发展建设共同富裕示范区市域范例，市委、市政府决定成立绍兴市高质量发展推动共同富裕领导小组。市委书记任组长，市长任第一副组长。绍兴市委、市政府的一把手、二把手分别担任领导小组的组长和第一副组长，可见该领导小组的分量和该项工作的地位。

2022 年 2 月 28 日，中国共产党绍兴市第九次代表大会开幕，这是在全市上下喜迎党的二十大、奋进新征程关键时刻召开的一次重要会议。大会的主题是：坚持以习近平新时代中国特色社会主义思想为指导，忠实践行“八八战略”、奋力打造“重要窗口”，聚焦聚力“五个率先”，动员全市各级党组织和广大党员干部群众，坚定不移做“两个确立”忠诚拥护者、“两个维护”示范引领者，加快建设高水平网络大城市，全力打造新时代共同富裕地，率先走出争创社会主义现代化先行省市域发展之路。

黄仁宇先生认为，一个国家的现代化“不仅是一种政治体制的改革，而且要透过社会的各阶层”。[①] 在中共绍兴市第九次代表大会上，绍兴市委聚合全市力量，集思广益，提出“建设高水平网络大城市，打造新时代共同富裕地”的新目标，聚焦“五个率先”，谋划建设“五个城”，即将绍兴建设成为成果惠及全市人民的创新之城、开放之城、生活之城、品质之城、善治之城。

而“率先走出腾笼换鸟、凤凰涅槃的智造强市之路，建设充满活力的创新之城”则作为首要目标引发关注。近年来，绍兴深化传统产业改造提升，基本形成现代纺织、绿色化工世界级制造业集群。同时，黄酒、珍珠、丝绸等经典产业也不断传承创新，绍兴“黄酒之都”“国际珠宝中心”“中国丝高地”等品牌不断打响。

与此同时，新兴产业也在成长壮大。以中芯国际、长电科技等重大牵引项目的落户为基础，绍兴成功创建国家创新型城市。以高端生物医药、集成电路、高分子新材料三大省级“万亩千亿”新产业平台为依托，绍兴新兴产业的发展正在迎接一个新的春天。围绕高端装备、新材料、电子信息、现代医药四大领域，聚焦第三代半导体、超高清视频、氢能及燃料电

---

① 黄仁宇．现代中国的历程［M］．北京：中华书局，2011：235.

池等前沿产业，绍兴主导产业布局正不断优化，逐步形成科学分工、错位互补的产业一体化发展格局。

日益完善的产业协作体系，使绍兴加快融入长三角一体化的发展浪潮，为建设高质量网络大城市奠定了重要基石。而城乡区域的一体化发展，则是共同富裕的关键所在。如今，绍兴人民感受到了杭绍台高速、杭台高铁带来的便利，“县县通高铁”已然实现。在绍兴，智慧快速路网已初步成形，城乡居民的生活发生可喜变化。此次党代会上，绍兴提出，在未来五年将突出扩中提低、城乡协同、全域均衡，构建高水平一体化的公共服务体系。

老百姓的幸福感也在不断加强。2019 年以来，绍兴坚持和发展新时代“枫桥经验”，基本公共服务均等化实现度居全省首位，城乡居民收入倍差降至 1.71，居全省前列。翘首未来，依托生态、人文资源和数字化改革的推动，群众对生活的满意度将不断提升。

将自己的思考研究与社会发展紧密结合起来，既是社科人的使命，也是社科人的责任。2022 年 6 月，根据《绍兴市社科赋能共同富裕行动方案》（以下简称《方案》）工作部署，市社会科学界联合会（以下简称社科联）积极摸排各地在推进共同富裕建设过程中遇到的难题，列出了一批研究选题清单。根据《方案》确定的工作进度，市社科联着手组建专家团队赴各区（县、市）开展课题的实地调研。

笔者对有关会议和通知给予了关注和回应，及时提交了项目申请书。我们希望通过参与本次调研行动，一方面履行社科人的责任和担当，另一方面也能更好地了解本市基层建设共同富裕示范区的具体情况，为后续的进一步研究夯实基础。

不久，笔者就收到了市社科联党建和社会发展研究室主任胡桂兰女士的电话，她对我们申报本次团队调研行动表示赞赏。市社科联在组建调研团队前，让各区（县、市）社科联事先报送了有关社科赋能共同富裕行动调研题目。其中，上虞区报送了两个选题，其中一个为“聚力强村富民，提速赋能共同富裕对策研究（上虞区）”。

应该说，上虞区在推进区域共同富裕方面的工作开展得颇为扎实。当时，为了切实增强推进全区共同富裕建设工作的责任感、使命感、紧迫感，扛起为全省全国共同富裕伟大实践探路的政治担当，努力提供一批可复制可推广的共同富裕成功经验，上虞区委、区政府已经开展“共同富裕提质年”活动，该活动全面贯彻党的十九大和党的十九届历次全会、浙江省委十四届十次全会精神，完整准确全面贯彻新发展理念，忠实践行“八八战略”，奋力打造“重要窗口”，牢牢把握“勇毅笃行、唯实惟先”总体要求。在推动共同富裕上，主动争先，担当有为，在缩小区域、城乡收入差距上先行突破，率先构建城乡共富共美新格局，全力推动全区迈向现代化和共同富裕，在浙江高质量发展建设共同富裕示范区中勇当排头兵、争做优等生，奋力谱写现代化共同富裕美好社会新篇章。

市社科联对于本次活动非常重视，2022 年 7 月 20 日，专门举行了绍兴市新型智库联盟成立暨社科赋能共同富裕行动启动仪式。市委常委、宣传部部长丁如兴和省社科联党组成员、秘书长刘东等领导出席启动仪式。参会人员包括市委改革办（政研室）、市社科联主要负责人和分管负责人，市委宣传部、市政府研究室、市发展和改革委、市经济和信息化局、市教育局、市科技局、市民政局、市财政局、市人力资源和社会保障局负责人，各区（县、市）社科联主要负责人，各高校社科联负责人，社科赋能共同富裕行动专家团队负责人，绍兴市新型智库联盟成员单位负责人。

下面是笔者代表专家团队在绍兴市社科赋能共同富裕行动启动仪式上的发言。

非常高兴能够参加今天的绍兴市新型智库联盟成立暨社科赋能共同富裕行动启动仪式，作为绍兴社科人的一员，我感到责任重大，又感到深受鼓舞。

在 2022 年 2 月 28 日开幕的中共绍兴市第九次代表大会提出了“建设高水平网络大城市，打造新时代共同富裕地”的新目标，绍兴将聚焦“五个率先”，谋划建设“创新之城、开放之城、生活之城、品质之城、善治之城”。在党建引领、立足市情、砥砺前行进程中，绍兴正在谱写新时代的奋斗之歌。但是，我们也要看到，在取得令人自豪成绩的同时，我们也面临一些发展中的问题。以上虞区的城乡均衡发展为例，既要看到近年来在增加农民收入、推进城乡一体化方面的成绩，也要正视村集体收入来源有待多元化、资源利用有待综合化、农民增收有待系统化等问题。在解决上述问题进程中，作为绍兴社科人，我们责无旁贷，使命在肩。为此，我们团队将立足上虞区，围绕“聚力强村富民，提速赋能共同富裕对策研究”课题进行深入思考，将社科赋能共同富裕行动落细落小落实。

今天，我能够以社科赋能共同富裕行动专家团队负责人的身份参加会议，要感谢各位领导和专家对我们的信任，同时，我们也会将这种信任转化为认真研究的动力。首先，团队将加强学习，认真学习中央、省委、市委关于共同富裕和现代化建设的指导性文件，认真学习国内外、省内外、市内外关于共同富裕的研究新成果；其次，我们团队将加强调研，没有调查研究就没有发言权。我们将带着问题，深入调研，聚焦共同富裕，努力提出有价值的建议和对策；最后，我们将加强思考和创新，创新是一座城市的灵魂，绍兴将建设充满活力的创新之城作为首要目标，要求我们在思考和研究中弘扬胆剑精神，聚焦问题，大胆探索，大胆创新，奋发有为。

中共浙江省第十五次代表大会提出了“两个先行”的战略指引，为我们下一阶段的努力明确了方向。作为研究团队，我们将尽力而为，扎实研究，将论文写在绍兴大地上，这是我们的责任，也是我们的目标。

发言稿虽不长，却表达了我们参与本次调研活动的初衷和期待，也展示了本团队参与社科赋能活动的使命感和担当意识。

启动仪式后，本次调研的联络人、绍兴市社会科学院副院长李建兴来询问本次调研的具体方案。于是，我们团队加班加点撰写调研方案。经过与团队成员的交流和确认，最后将现场调研时间定为 2022 年 8 月 15 日（周一）至 8 月 19 日（周五），共 5 天。调研的主题是“聚力强村富民，提速赋能共同富裕对策研究”。

在调研地点的安排上，考虑到上虞区各地地貌方位的区别，我们决定重点选择八个乡镇开展调研。它们是小越街道、小越街道倪梁村，盖北镇、盖北镇珠海村，松厦街道、松厦街道祝温村，道墟街道、道墟街道称海村，汤浦镇、汤浦镇舜岸村，岭南乡、岭南乡青山村，丰惠镇、丰惠镇西湖村、鑫和生态农业园，永和镇，全域共富青峰项目。

曹锦清先生曾经说过，“对于乡村社会调查来说，第一个大问题是如何‘入场’，第二个大问题是如何保存‘现场’”。[①] 为了做好本次上虞八

① 曹锦清．黄河边的中国——一个学者对乡村社会的观察与思考［M］．上海：上海文艺出版社，2000：2.

乡镇调查的“入场”工作，我们除了调查前的用心准备，还在调研过程中与基层干部和群众推心置腹，千方百计地了解基层民众的真情实感。为了做好保存“现场”的工作，我们在与基层干部和群众沟通时尽可能地做好调研笔记，把一些干部和群众讲的话原汁原味地记录下来，尽量让本书阅读者有一种身临其境的现场感。

调研活动开展得非常顺利，这里需要特别感谢两位同志，一位是绍兴市社会科学院的李建兴副院长，他是本次调研行动的市社科联联络人，工作非常负责，不仅早早跟我联系，让我尽早提交调研方案，而且还对我们提交的调研方案进行了认真的阅读，并提出了中肯的修改意见。另一位是上虞区社科联副主席王赛君女士，王女士工作非常认真负责，她与上虞社科联的章鑫女士全程陪同本次调研，使调研非常顺利。调研结束后，我写了个感想：

2022 年 8 月 15 日至 8 月 21 日，在市社科联诸位领导大力支持下，在上虞区社科联和有关街道、乡镇、村社大力配合下，本团队围绕“聚力强村富民，提速赋能共同富裕对策研究（上虞区）”课题开展了为期一周的沉浸式实地调研，收获很大，感触很多。一是深深感到只有开展切实调研，才能真正了解情况，切实思考对策。我们在一周内深入走访了上虞区八个乡镇和街道，调研的村庄有虞北的工业发达村，也有虞南的农业特色村，有虞西的新兴产业村，也有虞东的绍甬接壤村，了解到许多新情况，对如何推进上虞区强村富民也有了更多的思考。二是深深感到团队的力量是扎实调研的可靠保证。本次调研，我们得到市社科联各位领导大力支持，得到上虞区各地基层干部的热忱配合，基层干部和群众毫无保留地向我们介绍有关情况，同时团队各位成员风雨无阻，同甘共苦，坦诚交流，获益良多。三是深深感到社科人服务乡村振兴和共同富裕大有可为。本次下基层调查研究，有关干部和群众对我们的工作大力支持，也热切希望调研团队为他们下一步的工作把方向、提建议。这使我们深受鼓舞，也有沉甸甸的使命感和责任感。

陈旭麓先生认为，“变与不变，是对时代推来的问题作出的两种相反回答。两者都出自中国社会的现实，并各自反映了这种现实的一部分”。[①]

① 陈旭麓．近代中国社会的新陈代谢［M］．北京：中国人民大学出版社，2012：166.

对于全面建设社会主义现代化强国背景下的中国乡村而言，变的是不同时间、地点、条件下强村富民的具体思路、方法、手段，不变的是强村富民、兴村共富目标和以人民为中心思想的锚定。如何根据不同的乡情、村情擘画不同的强村富民蓝图，既是我们平时感兴趣的一个课题，也是本次上虞强村富民八乡镇调查的基本思路。

一

“工贸小越”与“书香倪梁”

小越概述

小越，目前行政区类别为街道地处上虞区东北部，东邻宁波市余姚市牟山镇，东南接驿亭镇，西南连百官街道，西北接谢塘镇，东北与宁波市余姚市黄家埠镇接壤，总面积29.5平方千米。

小越历史悠久延绵，曾有过清明上河图般的盛况。有诗云“流水小桥石板街，长廊倚楼曲尺柜。”至今小越留有磨剑井、伏龙山、潼主娘娘庙等遗迹，境内留有陈春澜故居及小春晖学堂。据传，春秋末期，越王勾践曾在此屯兵。迄今，小越后山尚留有遗迹。五代十国时期，吴越王钱镠将小女嫁于此，故名“小越”。

唐朝时，小越属上虞县永丰乡三都、四都。1983年，分设小越镇、越东乡、双堰乡。1992年4月，越东乡、双堰乡并入小越镇。2017年，撤销小越镇，设立小越街道。截至2021年10月，小越街道辖1个社区、14个行政村。

小越是古越文化核心区，是上虞剪纸文化、竹雕文化、商埠文化的重要传承地。小城镇综合建设行动开展以来，小越街道坚持目标、问题、效果三大导向，高起点规划，高标准整治，大力度提升，以“千年商埠，灵秀小越”为目标蓝图，注重将商埠文化与灵山秀水融合，规划打造以工贸为主导，以历史文化休闲旅游为特色的商业旅游文化中心和古今共存、城乡共融、独具韵味的商埠文化产业示范区。

近年来，小越街道重点围绕“一轴，一脉，一片两点三区块”，即以329国道为主轴、街河水系为主脉、街区生活居住片和东西端的入城门户为重点，突出小越湖休闲度假区、小越主街区和同心里大宅院历史建筑区三大亮点区块，明确“东拓、西联、中优”的整治思路，进一步拉大街道发展框架，提升街道发展品质。

小越通过提升景观环境，协调建筑风貌，打造越中路、犁压湾公园等特色风情街区；深化民生设施，提高“宜游、宜业、宜居”的良好环境；抓好商贸建设，提高现代汽车城、国际石狮商贸城等发展水平，小越切实彰显商埠活力，全力打造“千年商埠，灵秀小越”，着力推进“工贸小越”“品质小越”建设再上新台阶。

干货满满的新时代文明实践站

小越是我们团队上虞调研的第一站，2022 年 8 月 15 日，调研团队从绍兴越城出发，开启了上虞强村富民调研行动。绍兴市社科联领导对于我们这次社科赋能共同富裕调研非常重视，市社会科学院李建兴副院长专门负责对接我们团队与上虞区调研的有关具体事务，李建兴副院长对中国基层治理和建设领域有很深的研究造诣，2015 年，他发表在《浙江社会科学》的《乡村变革与乡贤治理的回归》一文广受研究者关注。

我们与李建兴副院长一同前往上虞小越，路上，我们开始了关于乡村治理和建设的讨论，开始了本次乡村调研的“热身运动”。我先聊到了李建兴副院长 2015 年发表在《浙江社会科学》上的《乡村变革与乡贤治理的回归》，聊到了上虞的乡贤文化研究。关于这一话题，我与李建兴副院长有很多共同语言。在交流中，我发现李建兴副院长依旧对乡村治理中的乡贤问题保持着深切的关注和深入的思考，他认为需要理性地看待乡贤回村参加乡建现象，一方面，这反映了当代新乡贤对家乡的关爱和反哺；另一方面也要注意为乡贤回村创业提供尽可能便利的条件，要尽量保障乡贤回乡后能够在其事业发展方面继续得到正向推进，“资本有逐利性，乡贤来家乡投资也是要挣钱的。”李建兴副院长说。我对他的观点深表赞同。

越城距上虞并不远，不费多少时间，我们就来到小越街道下辖的全国文明村——倪梁村。倪梁村紧邻小越街道，属于镇郊村，学术界对此类村庄的经济发展都较为看好，因为这种地方的村庄不担心没有产业支撑，村庄旁边通常有厂房，坐拥区位优势。

倪梁村书记倪建君已在村党群服务中心等待我们，到场陪同的还有小越街道宣传委员陈薇和街道分管农业的农办主任胡国庆等有关干部。

倪梁村是上虞区三个全国文明村之一，不但经济发展在上虞乡村中名列前茅，而且在精神文明建设方面出类拔萃，因此，我们到倪梁村的考察第一站就是该村的新时代文明实践站。考察发现，该村新时代文明实践站的运行非常规范，长期有干部值守，我们去时正在搞书法培训。根据倪建君书记介绍，目前该村正在打算创建书法特色村。现在，每周六安排培训书法活动，有兴趣的村民可以自己报名，年龄不限，年纪大的更受欢迎。指导书法的一位老师是本村人，是书法家协会会员，另一位专门在区里搞培训的老师也被村庄请回来了，所以目前共有两位老师。

倪梁村的新时代文明实践站除了打造村庄精神文明建设新高地，还开展志愿服务。2021 年 12 月疫情严峻时期，该文明实践站发挥了非常重要的防疫保障作用，参加志愿服务的全部是真正的不发补贴的志愿者。一个月时间，安排了 80 名志愿者，当时，“我们向村里保证不发一分钱的补贴，接受村民监督。人员全部自愿报名，我们在组织“突击队”、支援百官街道抗疫时，也感到有点怕，像上战场一样。”“防疫时每天有义警值班，包括街道里的义警组织也有我们的成员。巡逻、检查已经成了长期固定的动作，查健康码、及时消杀，我们专门有一支队伍。”村里的干部介绍说。

倪梁村的志愿服务队伍有专门的制度规范，有专门平台，如公安方面有统一的义警组织。倪建君书记倡议村干部们和普通村民一样，每天都到文明实践站签到，做得好的可以评优，可以申报区里市里的评优指标。“实在不行，至少我们村组织可以表彰，特别好的我可以申报到上面去。”倪建君书记说。

“请看一下这面墙，上面有星级评定制度、表彰制度，今天正好是 15

日，是我们的积分兑换日，每月 15 日，雷打不动，可能有的村还做不到。”倪建君书记自豪地向我们介绍他们团队在推进村庄志愿服务方面的努力。调研得知，该村村民参加公益活动兑换日用品不用发通知，“只需将每户人家积分公示一下，这边就可以领小礼品——这就是我们的积分超市。我们有专门的记录本。以前是美丽庭院，发绿币，现在整合成积分。”该村一位干部说。

“村里还有新时代文明青少年实践站，培育新倪梁人，从青少年抓起。同时我们还在创建‘双零’社区——零上访、零犯罪。我们村一直以来都非常关心‘一老一小’，‘双零’社区是村里主动申报的，因为我们本来就在做这些事情，包括扫‘黄’打‘非’，也是重点关心青少年，这项工作已经开展两年了。”该村有关负责同志向我们作了介绍。零上访、零犯罪，主要属于精神富有的范畴、基层善治的视域。的确，一个村要强，单单靠物质强是不够的，只有将精神强也搞好，才能均衡发展。

我们发现，在新时代文明实践站的旁边就是积分超市，里面功能区分为三块，一块是美丽庭院的绿币，另一块是垃圾分类积分，第三块是家庭信用积分，其中家庭积分是综合性的，具体分家园建设、环境建设、文明建设三个方面。文明实践有制度、有目标、有规划、有重点、有抓手，这是我们考察倪梁村后的共同感受。

乡村基层的共同富裕建设中，低收入村民无疑是需要重点关注的。调查发现，对于一些低收入村民，村干部们注重通过志愿服务等方式切实地解决他们存在的一些困难。

“我们村有一位残疾人，我向街道申请了好几次，想给他配一辆残疾车，他们说实在不好弄，那我就自己掏腰包帮他买了。我们村里有一位低保户，没钱看病，当时我陪他去看，医疗费我垫付，本来我以为这个钱可以在村里报销的，结果村里说这个钱不能报的。上次我给他垫付了三万多元钱。”倪建君书记淡淡地说起他带头实施的一些公益和暖心行为。

其实，我们国家有相应规定，假如村中老人年迈后没有亲人没有小孩，就由政府供养。而在倪梁村，很大程度上村庄通过自我组织较为理想地解决了上述问题。据了解，倪梁村干部对于村里特别困难的、村里费用无法合规支出的情况，一般通过村里的公益组织予以解决。在该村村干部们看来，村里钱再多也不能随意支出。

倪建君书记告诉我们，该村的公益资金并没有全部用于自己村，其他村有困难，倪梁人也去积极帮扶。为了更好地与企业主等乡村精英沟通，爱心服务社每年会搞周年庆，邀请一些为家乡建设尽心尽力的乡贤参加，给他们一些荣誉，表彰他们反哺桑梓的善行。

一个乡村的振兴，组织建设是重要保障，现在倪梁村的组织建设情况如何？调查表明，目前该村有备案的组织有两个，一个是乡贤参事会，另一个是爱心服务社，其他的如党员志愿服务队、平安志愿服务队、“娥江”女当家、义警队、青少年志愿服务队等组织尚无备案，但平台上进行了相应登记。乡贤参事会、爱心服务社在区民政局备案，资金账户都有审计。

“当村里遇到困难，需要大家捐助时，大家热情高不高呢?”我们问村里的干部。

“很高的，各个组织，包括村民普遍都很积极。评选最美村民、优秀党员、好媳妇什么的，有关材料信息，我们的微信公众号上可以看到一些。我们村里的微信公众号、村里的微信群建得很早，当时小越还没有，我们村里已经有了。”该村有关干部说。

说实在的，我们到作为全国文明村的倪梁村来调研，主要是来取经的，看看在别的村可否复制推广，这是一种调研学习。调研表明，村庄有两块抓得比较紧，一块是党建引领下的产业振兴，另一块是文化传承、爱心志愿服务、新时代文明实践，这一块也拓展得很好。

“我们很注重将村民全方位凝聚好，注重通过爱心食堂保障老年村民的饮食质量，同时为老年村民的精神交流、信息传递提供了方便。针对青少年，我们搞了‘双零’社区建设，也搞得很好，全国文明村的含金量很足。另外，我们村针对女性村民较多的实际情况，大力开展爱心服务活动。”该村干部介绍说。

调查发现，在这个村的爱心服务组织中，女性最多，主要负责人则是村书记倪建君。另外，村里的文书、妇女主任等都是副会长。

上虞第一个老年食堂

村庄考察发现，该村的老年食堂办得非常不错，老年食堂主要针对60

岁以上的老人，家里有无孩子均可，每餐三元钱。

“我们村的老年食堂是全上虞第一个，资金来自乡贤基金，镇政府也有一定补助，菜让定点单位配送，饭自己做，这样卫生等方面便于管控，上虞只有一家单位具备配送资质。”

“我们的老年食堂是一日三餐，还是只供应一餐?”调研团队中有同志提出此问题。

“供应中饭，这样子女在村外上班，中午就不用赶回来为父母做饭，这样也是为了让老人吃上热乎乎的饭菜。老人比较节省，经常守着隔夜的剩饭剩菜不肯倒掉，现在这种现象明显减少了。”倪建君书记介绍。

据介绍，该村老年食堂一个月收一次钱，来吃饭的老人，多的时候大概有 70 多人，现在是 50 多人。

现在 60 岁以上的老人占全村人口的 1/3，全村人口是 1270 人，老人有 400 多人。

根据规定，只要 60 岁以上的村民均可以来用餐，如果真的有需要，其他村的老人也可以来。外村来的，本村给的福利要扣掉，有关费用由老人自担。

老年食堂配套有专门的食品箱，“他们今天来了，就将昨天的箱子拿走，明天来了，将今天的箱子拿走。”有关同志介绍说。

在倪建君书记看来，“这其实也不单单是一个吃饭的场所，也是老人们聊天休闲的好去处，我们有宣传的事情也可以结合进去”。不难看出，该村老年食堂兼具精神交流和信息传递的重要功能。

“其实还是一个宣传阵地，村里有什么好的政策，都可以在此宣传，这里更像老年人俱乐部。”倪建君书记的党务工作思路很清晰。

当然，倪梁村的老年食堂能办得这么好，跟他们村厚实的集体经济是分不开的。“村里的集体经济是衡量村民幸福指数的一把尺子，假如村里集体经济都没有，这种东西就很难搞。”倪建君书记坦诚地说。

“你有戏，我有台”

倪梁舞台，是倪梁村辨识度颇高的精神文明建设高地。与不少村庄的文化活动重点靠上面送下去不一样，倪梁舞台的节目多数出自村民们的原创。而且倪梁舞台的活跃度非常高，每周都有活动，通常称为“周末快乐汇”，有兴趣有才艺的村民们可以在自己村庄的舞台上“放飞自我”，更多的老百姓可以在家里看到自己村里舞台表演的节目。

“你有戏，我有台，只要你有胆，就可以上我们的舞台！”倪建君书记自豪地说。

“现在我们每周星期天安排一场周末快乐汇，取名‘倪梁舞台’。其实，这也是一个传承，村里老早就有人称‘倪梁舞台’，现在我们还是如此取名。”倪建君书记告诉我们。

事实上，倪梁舞台不仅是村民们唱歌跳舞的平台，它还是一个倪梁村民们欣赏大片的电影院，也是倪梁村民们夏季避暑纳凉的好去处。

晚上，村民们可以来到那里，边避暑边看电影，因为村干部们和工作人员早已经给到场的村民们准备了免费的空调和西瓜。

“昨天绍兴市委盛阅春书记过来考察调研倪梁舞台，说完全跟想象的不一样，看的人都坐得满满的。”倪梁村民们自豪地告诉我们。

据了解，倪梁舞台所播放的电影资源由上级单位提供，绍兴市称为数字礼堂，上虞一般称为智慧礼堂，里边有大量的数字电影资源，所以，倪梁村足不出户，就可以每星期在家门口边吃西瓜边免费欣赏精彩的电影。村民群众的获得感和幸福感十足。

调研获悉，倪梁村在有关节目正式演出前就开始做宣传。通常情况下，村干部们会提前将有关节目单通过微信公众号等各种方式广而告之。而对于已经演出的节目，干部们又会在整理后及时上传到村里的公众号。

“我们已经在公众号上将昨天的演出发上去了。公众号是我自己做的，到昨晚十一点多才做好的。请看，这是‘倪梁舞台周末快乐汇精彩回顾’，另外，我们21号的节目已经出来了，公众号只要用‘书香倪梁’搜索一下就有。我太忙，有些就没弄。说实在的，我们社区工作者都很忙的，有时候自己也不好意思让手下的同志弄，包括公众号，人家都是让小编在做的，我们都是自己搞。”倪建君书记告诉我们。

倪梁村的“书香倪梁”公众号所发布的消息和内容很厚实，远不止公布“倪梁舞台”节目单和节目演出后宣传发布那么简单。我们仔细翻阅了该公众号，发现“书香倪梁”上的内容非常丰富，我们在上面看到 8 月 15 日村庄垃圾积分兑换的公示，已经提前在上面公布出去了，每月 15 日兑换积分已经成为倪梁村新时代文明实践站的一项重要工作内容。在一次倪梁舞台节目预告单的上面，我们还看到了一幅退伍军人开会的图片。“上次建军节我们搞了一个退伍军人座谈会，给他们发了点礼品。”该村有关干部向我们解释。

“该村的剪纸也很好的。建党 100 周年时，小越街道就是用剪纸参与有关活动的。”陪同我们调研的上虞区社科联副主席王赛君女士向我们介绍。

“我们村的剪纸艺术已经列入非遗名单了，现在村里的展示馆在重新布展，上次是 2014 年搞起来的。”该村的干部们向我们介绍。

从倪梁村的“倪梁舞台”考察出来，调研组的老师们都对倪梁村的文化建设和社会服务赞不绝口，“他们这里的社会服务比城市还好。”绍兴市社会科学院的李建兴副院长发自内心地赞叹。

“如果为了工资为了钱，我到村里来干什么？”

在倪梁村，数字化治理已经成为一种工作常态。在村党群服务中心，我们看到倪梁村的干部和工作人员已经将跟村庄治理相关的规章制度转化为电子文献，输入服务中心的数字化平台中。“通过这个电子平台，村民群众可以很便利地阅读有关文件和制度，这些材料以前是挂在墙上的，现在采用数字化的形式，查阅更便捷、更新更实时。”村里的工作人员介绍说。

现在，倪梁村所有的制度性文献、村里的有关公务规定均已输入系统。如美丽家园建设的若干管理规定、“绿币”的积累和使用办法、村规民约的历次修订情况及其最新版本等都可以从电子平台中查阅。

在倪梁村，村里姓倪的村民占一半，另一半姓梁及其他姓氏。根据倪梁村的规定，村规民约作为村庄公共事务运作的重要规则，一般是在换届时重新修订。与此同时，村规民约又有明确规定，在村级公共组织运作过程中，如中途出现什么特殊情况且确有必要的也可随时修改。

倪梁的村干部们工作非常敬业投入，“我们的党群服务中心是365天无休，每天村民过来都可以找到人，这也是上面要求的。我们严格执行上下班打卡制度和线上请销假制度。现在我们的办公场所也称为社区服务中心，村里总共六位干部，包括正、副主任和四位干事，负责党建、社会事务、政法、农业农经，涵盖了我们村里所有诉求，哪一个干事管理哪一块，分工也是比较细的。”服务中心工作人员向我们介绍。

看了倪梁村的党群服务中心后，市社会科学院李建兴副院长深有感触，他认为倪梁村的建设理念和运行现状在很大程度上代表了中国当代乡村的发展方向。“就这个村而言，各方面的建设已经搞得比较完善了，到这个村来走走看看，对我们后面酝酿强村富民的对策很有启发。他山之石可以攻玉，不同的村庄彼此之间也应该有一个比较借鉴，这样对于厘清相对薄弱村的发展思路很有好处。倪梁村的发展尽管有天时地利，但最根本的恐怕还是其村庄的领导班子过硬和群众积极参与。在这边考察，我越来越清晰地感觉到，倪梁村能够获评全国文明村，跟倪梁村的干部班子很有关系。”李建兴副院长一字一顿地说。

“是啊，党建统领讲起来似乎很空泛，其实内涵非常厚实。正如习近平总书记所言，东南西北中，党是领导一切的。现在，我们各方面建设的任务这么重，形势这么复杂，假如没有一个坚强的领导核心，整个社会极有可能沦为一盘散沙。所以农村基层的各项治理和建设工作，包括乡贤治理，都要归到党建统领的范畴之内，然后将乡贤各方面的作用发挥好，这样才能为村庄发展提供更好的人才支撑。文化建设方面，包括价值观，从浙江到上虞再到村里，纵向还是到底的。发挥党组织在各个层次工作中的战斗堡垒作用，是各项事业不断推向前进的重要保障。”听了李建兴副院长的话后，我深有同感，也谈了自己关于这个问题的一些想法。

在与倪建君书记的进一步交谈中，我觉得可以送他一顶“倒贴书记”的桂冠。我们不妨来听听双方的对话。

倪建君：村里要想做得好，村里的书记一定要掏钱出去。你没有掏钱出去，肯定是做不好的。

孙东芳（调研人员）：那你自己的工资怎么办？

倪建君：在村里当干部把工资都用进去还不够的，自己还要贴出去的。我既然做了书记，就想把村做好，你要做好，必须要有奉献精神。

裘斌：问一个私人问题，你自己有什么产业？

倪建君：我自己有一个消防企业，专门做一个产品，所以我现在是很忙的，白天每天基本上都在村里，晚上村里的活儿忙好后还要回厂里做点事情。

裘斌：那你需要配一个经营助手。

倪建君：说实在的，企业也不是特别大，就1800万元的产值，就我老婆管管。厂就办在小越，收益还是可以的，所以村里有事，我经常掏钱。

裘斌：我个人觉得像你这样做干部，完全不是为了工资。

倪建君：我假如是为了工资为了钱，我到村里来干什么呢？你越想做得好，站的位置越高，下面看上来，对你的要求也越高。你越是要公平公正越难做。

裘斌：是否有亲朋问你，老倪，你自己办厂的，有自己的事情，还要当书记干什么呢？

倪建君：肯定有的，我一上任，村民就说，你这样不合算的，因为我上任时村里还是负债的。我是2012年11月上来的，老百姓都说村里的东西都给干部卖光了，东西也没有了，说你这样不合算的。所以，我是顶着不小的压力上任的。

孙东芳：下一届还干吗？

倪建君：下来的话，恐怕老百姓不同意，就我自己而言，说实在的，也想过得安稳轻松一点。现在，假如有人问我，你幸福吗？可以说我是不幸福的。

孙东芳：可是你很有成就感啊！

倪建君：其实也就这样，你看人家轻轻松松的，钱也就有了。当干部其实不轻松，包括班子里，他们的想法和你的不一样，他们希望轻松一点，收入多一点，我很理解我这些同事的心情和想法，但我不会去做违规的事情。

倪建君书记与我们调研组的对话，很好地反映了这位带领倪梁村干部和群众一手打造了全国文明村的优秀基层党支部书记的政治理想和工作理念。作为家中有企业的先富能人，倪建君书记完全可以通过经营手头的企业获得不菲的利润，过上优渥的生活。然而，倪建君却还担任了倪梁村的党支部书记，而且作为一个有作为、有理想、有情怀的基层干部，他的目标是将村庄工作做好。所以，他选择了将自己家里的企业交给妻子打理，选择了将主要精力放在村务上。使他感到欣慰的是，他的努力没有白费，倪梁村在他任上成功获评为全国文明村。现在，倪梁村的集体经济建设、物质文明建设、精神文明建设、特色村庄打造，都已经走上正轨，倪梁成为上虞乃至全国的乡村振兴先行村之一。作为村里的一把手，倪建君无疑是深感欣慰的，所以，他说：“我是顶着不小的压力上任的，但实际上我们可以说做好了”，表现了其对自身工作的认可。

村干部们告诉我们，倪梁在评上五星三 A 村庄时来了很多参观考察的同志，后来评上全国文明村后，前来参观访问调研的人就更加多了。

倪书记还是一个非常低调的基层干部，鉴于他当干部以来村庄各方面发生了显著的变化，上虞区委党校曾叫他去介绍工作经验，结果被他谢绝了。

不过，假如你认为倪建君书记不善于讲话，那是不符合客观事实的。上虞上次举行了兴村共富擂台赛，倪梁村还得了第 1 名。当时上级要求每个竞赛小组做好演讲 PPT，在台上演讲时要脱稿，全区所有书记通过视频连线参与。当时代表倪梁村上台演讲的就是该村党支部书记倪建君。

据了解，近几年来，随着倪梁村获评全国文明村等诸多荣誉，不少干部慕名前来参观学习，倪梁村成为上虞乡村振兴先行村中的佼佼者。在 2022 年，倪梁村的干部和村民们发现除了乡村实务和理论工作者，高等学校的老师和学生也来了很多。这里有个重要背景，自 2017 年党的十九大提出乡村振兴战略以来，为了让被国家寄予厚望的青年学子关心乡村振兴事业，中央和地方许多部门举办了许多引导青年学子走向田野、关心乡村的乡村振兴类学科比赛。因此，许多高校师生纷纷向乡村进发，“前些天，浙江理工大学的老师和学生一直在我们村里调研”。村里的乡亲告诉我们。

“村集体经济是衡量村民幸福指数的重要指标”

乡村振兴离不开乡村物质文明的提升和发展，乡村没有经济的发展就很难实现村民生活的富裕，而乡村经济的发展应该是“强村”和“富民”的有机统一。所以，在考察村庄时，这个村的集体经济如何、老百姓的家庭和人均收入如何，都是我们重点关注的问题。

调研表明，倪梁村集体的主要收入靠物业。当然，21 世纪以来，在城市支援乡村、工业反哺农业的大背景下，国家对农村发展的政策性财政支持是助推村庄走上共同富裕之路的重要力量。正如倪梁村书记倪建君所言，“集体经济要增收、要富裕，其实也是要政府项目给我们支持。政府补助一点，村里掏一点，村集体的建设和发展就越来越有底气了。”

截至 2022 年 8 月 15 日，倪梁村全村人口是 1270 人，分成两个网格，五个党支部，61 名党员，倪梁村党支部也是全区第一个村企联建的党支部。也许有人会说，这么小的村，怎么有 5 个党支部？原因在于其中有三个是企业党支部。

2022 年以来，倪梁村的基层党组织以党建为统领，以党建凝聚乡亲们跑出了兴村共富的加速度；倪梁村还以文化凝聚精神，尊老爱幼，关心“一老一小”，社会公益事业获得很好的成长；同时倪梁村以项目盘活村级资产，踏上了乡村振兴新征程。

在集体经济方面，倪梁村通过土地开发项目积极增资加产。2020 年，倪梁村通过参与国有土地的出让拍卖获得土地飞地。因为倪梁村自己没有土地，所以倪梁村通过参与拍卖会，成功地拍获超 2760 平方米的国有出让土地，建了 4300 平方米的标准厂房，增加了村集体经济收入。2020 年建成发包后，倪梁村物业租金是 53 万元一年。此外，倪梁还有一个村企的闲置宿舍楼，企业主出于对村干部班子的信任和支持，将他们的闲置宿舍楼给村里经营，也增加了倪梁村集体经济收入。

倪建君认为，村集体经济是衡量村民幸福指数的重要指标，村里须有钱，才能为村民提供更好的服务，保证倪梁村的物质富裕和精神富有。否则，钱也没有，收入也没有，平常开门都开不起来，何谈为村民服务？

调研得知，现在，倪梁村的集体经济来源，主要靠厂房、宿舍楼出租，还有生态公墓、营业房。目前，倪梁村还有块土地想建房，但需要申报上去后政府给村里项目才能启动。

倪梁村 2020 年总的收入是 140 多万元，2022 年是 150 多万元，这也是经营性收入，收入水平在小越街道排名第二。

现在，倪梁村物业厂房本身的价值也高，当时村里在物业方面总的投资为960万元，现在至少可卖1000多万元，因为所有物业村里都有房产证，使用的是国有出让土地。

也许有人会提出疑问，"你是村集体，可使用的又是国有出让土地，这两者之间究竟是怎样的一种关系呢?"且听一下倪梁村书记倪建君的解释："我们这是飞地项目，土地不是在我们村里。我们是在别的地方买下，所以，我们做房产证。也就是说，别的村有空闲土地，我们去买来。"原来，倪梁村通过投资买入邻村匀出、政府统筹的国有出让土地，建成了自己村庄的物业，由于各个流程操作规范，倪梁村的物业资产拥有完整的地产权证，这就明显增加了其物业产权的含金量。

现在，倪梁村的物业均在小越街道辖区内，出租非常方便。倪梁村的干部们说，由于承租人很多，所以下次租期到期后，租金还会涨。由于有稳定的物业租金收入，现在倪梁村在乡村建设方面很有底气，"我们现在不太担心资金的问题，包括做项目，村里肯定要补贴一点的，别的村拿不出，我们有这个钱。我们这个月底，就可以收房租，并且没有负债，等于是良性循环。"倪梁村的一位工作人员说。

一个村除了通过发展产业增加收入，也免不了产生环境保护、村建维护、活动举办、公益关爱等方面的开支。这两年倪梁村的开支主要花在卫生方面，每年至少要花20多万元，平常的保洁不算，主要用于河道清理等方面，这个钱主要付小工费，支付处理垃圾乱堆乱放、河道保洁、村里卫生临时突击等费用。

倪梁村坐落在工贸小越，全村404户、村民1270人，"办企业的村民就有十多位，打工月收入上万元的也很多，他们至少是坐办公室的，一线的工人差不多是七八万元一年，一线工人的工资反而少，不过现在这个情况正在逐渐改变，原来总是坐办公室的多一些。像我厂里，没有技术，稍微有些力气，至少也六七万元，一般是60多岁，有的也快70岁了。我们村一半以上的60岁以上的老人已经有养老保险。"倪建君书记告诉我们。

现在，让老乡老有所养，是党中央和各级政府大力推进的一项民生工程。那么，倪梁村在养老保障方面进展如何呢？现在养老保险给多少？

“我们有一半是失土农民，他们可以参加城镇职工养老保险。如果没有参加城镇职工的养老保险，光失土的，每月能拿到800多元（交失土保险）。不失土的农民，那就是有城乡居民养老保险，早的时候拿出100元一年，现在大概每月可以拿到四五百元。全村村民都交养老保险的话，做事更加方便，因为大家都有钱了，有钱好说话。”倪梁村的一位干部告诉我们。

倪梁的干部们认为，村集体经济要想富裕，必须要有政府给村里项目，盘活村里的资产，用物业撬动经营性收入，增加村级集体经济收入。换言之，倪梁村的进一步发展还是离不开政府，帮助村里增加村集体经济收入。

“集体经济富裕了，可以用文化凝聚精神力量，尊老爱幼。我们村里还建设了倪梁纪念馆、倪梁电子馆、倪梁书房，也是把文化的传承、把村里的忠孝价值观拿来全面支撑村里的人文改革，这也是创建全国文明村的重要内容。在文明乡风引领下，我们村是全国文明村，村民要做文明村民。”倪建君说。

调研组的李建兴副院长关注到倪梁村的中小企业。“村里这么多企业，交给村里的经费肯定比较多吧?”李副院长向倪梁村的干部们发问。

“企业是没有给村里经费的，我们上虞都没有。”倪建君回答说。

村干部告诉我们，倪梁村的人均收入约4万多元。可在镇农办胡主任的眼里：“这是偏保守的统计数字，因为村一级其实不统计收入的，倪梁肯定是在上虞的平均水平以上的。”

据了解，现在上虞全区居民人均可支配收入是3.6万元，村里村民的收入来源则是多元的。现在，倪梁村的村民们，有的在附近企业上班，有的做生意，办企业的也有，整体而言还是以上班为主，“现在企业里效益也很好，上班比在我们村里工作收入还高。”有村干部说。这确实是一个值得关注的问题。

李建兴副院长认为，“农村富裕真的要以工支农，靠农村自己的农活收入还是有限的。”就倪梁村而言，其区位优势也好，在小越街道旁边，交通也方便。所以工业经济的发达和工厂的众多，使倪梁村既不愁没人租房子，倪梁村民也不愁没有地方去上班挣钱。此外，倪梁村离余姚很近，也充分享受到余姚经济发展的溢出效应。

此外，共同富裕的推进还需要关注如何消除两极分化的问题。令人感到欣慰的是，倪梁村村民收入差距并不大。“除非他有企业，或者是不想干活的、身体有问题的、残疾的，收入差一些，否则，现在是勤劳致富，你只要肯干，肯定没有问题，还是可以过上富裕的生活的。除非你向往城市生活，那又另当别论。如果你生活在农村，各方面的保障还是可以的，碰到困难，政府、村里和社会组织都会伸出援助之手。”倪梁村的干部们讲得实实在在。

“我还是想将乡村旅游这一块做起来”

在倪梁村调研，我们真切地感受到倪梁的干部们在强村富民方面做得很尽力，思考得也很用心。倪梁村的全国文明村是2020年评下来，2022年，倪梁又紧锣密鼓地创建全国民主法治村，并成功获评。倪梁村能获得上述殊荣，跟倪梁村的干部和群众注重村庄特色的营造和全面发展是分不开的。

说起村庄建设的思路和理念，倪建君书记如数家珍：“刚才各位去看的老年食堂是其他村可能没有的，或者尽管有但运作可能没有如此好。说实在的，这两年来，上虞其他村来参观请教的同仁也蛮多的，说到底也是关心‘一老一小’的问题。我们还会经常性地开展帮老人义务理发、困难帮扶、志愿服务等关爱活动。比如老年人来食堂吃饭不方便，我们就安排志愿者提供送餐服务。我们每年还会给村里65岁以上的老人发800元的慰问金。我们将老的、小的照顾好，他们对我们的工作肯定也是支持的。包括我们村里文化大礼堂的活动、每周的周末快乐汇，既是丰富我们村民的精神文化生活，也可以提升我们的凝聚力。所以我们村应该说是精神富有了，物质也富裕了。其他村的村民真的是很羡慕我们的，有好多人都说你们倪梁人真好！每个礼拜都可以看戏唱戏！所以我们首先把村自身的经济搞上去，然后将文化也搞上去。”

现在，宜居、宜游的美丽乡村建设已经在浙江省进入纵深推进阶段，那么，作为身处工贸小越的全国文明村，倪梁村在这方面有什么思考呢？

“我们这边和山区肯定不一样，小越本来就是工贸小越，经济发达，正因为工业发达，所以可能做不出乡村旅游的大品牌。而山区就可以搞乡村旅游，各有特色，因地制宜。但是我还是想将乡村旅游这一块做起来。”倪建君书记看起来对于发展乡村旅游还是很有执念的。

那么，倪梁村的存量旅游资源现状如何呢？

“资源不少，但实际操作很难。有些农业农办的资金也不好去用，我们要搞这块必须自己掏钱出去，或者让乡贤来出资。有人给我们倪梁很好的发展点子，建议我们村里搞一些房子，邀请书法家搞工作室，变成一个文化旅游村，我听了很动心，也一直想做，但还是没做成。前段时间我和上虞旅游部门进行了沟通，我们想搞‘游在上虞，住在倪梁’，晚上住下来，深度体验剪纸，可以看晚会。如果真正将旅游这一块做起来，我们就不是周末快乐汇了，我们可以每天将晚会搞起来，就像‘上海大世界’那样，而且旅游团过来了，也可以上台来演出。

“但村子要做这些实在太难啦！首要问题是资金方面恐怕不足，因为这需要项目支撑，有的领导会问一句，做不成功怎么办？就像当初办企业，也有老板想为村里办企业，有些百姓就说，企业关了怎么办？谁来承担？所以，要想稳妥、平安一点，村里也就只能通过物业撬动的方式增加村集体经济收入，其他肯定不太容易做起来。有的村听着很好，‘农文旅’融合什么的，但对村集体而言实际上没有多少收入。像绍兴云松村，我问书记，村里现在集体经济收入多少？他说大概50多万元，而且搞起来也是靠政府项目，人来人往很热闹。但是，对老百姓还是好的，可以通过搞民宿什么的增加村民收入。”

倪建君书记既向我们介绍了倪梁村发展旅游的打算和规划，也针对发展乡村旅游存在的问题和困难向我们“诉苦”。

倪建君书记推心置腹地给我们讲了倪梁发展乡村旅游的基本思路与痛点难点。的确，乡村振兴是一项系统工程，涉及产业振兴、文化振兴、人才振兴、组织振兴、生态振兴。倪梁村在产业、文化、人才、组织振兴方面都可圈可点，现在，他们尽管身处以发展工业商贸为区域辨识标志的小越街道，但倪建君书记还是很希望在生态振兴、文化振兴方面更上一层楼，所以有志于以乡村旅游为抓手，将村庄振兴与文化涵育、旅游发展更好融合起来，尽管困难重重，但还是“痴心不改”，精神可嘉。

调研还发现，现在农村的产业发展乃至整个乡村振兴战略普遍受到土地资源紧张特别是建设用地不足的制约，这个问题在区域经济比较发达的上虞乃至整个浙东沿海地区表现得特别明显。一些基层干部聊到乡村发展所需要的土地资源问题，往往要倒出满肚子的“苦水”。“所谓‘三农’，农业农村农民，农业就是要产业兴旺，我们就是在想这个问题，现在对土地非农非粮的整治越来越严格，现在你必须种水稻，同时又要让我们去搞产业。这也太难了吧！”倪梁村的几位年轻干部纷纷向我们“诉苦”。

的确，在农村产业日益向专业化、集约化、规模化、科技化、精细化、特色化发展的趋势下，对于一般农民而言，种水稻能带来温饱，但不能带来共同富裕。所以，发展农村除种植业外的多种经营，确实是一个促进产业振兴的基本思路。但是，农村产业的多元化不可能是空中楼阁，它需要土地资源建设用地的根本保证，而现在，在国家严控土地非农非粮化的背景下，很多村庄的确存在土地资源不足的问题。

我们了解到，2020 年夏季，倪梁村干部们商议后想在稻田里搞一个“网红”打卡地，准备搞些活动吸引人气、发展旅游。村干部们认为村里的这项安排也没有影响农业生产，但是，随着国家严控非农、非粮土地资源的使用，现在这样做肯定是不行的了。

“让我们拿什么去产业兴旺？你总得让每个村拿出几亩土地，搞经济作物也好，或者搞其他特色产业也好。否则，拿什么来振兴村庄的产业呢？”倪梁村的干部们讲到土地问题似乎有诉不尽的苦衷。

所以，现在倪梁村面临着一个窘境，一方面村里想搞农业相关的拓展产业，另一方面又推行不下去，搞原先规划并已经启动的“网红”打卡地也不可行。据悉，“网红”打卡地项目启动后，有关方面已经投资了一些钱，但现在已经叫停了。倪梁村一位工作人员告诉我们，“拆是没有拆它，毕竟也不是违章建筑，就是搞些录音录像、视频制作什么的。”但是要推动这项工作已然不可能。

调查获悉，倪梁村也好，其他村也好，多有这方面的反映：有的本来是村里的建设用地，结果政策将它变成了基本农田。如在 2020 年，倪梁村要申报一个涉及建设用地的项目，因为村里老百姓有建造停车场的需求，但仍要有项目下来，2021 年没有申报相关项目的机会，2022 年终于有了可以申报的项目，结果上级有关部门说这块是基本农田，不能用作停车场。一些村民对于这个事情很有看法，他们感觉到有关部门在村里都不知道的情况下，随意地将村庄的建设用地调整为基本农田。

“现在，村里想搞点公厕，才几个平方米，有关分管部门的同志也说不行。兴村共富，须征求干部群众的意见，对村里稍微有点人性化，否则搞个公厕都说动用土地是违规的。其实村里要兴旺发达，就必须有土地资源。

“我那时还在朋友圈里发了这个‘网红’打卡地，但现在肯定不行了，人家可能还会说这个东西是书记引进来的，其实我的初衷就是兴村共富，让外面的人进来，慢慢搞起来，往农文旅融合方向发展，也就是搭几个棚，并没有涉及永久性建筑。

“上次我去萧山、富阳那边培训，老师说我们要将稻田打造成公园，把田埂作为我们的跑道。按照目前的情况看，这个话只能悬在空中了。

“粮食安全是对的，但也要允许一个村在产业策划时有一定的灵活性，人性化一点。一开始放得比较开，等到产生问题时又收得很紧，什么也不能做。”

倪建君书记的上述话语在一定程度上代表了不少基层干部的看法，尽管现在 18 亿亩耕地的保护是一条无论如何都不能突破的红线，但是，怎样在不影响耕地总盘子的情况下，允许村里有一定的土地资源自由调配权，推进一些对村民增收、对集体发展有利的事情，恐怕也是一个需要深入思考的问题。

当然，话说回来，作为国家和各级地方政府，牢牢守住 18 亿亩耕地的粮食安全红线，这是一个涉及国家安全和人民福祉的重大战略问题。作为基层干部和群众，完全有责任在支持这一国家战略方面尽到自己的一份责任。

调研札记

倪梁村是社科赋能共同富裕行动上虞调研的第一站。调研下来，我们感觉收获很大。倪梁村是上虞区含金量很高的三个全国文明村之一，无论是乡村振兴战略的总体推进，还是村庄特色和内涵的精心打造，倪梁村都是很多沿海发达地区村庄可以参照的一个样本。中西部一些村庄尽管在资源配置水平和资产要素禀赋方面和倪梁村有很大的区别，但是在发展理念和建设思路方面，我们认为是可以学习借鉴的。倪梁调研，笔者对以下四点深有感触。

第一，一个能干的带头人极其重要。

村党支部书记倪建君无疑是倪梁村快速发展的杰出引领者，作为一个年轻的村庄一把手，倪建君身上拥有许多可贵的禀赋和品质。

首先，对于村庄发展，倪建君有独到的理念和与时俱进的创新精神。他知道自己领导的村庄所处的区位、发展的关键、建设的目标等系列关键点。众所周知，无论是在城镇还是在乡村，经济建设和产业发展都是至关重要的问题。不抓住这个中心问题，环境保护、治理有效、文明建设都将失去坚实的经济支撑。发展是党执政兴国的第一要务，也是乡村振兴的首要任务。倪建君在这方面无疑有着卓著的才识和引领能力。一方面，他充分利用自己村庄所在地区的区位优势，通过投资购买国有出让土地建造厂房和宿舍等物业用房并出租给邻近的企业，每年获得不菲的经营性收入；另一方面，他对于村庄发展有着全面而清晰的理解，所以担任倪梁村书记以来尽心尽力推进村庄的精神文明建设，以“倪梁舞台”为核心、以“书香倪梁”为品牌的倪梁村文化建设的持续推进，让倪梁成为物质文明和精神文明齐头并进的新时代乡村振兴先行村，也为倪梁获评全国文明村奠定了扎实的基础。

其次，倪建君对于担任村庄“领头羊”该负起什么责任、该发挥什么作用、该如何处理个人和集体之间的关系有着清晰的认识和以小我服务大我的精神境界。作为一个身处工贸小越、经营着产值近2000万元企业的年轻企业主，倪建君完全可以靠经营企业过上富足而体面的生活，然而，在村庄父老的要求下，他出任了倪梁的党支部书记，从此开始了自己“双肩挑”的生活。事实上，我们可以发现，他把主要精力放在干部工作中，放在了为村庄谋发展中，所以才有了将企业交给妻子打理，自己白天在村庄上班，晚上才回去照顾一下企业的辛劳生活。他说“可以说他自己是不幸福的”，我们理解他的意思，他目前的工作状态，明显是压力很大的，一方面既要全面负责村庄的建设和发展事宜，另一方面他又要关注和思考自己企业的发展和面临的问题，而他并没有从主政村庄获得什么经济上的收益，这一点他有着清晰的认识，“如果为了钱我来当什么干部?”自己既如此辛苦又没有看得见的经济报酬，当然是常人眼里“不幸福”的一个人、“不合算”的一种选择了！不过，倪建君并没有因为自己当村书记在经济上常常“倒贴”，甚至连自己也觉得这种生活“不幸福”而退缩、反悔，恰恰相反，他还是一如既往甚至是加倍努力地将自己的精力投身到村支部书记的工作中，不但全面谋划、全身心投入有关工作，而且连策划“书香倪梁”微信公众号、整理发布有关材料等工作都是自己在晚上加班加点、亲力亲为地落实。

列宁认为，民主意味着平等。[①] 倪建君书记在村务工作中真真切切地将村民群众对美好生活的向往作为自己的工作目标，和村民百姓平起平坐，同甘共苦。确实，倪建君工作得非常辛苦，然而，在他的引领下，倪梁村一年一个台阶，全国民主法治示范村、全国文明村、省级乡村振兴先行村等一系列荣誉映射出了倪梁乡村建设的厚度和力度，也折射出身为倪梁人在小越乃至在上虞区的自豪感和幸福感，从这个意义上讲，倪建君又何尝不是一个幸福感满满的书记呢?

第二，物质文明和精神文明建设要两条腿走路。

调研表明，倪梁村之所以能够获评全国文明村这个含金量极高的荣誉称号，跟其在发展中物质文明和精神文明齐头并进是分不开的。倪梁村的地理位置非常优越，身处工贸小越的核心发展地带，所以，倪梁的土地特别值钱，有房子不愁没人租。不过，要想通过物业获得经营性收入，前提是要有拿得出手的物业，而在这方面，倪梁村以倪建君书记为核心的村两委领导班子充分展现了其经营性治理村庄的理念和抓住时机先行发展的智慧，他们充分利用自己的集体性建设用地，通过申请项目获得政府支持建设村庄的经营性物业；他们跳出倪梁发展倪梁，通过投资购买邻村富余而被政府统筹后列为国有出让性质的土地，建起了拥有独立产权的物业用

① 《列宁选集》（第三卷）[M]. 北京：人民出版社，1995：201.

房，提升了自己村庄物业资产的价值；他们甚至还盘活了村庄中企业家乡贤闲置的厂区宿舍，并在整理装修后用于出租以增加村庄的经营性收入。总之，通过充分发挥自己村庄的区位优势，在干部领导班子的精心谋划下，倪梁在发展壮大村集体经济方面取得了可圈可点的成绩。

然而，倪梁村之所以成为全国文明村，并不只是因为其经济上的用心谋划和不俗成绩，精神文明建设方面的出类拔萃才是倪梁村脱颖而出的根本保证。倪梁周边的村民非常羡慕倪梁村的百姓，因为倪梁村民可以每星期在家门口看戏唱戏，因为倪梁村有着全上虞运营最成熟、最规范的老年食堂，有着党支部带领、全村人参与、在小越乃至整个上虞区践行公益理念的新时代文明实践站。当然，很多倪梁村民感受到的满满幸福和温暖的点滴村务，却不一定是村外人能全然知悉的，比如，他们村里有一支365天无休、为村民提供全方位服务也为村庄发展尽心尽力谋划的村干部群体；他们村的老人每年可以领取村庄发放的慰问金；他们村的百姓一旦在生活上遇到困难，马上会有干部过来嘘寒问暖乃至解决他们在经济上和医疗上的后顾之忧……

在2021年习近平总书记代表全党郑重宣告中国已经完成脱贫攻坚的任务、全面建成小康社会的新的历史起点上，如何持续推进中国全面建设社会主义现代化的宏图伟业？毫无疑问，其中尽管工作和任务千头万绪，但是“三农”的发展、乡村的振兴，应该是重中之重。而对于乡村的振兴，我们肯定要谋划物质文明和精神文明齐头并进的振兴，在这方面，工贸小越里的“书香倪梁”，恰恰为我们提供了一个很好的乡村振兴样本。

第三，推进农业的“双强”是加快农业发展效益的必然趋势。

自从党的十九大提出乡村振兴战略以来，各级政府都加大了对乡村建设的支持，以便乡村振兴战略的推进，上虞作为地处浙江省绍兴市的县级行政区，自浙江省在2021年被党中央和国务院确定为高质量发展建设共同富裕示范区以来，更是加大了对乡村振兴的支持力度。缩小上虞区域层面的城乡发展差距、推进城乡居民经济收入和生活质量的一体化，是当下上虞区委、区政府的一项重点工作。这在倪梁村所在的小越街道的工作安排中也得到充分体现。

由于小越具有经济发展区位优势，通过一事一议落实物业建房等有关事项，加大各村提升经营性收入的能力和水平，就成为街道层面对村里强村富民的重要支持性工作。当然，街道对各村发展的支持并不局限在支持建造物业用房方面，而是全方位、系统性的支持。根据小越街道农办负责人的介绍，自2020年开始，上虞正式实施新时代美丽乡村行动，区镇两级对村里的支持力度逐渐加大。小越街道通过发动下辖各村申报项目，为有关村庄的建设提供经济和政策层面的全面支持。当时的项目审批有两大块重点内容，一个是美丽乡村，另一个是物业增收。值得肯定的是，小越街道在推进美丽乡村建设时，也注重企业跟村庄接壤的周边环境的提升，尽量使两方面都受益。

除此之外，街道对村里的红十字会、文明实践等的建设都给予大力支持，同时鼓励各村“一村一品”，出台和推进切合自身村情的建设方案。按照农办负责人的说法，就是帮助村里“尽量将村里的特色渲染一下”。此外，值得一提的是，在镇域产业的振兴方面，小越街道在国家推进农业“双强”背景下沉下心来大力发展种植业。现在，小越10000多亩农田一大半已经实施机械化运作，包括大型收割机、联合播种机等各种先进农机在小越街道农田作业中得到普遍应用。现在，小越这边的无人机喷洒农药也已经比较普遍，目前小越有10000多亩土地，无人机喷洒面积可达2000亩左右。我们认为小越街道在规模性经营农业方面是值得借鉴和学习的。黄宗智认为，“农场面积过小，会逼使一个农户采用内卷的经营方式。”①尽管黄宗智所论主要针对中国20世纪30年代的农业生产情况，但时至今日，仍对我们的强村富民工作有很好的启迪性价值。

就上虞区域而言，小越在推广农机方面是走在前列的。根据小越街道农办负责人介绍，小越基本上是平原，上虞水稻种植面积在全省是名列前茅的，而小越在上虞也是名列前茅的。小越街道的种粮大户有一定的影响力，平均每人拥有田亩数可达500—1000亩，机械化基本上已经普及。这也有一个发展历程，先前是他们在收割、播种时候自己操作机械，即他们自己买农机，自己去播种和收割。如今，随着机械作业向规模化、专业化、科技化发展，已经逐渐转变为到了时间，农户请第三方来协助的农业

① 黄宗智．华北的小农经济与社会变迁［M］．北京：中华书局，2000：304.

生产托管服务模式。因为农业机械日趋专业，如果种粮大户自己维护，成本比较高，所以请第三方操作更为合算便捷。第三方每年都会换机器，所以工作效率比较高。根据介绍，第三方基本上全国各地到处跑，时间到了，就来小越这边。街道有关负责人认为，现在找小工成本高，而且难找，所以找第三方实施规模化作业也是客观发展趋势。现在，农机推广比率在小越已经达到 90% 以上，现在小越地区大部分土地流转到大户手里，基本上需要靠农机操作或者请第三方，有些小户虽然自己没有农机，但一般也会让大户帮忙。所以，在小越，像机械化不是很方便的蔬菜等就种得比较少。街道对农户使用先进农机也予以各方面的支持。现在，小越的农户使用无人机喷洒，街道给予喷洒补贴，购买农机也有相应补贴。以购买小型的农机为例，如果购买价格 6800 元，政府给予补贴 1800 元。

第四，加大农村基层医疗保障的推进力度。

倪梁村的调研表明，现在，卫生服务站运行得不尽如人意，已经成为当地老百姓最有意见的一个问题。卫生服务站原先为医疗站，老式的赤脚医生是以前医疗站里面的核心人员。近几年来，政府为了更好地回应老百姓的医疗诉求，纷纷对医疗卫生服务站提档升级，成立了社区卫生服务中心。然而，在小越街道的基层调研表明，不少干部和百姓认为：“这个事情可以说做得并不理想，没有真正为老百姓带来好处。由于街道医生资源的短缺，现在小越社区卫生服务站里连维持日常运转的普通医生都无法保证。现在社区的医疗人员就是配药的，每个星期早上来两次，本来是连晚上都有人在的，现在没人了，老百姓有意见，我们向上面提，也解决不了。”

所以，村里的干部和群众认为社区的卫生服务站的运行存在一定问题。尽管有相关设施，但是长期关门，没有医生，每周来两次人也就配药。其实，倪梁村离小越中心区域是很近的，但是，村民群众还是时常抱怨：“近是近，但老百姓还是希望村里有医疗服务站，这样更方便，可以给你包扎、挂盐水什么的，现在这些都做不到了。”倪梁村的干部曾经和小越街道协商，能否请小越街道卫生院到村里设立医疗中心，由村里提供场所，一个礼拜，全科医生来一天，但小越街道卫生院表示派不出人员。所以这一块成为老百姓最没有获得感的部分，村民群众意见很大，他们也经常跟干部反映，希望解决这个问题，然而干部也往往表示无能为力。

从我们在农村基层的实际调研情况来看，现在从老到小都有不少针对基层公共医疗的不满，尽管现在各地政府不断加大面向农村基层的惠民利民力度，在回应和对接基层村民诉求方面也是日益走向精细化管理，如诸暨市有关部门针对乡村基层专门出台了“一村一顾问”运作方案，但是公共医疗这一块却仍是其中的软肋。

现在尽管城镇和乡村的医疗资源供给量比以往有提升，但是，随着乡村居民对美好生活向往的升级，村民们日益希望身边有可触可及的医疗服务，不少村民希望村里有全科医生，以满足村民群众日常医疗的需求。

从上虞小越的调研情况来看，一方面，非营利医疗机构无法保证有足够的医疗资源下沉到村里；另一方面，政府为了维护乡村医疗服务的规范性和利民性，没有对民营医疗资源开放乡村基层医疗市场。如何来解决此中产生的矛盾？我们认为，作为政府部门应该加大改革推进力度，保证公立医疗机构有稳定的医疗资源下沉到乡村基层，与此同时，我们还是建议考虑让民营医生下村，然后加强监督、规范和引导，毕竟老百姓的诉求是最值得关注的。

二

盖北：面积最小，人口却名列前茅

盖北概述

盖北镇，隶属于浙江省绍兴市上虞区，位置在上虞区北部，东邻宁波市余姚市黄家埠镇，东南连谢塘镇，西南接崧厦街道，西北临杭州湾上虞工业园区，行政区域面积 16.81 平方千米，辖 10 个行政村。截至 2020 年末，盖北镇户籍人口为 24255 人。

盖北镇交通条件得天独厚，边港公路贯穿全镇，离杭甬高速道口、杭甬客运专线上虞站、嘉绍跨海大桥均不足 10 千米，绍兴唯一的出海口——上虞港位于盖北镇北部。盖北镇是特色农业名镇，以种植“一果两菜”（葡萄、榨菜和芥菜）闻名长三角地区。全镇耕地面积 1.5 万亩，葡萄种植面积达 1.2 万亩，基本上是家家户户从事葡萄生产，常年产优质葡萄 2.5 万吨，已成为集生产、科研、旅游观光于一体的葡萄鲜食基地，被誉为“江南吐鲁番”，是著名的“中国葡萄之乡”“中国葡萄第一镇”。

盖北镇毗邻杭州湾上虞工业园区，是园区的后勤生活保障基地。居住在盖北的外来流动人口常年保持在 1.5 万人左右。盖北镇党委政府紧紧围绕园区的后勤生活保障基地建设定位，大力发展城镇商贸经济，探索盖北新居民服务管理体系。现在，盖北镇市场、商场、休闲娱乐、金融、通信等功能齐全，教育、卫生等公共服务体系完善，本地人和新居民和谐共处，一派欣欣向荣的景象。

“我们这里基本上都搞‘一村一幢楼’”

2022年8月15日下午，我们告别小越街道的陈薇、胡国庆、倪建君等各位同志，开始向调研下一站——盖北镇出发。时值正午，骄阳如火，小越和盖北均在上虞北边，所以不多时就到了。根据盖北镇有关同志的安排，我们直接抵达盖北镇珠海村，由于村里新建了办公楼，导航信息没有及时更新，我们问了几位村民，才寻到了新的村党群服务中心。

进去一看，盖北镇的副镇长罗期佳、镇农业办主任谢以涛、珠海村党总支书记马海江等都已经在等候，我们调研团队另外两辆车上的孙东芳博士、季静教授、田胡杰博士也已经先我们而到了。盖北镇的几位领导非常好客，桌子上摆满了刚刚从地头采摘上来的葡萄，会议室散发着一股淡淡的葡萄香味，甚是诱人。

我们去盖北镇前，已经对该镇推行的壮大集体经济的“一村一幢楼”特色项目有所耳闻，因此，我们的交流也从“一村一幢楼”开始。

珠海村马海江书记看起来四十岁出头，理着短平头，显得特别精神。他首先给我们介绍了珠海村推行“一村一幢楼”的具体情况。“我们珠海村有本地人1400多人，外地人有3000多人，所以，我们这边搞‘一村一幢楼’，对于村集体经济的拉动作用还是可以的，现在我们村每年有房租收入100万元，二期物业今年造好后房租收入可以达到150万元。”马海江书记的音调尽管不轻不重，听起来却是沉稳有力，显得自信心满满，大有“留得青山在，不愁没柴烧”的意味。

盖北镇毗邻杭州湾精细化工园区，这里的村集体经济也是看准这个市场，积极推行“一村一幢楼”物业建设项目，对于提升和壮大村集体经济起到立竿见影的效果。当然，一千个人眼里就有一千个哈姆雷特。我们调研小组里也有同志提出，村集体造房投放到出租市场，是否存在与民争利的问题？“这个问题是不存在的！”“恰恰相反，我们村里的出租用房是供不应求，所以并不存在与民争利的问题。现在，我们村民自建房出租与村集体物业出租是齐头并进的状况。村民自建房一般是租给员工个人，我们村集体物业一般是租给企业。在我们盖北镇，村集体经济收入好的话有200多万元，我们这里基本上每个村都搞‘一村一幢楼’。产业带动后，整个经济包括消费都起来了。这里镇政府前面的烧烤一条街到了晚上都是人，比百官还多。”马海江笑着说。

这时，一旁的盖北镇罗期佳副镇长向我们说明了盖北“一村一幢楼”物业项目的具体运作情况。她告诉我们，“一村一幢楼”实际上是强村富民的2.0版本。1.0版本基本上是以村自建房为主，或者购买物业。2.0版本盖北镇的主要经验是推进区域联建，重点是和虞南乡村联建。例如，珠海村和长塘广陵联建，是全镇第一个物业联建项目。而且，去年11月政企签订合同以后，进度很快，包括今年9月都能基本上落成，已经可以招标出租产生收益了，从立项开始到现在，一年不到的时间，这也是一个典型。

罗副镇长介绍说，在共富的基础和标准上，珠海村在人居环境这一块也做得相当好。在盖北镇10个村里基本上都是排在前两名，包括人居环境的垃圾分类工作，是全区示范村，这也是我们共富的一个组成部分。

在罗副镇长看来，“盖北镇不仅村集体经济增收强村这一块做得比较好，而且由于地理位置优越，靠近杭州湾区，老百姓一部分从事葡萄产业，一部分去园区打工，还有一部分通过自建房获得出租收入，因此老百姓也比较富裕，所以就共富这一点而言，我觉得珠海村比较具有代表性，而且也的确做了大量工作，他们的村集体也是模范，做得比较好。包括一期物业建好后，他们将二期物业指标也争取过来，履行了土地出让手续，将二期建起来，他们甚至将三期拟建物业用房的土地也盘活起来了，所以整个村的班子也是比较有战斗力的，懂得多种经营和模范引领。”

“我们这里地理优势好，接近国家级经济开发区，客观的优势在这里。2012年以前，我们这里的新居民居住环境不怎么好，2013年开始搞‘三改一拆’，将不好的小房子基本上都拆掉了。我们村集体的第一幢物业用房是2016年造起来的，主要也是因为看到了商机。现在，实事求是地讲，我们这里新居民的生活条件也是越来越好了。出租房市场刚兴起的时候，四川等地出来租房的打工人只要便宜就行，房间里没有空调和卫生间，四五个小房间搞一个卫生间即可。现在，他们条件越来越好了，实际上打工10—15年后，他们的钱比我们本地人也不会少了，两夫妻一年差不多有10万元左右，男的月收入六七千元也不算高的，女的月收入四五千元，所以，他们都有改善居住条件的需求。”马海江说。

调研表明，现在住在珠海村的盖北新居民更喜欢承租每月700—800元租金的房子，承租者并不觉得租金贵，他们更在意的是，下班回来时像空调、热水器、厨房等设施都能齐全，可以直接拎包入住。所以，现在珠海村造的出租房和单身公寓差不多。由于外来的承租者都喜欢这种房间，珠海村的老百姓就将以前的老房子、小房子拆掉。以前珠海村民造的都是二层小楼，现在拆掉后一般都改造为三楼或三楼半，弄十几间房子，通常，出租房的面积会弄得稍微小一点，村民自己住的，面积一般在18平方米左右，现在考虑出租后，可以将原来的1间分为3间，20多平方米一间，卫生间和厨房都包含进去了，像单身公寓一样。

所以，现在珠海村村民的出租房屋收入很高，一户人家如果设计20多间出租房，投资一般在120万元左右，年租金收入保守点17万—18万元，好的20万元左右也有的，这还是在保留一层自己住的情况下，如果全部租掉还要多一点，差不多5—6年就可以将成本收回来。在珠海村，这一块收入相当高，像一户人家三四个人，光是房子出租收入就差不多平均5万元。此外，珠海村村民的葡萄、榨菜、芥菜等收入也不错，如果年轻夫妻去打工，还有十多万元一年的额外收入，所以基本上人均10万元肯定是不止的，生活水平都是相当可以的。

据了解，珠海村在2017年村级集体经济收入还不到20万元，那个时候，到年底往往还要镇里给补助一点，当时上级也有指标，每个村集体经济收入20万元，实际上往往达不到。珠海村以前在海涂还有一块地，租金收入差不多年均11万—12万元，所以那时还要向镇里借8万—9万元才能凑到20万元。

“后来，上级开始推行‘三改一拆’美丽乡村建设整治工程。那时候，在镇政府的支持下，作为第一个试点，珠海村在盖北镇第一个造起了‘一村一幢楼’。当时，上虞区财政局给珠海村低息贷款，以支持该村申报‘一村一幢楼’项目。当时，珠海村第一幢物业用楼投资560万元，上虞区财政局给他们175万元，镇政府给他们100万元，后来珠海村到工业园区又去争取了50万元的支持款，加起来330万元，已经达到房子承建款项的一半多。后来，珠海村自己又向银行贷了差不多200万元，终于将物业建起来了。现在房屋造好以后，一层珠海村自己村里用，用作居家养老、残疾人之家、垃圾分类工作间，二层到四层有60间房，租给了一个纺织厂当车间，每年差不多有46万元的租金收入，这是第一期的基本情况，现在珠海村的村集体和村民靠房子出租获得了相当可观的稳定性收入，比如，珠海村村委旁的9间房子租给外来者开超市后，物业租金21万元一年。珠海村常住人口多，超市用房租金价格也逐年提高，另外村委会旁房子的二楼也有10多万元的租金收入，如此，珠海村去年物业房租费加起来差不多有100万元的收入。”马海江书记介绍说。

“现在，我们这边村集体经济收入100万元以上基本上已经算富了。从2021年开始，在上级的领导下，我们开始探索山海协作，我们先富带后富，共享共富。珠海村主要是与长塘乡广陵村合作，他们占30%的股份，我们占70%的股份，这是珠海村物业二期的基本规划，现在里面已经在贴瓷砖，共91间，房租差不多是78万元一年，一层作为村文化礼堂和家宴中心，如果自己不用，租金收入差不多有90万元一年。如此一来，可以给广陵村增收30%，差不多增收30万元一年，珠海村自己的收入则增加到差不多200万元。所以，到2022年底，我们自己物业收入150万元肯定没有问题。我们还有三期可以造，2018年，陶关锋书记给我们搞好了土地指标，所以我们还有一幢楼可以造，村集体经济收入达到200万元一年肯定可以实现的，这个不是吹牛皮。”马海江书记自信满满。

现在，随着美丽乡村建设往纵深推进，村里各方面的开支也大。以珠海村为例，由于村里常住人口多，村里的人居环境、垃圾分类这一块开支相当大。据了解，珠海村单单环境卫生方面的支出差不多就要七八十万元一年。“70万元，如果没有这个收入真不行。”珠海村的干部们告诉我们。

好在盖北镇毗邻杭州湾精细化工园区，人口集聚，区位优势明显，所以，盖北镇各行政村在镇党委和政府的领导下大力打造“一村一幢楼”物业建设品牌，在增加村级集体经济收入、推进村政建设方面发挥了举足轻重的作用。正如盖北镇的干部所言，“在陈溪乡那边，由于常住人口太少，房子造好也没人租，这方面的收入也不可能指望上，甚至村里开支也要向镇里借。我们这里不存在这种情况，只要能干活，一年拿六七万元肯定没问题。男的干小工是250元一天，我们这里有活干，人却招不到，有这么多企业，基建也多，假如会砌点砖什么的就是四五百元一天，不用技术很高，泥刀会用，砂灰会搞就可以了。因为这里招不到人，跟虞南那里不一样。我们这里确确实实是只要你想干活就有得干，钱有得挣。他们那里干活的地方少，没有那么多企业，挣钱比我们这里来说相对艰难些。上次，陈溪乡、下管乡想到我们这里来联建，大家相互考察，都看过，也加深了对彼此情况的了解。在他们那里就是给他们土地，给他们指标造房子，造了也没有用，没有人！珠海村尽管是盖北镇最小的村，加上新居民也差不多有4000人，像丁宅乡，一个乡镇也只有六七千人，没人！我们盖北镇晚上的‘夜经济’现在疫情期间稍微少一些，平常人多得不得了。”珠海村的干部说。

“基层善治和精神富裕这一块我们也在跟上去”

自从2017年党的十九大提出乡村振兴战略以来，从中央到地方，越来越明晰农村综合改革集成建设是实施乡村振兴战略的必由之路。所以，在推进产业兴旺和保障村民生活富裕方面走在上虞区先列的盖北镇，在基层治理和文明乡风建设方面也有许多可圈可点的探索和创新。尤其值得一提的是，盖北镇党委和政府根据当地的实际情况和增进基层善治的客观需要，创建了“葡天盖地”基层治理特色品牌，织密了基层善治和民生保障之网。

调研中，我们发现盖北镇和各村级公共组织的领导有一种共同的感受，那就是随着新盖北人薪酬水平和生活水平的提升，现在盖北新居民的个人素质也明显提高了，不像以前盖北产业刚刚兴起的时候。现在，在盖北工作的两夫妻少说有十多万元一年的收入。“老话说得好，仓廪实而知礼节。人家有钱了，素质也会提高的，我们自己人也一样，没钱时有人搞点小偷小摸，现在谁还需要那样？”珠海村的干部说。

珠海村的马海江等村干部告诉我们，以前外地人来盖北镇打工干活，只要每月150元的房间就行，窗户是坏的也没事，只要省钱就行。现在就完全不一样，他们现在十多年下来自己车也买好了，住宿环境也要改善了。他们有钱了，到家里都是众人高看一眼的老板。

盖北镇的罗期佳副镇长也深有同感，她告诉我们，盖北镇的新区现有六个小区，其中95%的居住者都是新居民，有很多人都已经在盖北镇置业了，所以房子也不需要租，换言之，他们已经直接在盖北镇买房子了。不仅自己在盖北镇买房安家，而且他们的小孩也在这里读书上学，所以他们确实成了新盖北人。“这些情况都是实事求是的，不是虚的。”珠海村的干部笑着告诉我们。

“如此一来，盖北镇老居民和新居民之间的融洽度也肯定是越来越高，时间一长，上虞话也该会讲了。”我笑着回应。

“我们这里的新居民党支部可能也算得上是关于基层善治的探索和党建创新吧。”罗期佳副镇长颇有几分自豪地向我们进行了介绍。“就拿盖北来说，这种探索的确也有现实需求。有些党员可能组织关系在老家，但我们开放性地采用‘以新管新’的基层党建模式，首先是将新居民党支部建立起来，其次利用新居民党员先锋队力量，让他们自己人去管自己人，乡音乡情乡亲，有些基层治理的难题通过他们自己去化解掉，效果也是出乎意料地好。”

“这块也是盖北基层治理和党建工作中的一个亮点。”罗期佳副镇长说，“我们当初为什么要谋划‘一村一幢楼’，一方面确实是盖北镇的村庄发展和壮大集体经济的需要，另一方面其实也是盖北镇推进基层治理的需要。因为我们将一幢楼建好后，我们盖北‘一村一幢楼’基本上都是厂里公司整幢来承租，他们自己会派管理员来管，像安全通道、消防通道、消防设施全部配置上去以后，我这块消防压力也减轻了，治安压力也减轻了。如果新居民们全都分散在居民自建房里，我们可能挨家挨户还不一定能将人的底细摸清楚。现在，通过‘一村一幢楼’，企业管理员对于里面住的是哪些人，情况怎样一清二楚。上下班什么的，他们也都是比较有规律的。所以对我们地方基层治理而言，‘一村一幢楼’的探索也是很有好处的。”

珠海村的干部对于罗期佳副镇长所持的观点也很有同感，认为“一村一幢楼”确实便利了村级管理。就拿珠海村来说，该村的第二期物业都租给了体量很大的中央企业，来入住的都是20多岁的年轻人，学历都是大专以上，他们不做饭的，厨房也不需要。如此一来，相对而言，消防方面的压力就小多了。这些新盖北群体中的年轻人素质都很高，或者食堂里吃点，或者到镇里的饭店吃点，成为盖北镇街头巷尾一道靓丽的青春风景。

“这样一来，也就促进了地方饭店的发展。这个我也有体会，以前我在上虞西横河小区有套房子，也租给了外面来的一对年轻人，他们也都是大学生，在杭州湾化工园区上班，每年交租金特别积极，老早就将钱打过来了，所以这些新居民来了以后，不会影响城市品位，只会增加我们这里的整体素质。”听了盖北镇几位干部的话，我也深有感触地说。

“以前我们这里过年，临近年关的时候，东西丢失的人家不在少数。因为他们（指外来打工人员）要回去了，就带些东西回去。当时，他们刚来这里，钱挣不到，所以经常发生电瓶车在外面呼啦一声被他们开走了这种事。现在，这种情况是没有了，因为他们有钱了，就不想做这种事情了。到哪里都是一样的，就是这么个道理，没有钱的时候没有办法，有钱的时候，素质都是很高的。”珠海村马海江书记的话似乎又一次印证了“仓廪实而知礼节”这句古语。

接下去，话题转到了精神文明建设方面。“还有一个问题，今天我们两位镇领导也在，众所周知，我们的共同富裕除了物质层面的富裕，还需要同时追求精神层面的富有。我们盖北镇地理位置优越，生产业态丰富（一村一幢楼、国家级工业园区、国家地理标志认证野藤葡萄生产园区），有没有考虑在精神富有方面也搞出一些特色来？”我首先提出了问题。

“村里文化礼堂都是有的。原来的文化礼堂号称文化礼堂，其实配备是不够的，现在的文化礼堂才真正走上正轨了，家宴可以办30桌，也可以唱越剧、绍剧什么的。珠海村的文化礼堂现在还在建造之中，就是刚才我们所讲的物业二期。现在主体工程造是造好了的，但布置还没有布置好，已经结顶了。”盖北镇的罗期佳副镇长和珠海村的马海江书记介绍说。

“讲实话，在我们盖北，他们都是没有闲暇时间的。我们这里的老百姓往往不辞劳苦，到70多岁都在做小工，都还在挣钱。不过这个文化礼堂我们已经将它造起来了，以后正式运行后，上面会送戏下乡，他们每个月会来那么几次。”珠海村的干部说。

讲到镇里和村里的精神文明建设问题，镇农业办主任谢以涛似乎也有不少话，他接过话题说：“说句实话，我们盖北发展也就那么 20 年时间，其实最快的也就最近 10 年。现在，我们这里书店有了，健身俱乐部也有了，晚上跳舞什么的也很多。此外，这里还有外地人很喜欢吃的烧烤一条街，所以精神共富方面也在逐渐改善。尤其是最近几年，这方面发展得更快一些。20 年前我们这里没有化工厂，没有工业园区，什么也没有，这里是一个零，最近几年的发展速度是越来越快了。”看得出，盖北镇的干部对于镇里的精神文明建设工程在发展速度上抱着比较平和自信的心态。

“像老年活动室、健身房什么的，我们村里也有，但利用率不高，大家都忙着干活。明天你们到城西去就会发现，那边五六十岁的村民有的就赋闲在家，而我们这里几乎没有，大家都在干活。”盖北人的辛劳作风，似乎让珠海村的马书记特别引以为傲。

“在盖北镇，大家都是忙忙碌碌，所以像茶馆什么的休闲场所也就比较少吧?”我笑着问道。

“是的”，罗期佳副镇长答道，“在整个盖北，大家都是一心搞钱，年纪大的也是这个趋势。我们在盖北一般都是通过物业楼的形式建了文化礼堂，作为新时代文明实践项目。精神富有这一块我们也在跟上去，一是在申报一个省级的未来社区，体量较大，总投资规划 10 亿元，其中有两块，一块是要建邻里中心，里面像城市书吧等相关配套都要上去；另一块叫青春驿站，那里投资 1.8 亿元，差不多 15 亩地，要建驿站，给来到盖北的高层次年轻人提供相对环境比较优越的单身公寓，周边可能会配套一些文旅设施，这是一个规划；另一个规划是未来乡村，以葡萄产业为主线，一定范围以内，投入几千万元，申报第二批省级未来乡村试点。在这个未来乡村里面，我仔细看了下，是一统三化九场景，其中有一块也是以人文为主的，包括文化礼堂什么的。所以，我们盖北也在想，在未来 3—5 年，如果能将这两件事落实落细的话，我们镇的精神文明建设这一块就搞起来了。”

听了罗期佳副镇长的话，我心里暗自敬佩这位年轻的女干部，讲话实实在在，思路清清爽爽，目标明明白白。乡村的发展，像罗期佳副镇长这样的年轻干部是多多益善。“经济搞得好了，老百姓对文化方面的需求也会增长，关键是要能够顺应他们的需求，核心是怎么搞的问题，不是说大家钱挣到后就不需要文化了。就像家里一样，你钱最多，其实还是有精神层面的需求的。”我谈了点自己的看法。

“裘教授，坦白地说，我们盖北这里和百官城区那边不太一样。那里的人可能到60岁就有退休工资了，我们这边的居民是没有的，所以还是得去工业园区挣钞票。对他们而言，没有退休的概念，确实如此。盖北镇南边，谢塘镇那里的人可能每天会去逛逛街、花花钱什么的。我们盖北人有时间就去海边捉点鱼捉点虾什么的，不用花钱的，所以，我们盖北人就是勤劳，确实是这样的。城里人到街上早饭吃点，老酒买些，菜肴买些。不是说他们不好，而是每个地方生活不一样。我们盖北人都是这样，他们没时间去玩的。”仔细听听，其实珠海村马海江书记对盖北人性情的了解和刻画是入木三分的。

罗期佳副镇长也很认同马书记的观点，她说：“我们这里就是这样，一果两菜，基本上把一年生产都排得满满的。比如，下半年开始，老百姓都开始种榨菜，榨菜到第二年三月底、四月初收割，他们马上又要给葡萄接枝施肥了。到9月底葡萄全部收割完之后，他们又要开始忙芥菜。没有农闲的时候，中间还要再种一季高粱或者玉米。他们根本就没有特别空闲的时间，一辈子看起来都是那么勤劳。盖北原来是围涂围起来的，资源禀赋是没有的。在其他一些地区，可能有不少地方，哪怕是很好的稻田里都空着长草，在盖北的话，那是无法想象的。就连没有硬化的马路，他们都要去旁边种点菜什么的。”

是的，每个地方乡情民情也不一样，价值观也不完全一样。听了马海江书记、罗期佳副镇长、谢以涛主任的话后，我深以为然。

发展野藤葡萄产业的“三步棋”

盖北镇地处虞北平原，东接余姚市黄家埠镇，南连谢塘镇，西邻崧厦街道，北临杭州湾上虞工业园区。盖北平川沃野，气候湿润，水网密布，潮汐冲积而成的砂质土壤，通透性良好，无机矿物质含量丰富，酸碱度（pH 值）保持在7—8，具备葡萄生长发育的基本气候和土壤条件，属于葡萄栽培的适宜区，规模达到 1.2 万亩以上，年产量达 2.65 万吨，是浙北最大的葡萄种植基地。

近年来，盖北镇下好数字农业、标准栽培、整体发展“三步棋”，统筹葡萄产业发展，破解产业转型升级、技术推广、果农增收等难题，带动乡村产业增效，果农增收，打造共同富裕“镇域范例”。所以，我们这次到盖北镇调研强村富民，盖北镇的野藤葡萄种植作为一个特色富民产业，毫无疑问是我们关注的话题之一。

问题由我们调研团队的田胡杰博士首先提出，他询问盖北镇的领导，关于野藤葡萄产业的拓展与延伸，镇里有否新的打算。

接过这一话题后，盖北镇罗期佳副镇长的话匣子马上打开了。

“关于葡萄产业，我们前期其实也做了大量工作，现在重点是努力打造野藤葡萄产业发展‘三步棋’，打造共同富裕‘镇域范例’。第一步棋，是将‘传统农业’变为‘数字农业’，下好农业提质增效‘先手棋’。数字农业这一块我们在加大投入，数字农业的探索，我们目前主要放在镇里的基地这边，搞了 12 亩的试验基地。以后也希望在镇域大户那边得到推广。第二步棋，是将‘经验依赖’变为‘规范指导’，下好农技创新推广‘关键棋’。主要还是要围绕农业双强这块，葡萄种植是依赖人工比较高的产业，它不像水稻可以直接机械化操作。现在，农科院专家过来，其实也想看看在科技赋能方面能不能有所突破。但是，对于葡萄产业来说，就全国而言，目前还没有可以机器代人的，现在也就是考虑在设施方面跟上去，怎么样可以使人工负担轻些，包括数字化农业里边，有自动卷膜机什么的，其实这方面探索也是大量地减少了人工作业。就自动卷膜机来说，其实只需要手动操作，按钮按一下或手机操作就可以。洒水一体化问题方面，其实在土壤温度达到一定的数值之后，喷灌、滴灌、施肥都会自动跟进的，你给它设置好了以后就可以了。这项技术在下一步农业双强里边，其实应该得到推广。

“第三步棋，是将‘单打独斗’变为‘统筹协作’，下好农民共同富裕‘制胜棋’。我们除了解决生产端的问题，其实还要解决销售端的问题。销售端，我们主要还是依靠订单农业，这条路走下去也会碰到一个瓶颈，我们现在整个上虞四季鲜果严重依赖‘明康汇’，所以，在一些会议上也会提出来，希望在‘明康汇’的基础上多引进一些商超，引进一些大型的生鲜平台。如果这些生鲜平台能够引进来，我们的水果销售就不成问题了，他们平台之间也会有一个竞争，不像现在订单完全掌握在‘明康汇’手里。比如今天我‘甬优’收购价每斤5.8元，你要他按每斤6元收，他可能就不肯，他按每斤5.8元收，一些来收葡萄的小商小贩就可能按每斤5.3元、5.4元收。一旦他将收购价格降下来了，随之而来的是整个收货链的价格都会降下来。我们跟‘明康汇’的合作一直都比较好，但还是觉得从盖北镇葡萄产业发展也好，从全区的果蔬产业总体发展也好，其实还是要再找一家或者几家生鲜平台。一方面，我可以精准化地销售。一些生鲜平台可能蔬菜做得特别好。像‘明康汇’，可能是果业做得特别好。这样，就可以点对点精准化销售。另一方面，我们也在考虑引进一些大型农业综合体，或者将一些大型销售平台的生产基地直接下放到我们这里的园区。现在，包括‘明康汇’也有意向来上虞这里建设分公司。这样一来，虞北这一块，包括谢塘的黄花梨这样一些产业都能被带动起来。

“还有一块也是我们葡萄产业里边遇到的问题。刚才陈师傅也提到，现在我们种葡萄的人没有了。现在，葡萄农户平均的年龄，我看都有60岁以上了。我们在说乡村振兴的人才和新农人，这两块盖北镇可能真的是后继乏人。种葡萄的确是非常辛苦的，在盖北镇收入多元化的情况下，年轻人不愿意种葡萄，因为在园区打个工或者靠房子出租收入过得也很好，所以他们就不愿意从事这个辛苦的行业，导致现在种葡萄大户基本上都是50岁出头了，这个是制约我们发展的一个瓶颈。我们在想，后面可能要引进一些规模化程度较高的农企。可能直接让他们流转土地来种了，相当于把生产基地直接下放了。原来也跟叶氏兄弟谈过，后来也碰到另外一个问题，我们现在农业在搞非粮化，非粮化的情况下，土地的流转过程中就产生问题，现在感觉比较棘手的是关于基本农田的问题，他起码要50亩连片。这样的园地现在很少，中间假如有一块基本农田在里边，你就完全动不了。非粮化也是一根红线，基本上没办法进行突破。所以，制约盖北葡萄发展的主要就是两点，一是土地，二是人才。”

盖北镇罗期佳副镇长对于该镇的野藤葡萄产业发展现状可谓如数家珍，对有关问题的分析也是入木三分。

到上虞现代农业综合服务中心“打卡”

我们调研团队认真聆听盖北镇的镇村领导介绍着当地的产业发展和社会建设情况，不知不觉已是午后三点。还是陪同我们一路调研的上虞区社科联副主席王赛君女士提醒我们：“诸位，镇政府这边，罗镇长还帮我们准备了一个调研点，他们葡萄产业升级后，刚刚新建了一个现代农业综合服务中心，建得很好的，我们去参观一下吧。”于是，我们抓紧时间动身，前往上虞现代农业综合服务中心。

从珠海村到上虞现代农业综合服务中心并不远，驱车也就五分钟时间，我们刚到中心门口，就发现竖着一块巨幅海报：浙江上虞第33届野藤葡萄文化节。

“我们这里的野藤葡萄节已经搞了33届了？”我问道。“是的，是从20世纪90年代开始的”。罗期佳副镇长向我们介绍：“我们看到的这个中心是记录盖北改革发展的一个标志性建筑，总投资3000多万元，其中一层楼花了1200多万元，二楼主要是一些会议室，花了600多万元。这是反映我们盖北农村改革的一个标志性建筑，准备花3亿元。中心反映两个方面内容，一是反映我们盖北镇的发展，二是反映葡萄产业的发展。里面分三个篇章，第一个篇章是反映盖北的形成和历史渊源，整个盖北，包括我们脚下这片土地，其实都是围涂围起来的。从南宋有记载起，已经开始围涂了。到解放初期，通过围涂已经形成了夏盖山以北的土地，包括我们整个杭州湾的土地，当年也都是通过围涂围起来的，通过十大工程奠定了我们现在的发展基础。这块是2003年以来省部级领导来调研指导的一些图片。刚才我们提到，盖北其实是一个比较年轻的乡镇，是从2001年开始撤乡建镇的，是上虞最年轻的一个乡镇，也是上虞地域面积最小的一个乡镇。如果除去杭州湾园区的土地不算，我们整个镇域的面积只有16.8平方千米。但是，这16.8平方千米中，却差不多有5.5万人，这个人口密集度是相当大的，我们在人口数方面在上虞可以排前列，但是面积又是全上虞区最小的，也是最年轻的一个乡镇。”罗副镇长给我们介绍盖北镇发展历史时充满热情，而且我们注意到，她在介绍时，经常以“我们”指代盖北镇，这让我们感受到，她已经将盖北镇的建设和发展确确实实当成了自己的事业。

站在上虞现代农业综合服务中心内厅，只感觉到整个盖北镇及其特色产业——野藤葡萄产业的发展历史在眼前徐徐展开。中心陈列的第一个篇章是盖北镇的一个围涂史，其中也反映了盖北镇沿革的历史。

“其实，你们进入夏盖山就是进入盖北了。整个虞北平原就只有一座夏盖山，山上一面是光秃秃的，一面是有山岭和植被的。第二个篇章是盖北的一个抗战史，包括解放史。这里的镇海村是整个浙东抗日游击纵队的一个根据地，在抗日时涌现出了 5 名革命烈士和 37 名革命保护者。1980 年，盖北乡被认定为革命老根据地，当时游击纵队在这里布过据点，当时夏盖山周边都是海，相当于到了盖北，就到了上虞的最北面。第三个篇章是“党建 + 葡萄合作社”，我们现在还有十余个葡萄合作社，当时上虞四季鲜果之旅中也提出来把“党支部 + 合作社”这样一种模式加以推广，我们每个合作社其实都有一个党支部，这些党支部都是隶属于我们镇党委的管理之下的。通过党支部，我们可以将党建的一些元素与共富的一些元素相互融合，包括今年，我们东西部的一个对口援建单位——新疆的阿依巴格镇。我们将盖北镇的葡萄苗运到阿依巴格镇进行试种，现在存活率大概在 95% 以上，形成了一个品牌共享、产业共振的共富模式。这个模式也是一个共富的典型案例，把上虞的野藤葡萄品牌，包括我这边培育得比较好的葡萄苗送给阿依巴格镇，让他们进行试种，这也是援疆指挥部牵线的，指挥部向我们提出这样一个要求。新疆那边也适合葡萄种植，他那边就是品种比较少，他们希望引进一下，我们今年就想到去新疆做一个技术指导，此事后来因为疫情还没有推进，但有一个视频连线。”罗副镇长介绍说。

“这是援疆新思路，是技术援疆。”我肯定道。

随后，罗副镇长将介绍话题切换到盖北镇的基层善治特色品牌“葡天盖地”。“这块就是我们刚才座谈时提到的盖北新村民社区，在盖北最多时有 36 个民族的人口，也就是全国 56 个民族，有 36 个民族在盖北打工生活。由于盖北这边新村民人数最多时超过 3 万人，超过盖北 2.6 万人左右的本地居民数了，所以当时盖北也在基层治理这一块进行了一个试点，包括大家在墙上可以看到的四个第一：在上虞范围内成立第一个新居民党支部，第一个新居民事务所，第一个调解组织，第一个事务中心，从而达到以新管新、以新居民服务新居民、以新居民管理新居民的基层善治目的，这样就大大减轻了我们基层治理的压力。所以，当时为什么选择盖北开展这个试点，因为盖北太典型了，大量新居民集聚以后，一开始暴露出来的社会问题确实很多。现在，正像刚才马书记所讲的那样，各方面正在慢慢地好转起来。关于这块，今年我们市委书记也提出来，要求开展党建统领、网格智治，我们盖北镇也是一个试点镇，我们的口号是‘葡天盖地’”。

“‘葡天盖地’这个口号叫得好！也就是将网格化治理搞得非常精细化，纵向到底，横向到边，不留死角。”我赞赏道。

“是的”，罗副镇长说，“市委、市政府在疫情锤炼下，觉得应该将基层治理的末梢直接下沉到网格，以网格、微网格为主，以前城镇中叫楼道长，现在叫微网格员，将管理末梢直接下沉到一幢楼为主，实施精细化管理。”

不知不觉之间，我们走到了产业中心的葡萄馆。“这两边基本上是我们近年来取得的一些荣誉，包括中国盖北一直以来被称为中国葡萄之乡、江南吐鲁番，经过这几年产业发展，我们也先后被评为浙江省特色农业强镇、浙江省4A级景区镇、浙江省美丽乡镇示范乡镇，2021年我们还被省委省政府评为消除经济薄弱村的一个先进集体。这方面，盖北镇样板不敢当，但确实是做了一个模式出来，主要还是基于‘一村一幢楼’的‘盖北模式’。”罗副镇长向我们介绍。

不难看出，葡萄是盖北镇打造的上虞现代农业综合服务中心的主角。的确，葡萄产业在盖北镇很有典型性和代表性，整个盖北镇种植面积达到1.2万亩，年产量达到2.56万吨。近年来，由于狠抓品控和品牌建设，盖北的葡萄供不应求。以2022年为例，很多人电话打给罗期佳副镇长等镇领导，可是镇领导也没有办法，因为真的拿不出葡萄来。用罗期佳副镇长的话来说，今年之所以销路特别好，第一个原因可能是今年的天气情况导致葡萄的品质提升，第二个原因是盖北的葡萄已经进入订单农业阶段，不仅价格高，而且还卖得好。

上虞野藤葡萄栽培历史悠久，现已获得国家农产品地理标志。当时有一个传说，当年大禹治水时路过夏盖山，当时比较口渴，就摘了一串野果吃，这是盖北最早的关于野藤葡萄的故事。南宋时期，葡萄种于会稽山，这是盖北种植葡萄的最早记载。20 世纪 40 年代，盖北农民从上海引进日本品种，并被广泛引种和推广。直至现在，盖北的葡萄基地里，当年引进的品种经改良后还在栽培。改革开放前，盖北种的葡萄数量不多。直到 20 世纪 70 年代，全乡栽培量才 500 多亩。从 20 世纪 80 年代开始，盖北葡萄产业迅猛发展，到 1987 年已经达到 4000 余亩，现在更是达到 1.2 万亩。所以，在整个上虞四季鲜果框架体系里，其实盖北葡萄的产业集聚度是最高的，很多水果品种可能在上虞四季鲜果种植带都拿得出来，但是说到盖北就想到葡萄，想到上虞野藤葡萄，代表意义比较强。现在，盖北的葡萄品种达 68 种之多，现在规模种植的以“夏黑”和“甬优”为主，后者产量特别高，前者上市特别早，通常 6 月“夏黑”就先上市了，到了 8 月则是“甬优”和“阳光玫瑰”唱主角，这几天正是“阳光玫瑰”产量最高的时候。

“这一块展示的内容也可以向大家介绍一下，这是与葡萄相关的电商直播，其中也包括了农文旅的一个发展情况。得益于浙江省农科院、订单农业合作商‘明康汇’等的技术支持和销售平台支持，盖北种植葡萄的多家单位共同组建了农合联（农民合作经济组织联合会），绍兴市的葡萄产业农合联也是在盖北，目标是让葡萄产业发展更上一个层次。现在我们正跟省农科院合作推进‘夏黑’和‘甬优’这两个品种的标准化种植，以支持、配合、保障盖北葡萄订单农业的发展。从 2020 年签订的 25 万斤到 2021 年的 54 万斤，再到今年跟他们签订的 80 万斤，上虞盖北葡萄的订单销售数量逐年攀升。如果你们上午来，可以看到‘明康汇’的冷链车直接开到我们这儿的葡萄生产基地，然后农户把装好的葡萄直接装运上车，不到 24 小时就可以到‘明康汇’的门店上去了。它是先通过冷链车运到萧山的物流基地，萧山的物流基地再根据门店的订单数量，分派到全省各个门店上去的。”罗期佳副镇长认真、细致地向调研团队讲述着盖北葡萄成长的故事。

罗副镇长所说的“明康汇”，是保障本市农产品供应的比较有名的一家单位，是绍兴市的一家农业龙头企业。

团队参观了服务中心的核心内容后，又与盖北镇的领导在中心开了一个以盖北葡萄产业发展为主题的座谈会。罗副镇长非常细心周到，为了帮助我们进一步了解盖北葡萄种植的具体情况，还特地安排了一位葡萄种植大户陈师傅过来参与座谈。

陈师傅是盖北镇最早种葡萄的。我们对陈师傅在百忙之中来参与座谈表达了谢意。陈师傅向我们作了自我介绍，交谈中了解到，陈师傅现在种的葡萄面积达到 18 亩，主要供应“明康汇”，另外也加盟了旅游公司等商家组织的采摘游活动，所以销售这一块没有问题。

陈师傅告诉我们，他种葡萄已有 50 多年了，一开始是在夏盖村生产队里参加集体种植，改革开放以来在自己的承包地里种植，一般是 2 万多元一亩，其中没有扣除成本，是毛收入。其中种植成本基本在一半左右，所以纯收入每年 20 万元差不多。主要也就是他们自己两夫妻在田里种植，他们有两个女儿，都不在家，一个自己在外开厂，一个在杭州，自己在网上搞销售，陈师傅大女儿的小孩，也就是外甥，也已经 18 岁，刚刚考进杭州的一所大学。

我们问陈师傅，你现在种葡萄，与以往相比，哪一方面的变化最深刻。陈师傅聊到这个话题感触颇深，他告诉我们，现在种葡萄跟以前可谓完全不一样啦，以前都是老品种，20 世纪 70 年代到 80 年代，大家是在生产队的房前屋后种葡萄，也不太讲究什么品种。20 世纪 80 年代承包到户后，陈师傅所在的夏盖村村民种葡萄特别积极，搞得很有名气，后来，整个盖北镇也普遍种起来了。当时到处种叫“巨峰”的葡萄，这个品种是当时通过成人教育从浙江农业大学引进来的。后来，到 20 世纪 90 年代又引进新品种“乒乓球”，葡萄如其名，很大，像乒乓球一样，也是从浙江农业大学引进来的。现在，陈师傅他们主要种“甬优”“阳光玫瑰”，这些品种通过“明康汇”在杭州卖得很好。

“这些年，我从来没有散卖过葡萄。我经常对一些散户说，你们提高葡萄质量吧，只要达到‘明康汇’的收购标准，肯定不愁卖。”陈师傅一脸自豪地告诉我们。现在，“明康汇”的收购价要比葡萄商贩每斤平均提高 2 元钱，以亩产 3000 斤计算，那葡农一亩就是提高 6000 元，这个对农户而言的确是实实在在的增收。

调研札记

在盖北镇的调研，给我们的感觉是时间过得特别快。盖北镇领导对我们这次调研非常重视，为我们安排了丰富而充实的调研内容和考察场所，我们感到意犹未尽；盖北镇的生活、工作节奏快，我们身处其中，也受其感染；近几年来，盖北镇各方面发展迅猛，有太多的东西值得我们思考和观察，值得我们学习和消化。

总体来说，本次盖北镇调研，有几点特别深刻的感触。

第一，盖北镇人民“一心搞钱”给我们留下了深刻的印象。

“一心搞钱”，是罗期佳副镇长对盖北人的一个颇幽默且颇真切的评价。有人在总结浙江精神时觉得可以用“无中生有，莫名其妙”，很多人听后发出会心且认同的微笑。的确，改革开放以来，浙江人之所以能够走在前列、勇立潮头，创造出令人刮目相看的以先行先试为特质的浙江现象，跟浙江人善于无中生有是分不开的，全国第一个小商品市场、全国第一大民营经济集聚地、全国第一大块状经济集聚地……很多时候，别人还没有想到，浙江人已经开始干了；很多地区在小干，浙江却已经拥有产值井喷的现象级经济形态了。当一些人对浙江经济的快速发展感到莫名其妙的时候，浙江人却已经开始新的“无中生有”了。

盖北人的“一心搞钱”很好地阐释了“无中生有、莫名其妙”的浙江精神。从历史上来看，盖北镇本来就是“无中生有”的产物，没有宋代以来的围海造地，就没有今天的盖北。所以，自古生活在盖北的人们，深知资源来之不易。他们满脑子所思所想，就是尽最大可能利用好手头所有的资产资源，所以就有了闻名全国的野藤葡萄之乡，有了在地里又是种葡萄又是种榨菜、芥菜的不辞辛劳的农民，有了忙完地里、收拾完家里又去工业园区打工挣钱的村民，有了宁可自己生活空间小些也要多出几间出租房，最终发展成为盖北集体经济发展壮大强力支撑的“一村一幢楼”现象。

第二，盖北镇的干部“一心做事”也给我们留下了深刻的印象。

实事求是地说，对盖北镇的干部而言，日子是比较好过的。正如陪同我们调研的绍兴市社会科学院的李建兴副院长所言，盖北镇这边的先天优势比较好。盖北镇拥有地域面积在上虞虽然最小、外来人口却名列前茅的红利，盖北镇还拥有毗邻杭州湾上虞国家级工业园区的区位优势，所以无论是在资产增值还是在资源挖掘方面，盖北镇所拥有的优势都是上虞的很多其他乡镇所无法比拟的。

在同盖北镇干部的接触中，我们深深感受到他们时时新、日日新的开拓求实创新精神。为了将开创的“一村一幢楼”物业更好地服务于盖北的经济和社会发展，他们拟定了“三步走”迭代升级目标。从一开始的村级物业自建，促进村级集体经济由输入到造血的转换，到后来响应区委、区政府的号召推进物业飞地联建，再到2022年开始与西部合作单位四川省桅杆村进行跨省的飞地联建，从而让“一村一幢楼”不但成为盖北镇发展壮大集体经济的资产性支撑，而且成为区内山海协作乃至跨省东西合作的典型和亮点，这些都充分彰显了盖北镇干部不安于现状、“一心做事”、不须扬鞭自奋蹄的开拓创新精神。

第三，进一步感悟了“没有调查就没有发言权”这句话的真谛。

在调研时，我们发现盖北镇存在的一个问题是，老百姓想造房子，但是没有土地指标，这也是盖北镇经济发展的一个指标“瓶颈”。假如这个问题能解决，致富的路就能更宽，包括一些工业园区的企业也会到盖北镇下辖村庄来造房子，因为他们那里厂区是不能住人的。了解到上述情况后，我们调研团队成员曾经提出一个问题，既然土地如此紧张，那为何不将村里及镇上的二三层的房屋翻修成六七层呢？后来才了解到，当地政府对于建筑层高和层数有明确的限制，即最多是三层或十米高，十米以上的都属于违建。

完成对盖北镇的有关调研任务后，参与本次调研的绍兴市社会科学院李建兴副院长发自内心地感叹：“今天这样的调研很好！让我了解到很多新东西，像我们这些在机关工作的人，其实平时也有调研任务，但是一般也就是在网上、报纸上找些资料。然而，你要找问题，真的需要实地考察才能发现。像我们在这里就发现了几个实实在在的问题，一个是土地问题，你不下来，你根本就不可能了解到的，而且，我的研究方向主要是‘三农’问题，所以整个五天调研下来真的很好，会有很大的收获。”

第四，培养和引进新农人已成为农村发展经济乃至乡村振兴的当务之急。

以盖北镇的野藤葡萄产业为例，虽然当地干部和葡农已经为提升葡萄产业的现代化水平尽了努力，但还是有不少环节离不开人工的介入。尤其需要高水平的“新农人”去推动农业“双强”的发展，推动农村的美与农民的富。很显然，盖北镇的葡萄产业缺少年轻人的参与。所以，盖北镇的罗期佳副镇长才会发出“现在葡萄产业的人才青黄不接”的感慨；我们才会看到参加座谈会的资深葡农陈师傅尽管已经年过花甲，却仍与妻子在葡萄地里充当主要劳动力的现状。当然，推进优秀人才回流农村是一项系统工程，也是一项考量领导人智慧、能力的挑战性课题。我们认为，发现问题、重视问题、思考问题，始终是解决问题的关键。

三

崧厦：把富民伞撑得再大再靓些

崧厦概述

崧厦街道，地处宁绍平原北部，位于杭州湾南岸，是虞北地区的中心城镇，全国闻名的“中国伞城”，素有“宁乱天下，不乱崧厦”的美称。全镇面积84.8平方千米，辖38个行政村和3个社区，居民11万人，是上虞区人口第一大镇。

崧厦交通便捷，区位优势明显，是虞北地区23万人口的经济、文化、交通中心。崧厦东接沪杭甬高速公路，329国道沿镇南而过，杭甬运河贯通东西，萧甬铁路、104国道、上三高速近在咫尺，高速至宁波北仑港和杭州萧山机场仅50分钟车程。

1998年2月，崧厦列入浙江省小城镇综合改革试点镇，2001年又列入浙江省中心镇，2002年10月被中国轻工联合会命名为“中国伞城”，2003年被上虞市委、市政府列为上虞城市“副中心”。2004年，崧厦位列绍兴市工业经济综合实力第22，列浙江省百强镇第59，同时跻身全国千强镇之列，位列第258，位居上虞市首位。

崧厦建镇历史悠久，最早可追溯至1600年以前的东晋。时任吴郡内史的袁山松兼辖崧厦，因抗流寇战死沙场，于是建袁公祠以纪念他，并称所筑之城为“嵩城”。古老的崧厦，有着深厚的历史印记，与历史的源远流长相映照的是，崧厦历朝以来人才济济，名人辈出。崧厦既得越地文化的熏染，又有崧厦人的独特禀赋，两者悄然合一。

自晋以前，崧厦原是荒芜的海域，但世代崧厦人与海争地不息。历代崧厦人秉承先人战天斗地、自强不息的精神，抗外敌，精耕种，共同建设美好家园。改革开放以来，勤劳智慧的崧厦人审时度势，面对机遇与挑战，敢于“吃螃蟹”，开拓新领域，通过自己的吃苦耐劳，以风雨无阻的劲头、曝日淋雨的毅力撑起了伞业、建筑两大行业。在中国伞业市场中，崧厦制造的伞件已是“三分天下有其一”；建筑行业同样业绩惊人，从沿海大都市到西部重镇，从国内到国际，崧厦人精心打造城市楼宇，为“建筑之乡”增光添彩。

古老而年轻的崧厦，以其淳朴的乡土民风及优越的投资环境吸引了众多海内外投资者。省级伞业工业专业区更是勃勃生机，在不断壮大伞业块状经济的同时，造福着崧厦人民。总投资 8 亿元的“中国伞城商业广场”，是浙江大型多功能复合式现代商务基地，囊括了主题式商铺、产权式酒店公寓、大型超市以及服务休闲连锁等多种业态，全方位服务杭州湾、华东乃至全国市场。崧厦已成为全国伞品研发、品牌集聚、销售汇集的中心。

新形势下，崧厦人充满激情，在“崧厦精神”的感召下，全身心地投入到创业中，用行动印证着“崧厦精神”，用行动拓展着“崧厦精神”，用行动书写着新时代的“崧厦精神”。

“这是我们新建的伞艺小镇”

2022 年 8 月 16 日上午，我们奔赴上虞崧厦调研。9 点左右，我们团队驾车到达崧厦，上虞区委宣传部的章鑫科长特地从单位过来，陪同我们本次调研。崧厦街道党工委副书记俞诗颖早在街道服务中心等候，她给我们安排得很充实，首先是去新建的伞艺小镇参观考察，然后去在兴村共富方面颇具特色和亮点的潘韩村参观调研。

从崧厦街道到伞艺小镇很近，我们不多时就到了目的地。“这是我们新建的伞艺小镇，2021 年 9 月开始启用。”街道副书记俞诗颖热情地向我们介绍。为了帮助我们了解有关情况，伞艺小镇安排了一位工作人员给我们介绍小镇的具体情况。

“天下三把伞，一把崧厦造。”工作人员自豪地向我们介绍崧厦伞业的地位和分量。伞艺小镇里面的配备和设施非常先进，工作人员打开小镇大厅的巨幅显示屏，上面非常清楚地显示着伞艺小镇的运作情况和崧厦伞业的发展趋势。马克思认为，商品首先是一个外界的对象，一个靠自己的属性来满足人的某种需要的物。① 崧厦人正在创造性地思考怎样更全面地提升伞业的商品属性，以满足人们多方面的需要。

“首先，我向各位专家介绍一下我们的产业大脑，目前崧厦拥有伞业1451家。2021年产值262亿元，计划2020年到2025年投资56亿元，加快促进产业转型。这边是伞艺小镇在建及建成的项目。那边是伞业近3年来在崧厦产业中的比重，包括其增加值及在整个产值中的占比。到目前，我们大约占有全国37%的伞业市场，伞业是劳动密集型产业，其加工过程还是要大量地依靠人力劳动。近年来，我们产业开启了数字化的改革，研发阶段的技术人员不断增加。那边是伞业生态指数，有利于我们把控伞业发展的具体运作情况，今年上半年销售同比去年增长超30%。伞的销售基本上从每年2月开始，到六七月达到一个高峰。这边是我们伞在天猫销售的一个用户素描，主要是精致白领、精致丽人、精致妈妈、青少年人群。这些人相对而言比较注重伞的颜值，对伞的价格相对不敏感。65—125元的伞销售最快，目前占到销售总量的75%。近年来电商直播带货升级，消费者对我们伞的购买频率也在上升，得益于购买频率及消费价格的水涨船高，近几年伞业获得的利润也在稳步增长。”工作人员讲得非常清晰，通过她的讲解，我们对崧厦伞业的运行情况有了更清楚的了解。

从工作人员的介绍中，我们了解到，不同的消费群体对伞的要求是不一样的，而伞艺小镇的一项重要服务性工作就是将不同消费群体的购买偏好指数免费提供给有关企业，作为伞业研发产品和宣传的一个主攻方向，以提升销售额。

据了解，近年来，伞业产品的材质主要集中在不锈钢。不过，近年来

① 马克思恩格斯选集（第2卷）[M]．北京：人民出版社，1995：114.

钛锌材料的运用也有提升。天猫等网购平台对销售产品的商品属性分析也会提供给每个企业，帮助企业准备原材料。

“这边是我们伞业的一个行业指数分析，主要是伞行业的具体销售情况。像小时光、妃格莱儿等牌子都是崧厦打造的。这边是有关伞业推荐的热点流量分布，如在抖音、天猫等网购平台的具体受关注情况，分析后有利于更精准地投入，以增加伞企的曝光率。下面是伞品抵达消费者的信息推送和发布情况，如短视频推送、直播带货等。这边是我们的工程师协同创新站，也是为了赋能伞业竞争力。这边是崧厦伞业 186 个工程师的分布情况。那边是为了助推伞业赋能升级而开设的八大工程师中心，提供研发项目、数字化生产线的改造等。这边是工程师伞业检测站，是为伞业提供质量检测的工程师集聚中心，也是为了更好地为消费者提供高质量的伞件。”工作人员对伞业情况了然于胸。

“工程师学校是为伞业提供技术支撑的专业性培训机构，分为生产型、销售型、研发型。这边是我们伞业的一个行政区域分布图，包括伞业的特色村。这边是入驻我们园区的龙头伞业。这边是 18 个伞业特色村的具体分布情况，包括生产和营销收入等。本镇不少村民农忙时可以忙农业生产，农闲时可以去伞业特色村承接伞件加工业务，获得劳动报酬，从而吸引了闲散劳动力，也为伞业解决了一些用工荒的问题，可以增加个人、村集体的经济收入。

“2021 年，我们街道村集体经济收入村均破 100 万元，农村村民人均年收入达到 4.9 万元，也是得益于伞业对经济的助推作用，所以也是一把‘富民伞’。这是我们的两大学院，一个是生产研发学院，为伞业提供技术支撑和培训。另一个是伞业网红学院，为各伞业企业提供电商培训。这里是目前我们正在建设开发的伞业小镇，作为工业企业，运输方面是非常便利的，1992 年就形成了全国新的伞业交易市场，2019 年被列为省级特色小镇，2020 年成立伞业城里的党工委，目前很多是承继家族企业的‘伞二代’。伞业的发展至今差不多有 4000 年历史，黄帝所持的华盖就是最早的伞，当时也是权力的象征，历史上的斗篷也是伞的历史渊源，春秋时代也有造伞的故事。”

在伞艺小镇里，展出的伞琳琅满目，“这是我们新开发的以《兰亭集序》为意蕴的一把伞，这是反映冬奥会文化的伞，东山文化、越瓷文化、孝德文化，均在伞品中有体现和融入。”从工作人员的介绍中，我们得知上虞崧厦伞业的制作早已意识到将上虞乃至绍兴地域文化融进伞制品中的重要性。

“现在崧厦伞的质量如何？”我问身边的街道工委副书记俞诗颖。

“可以的，现在园区引进伞件质量检测中心也是为了制造高质量的伞。”俞副书记回答。

我认同俞诗颖副书记着眼于伞业品质提升的做法和思路。现在，老百姓在购买东西时不再单纯追求便宜，而是更注重性价比和高品质。

“现在伞品销售出现两极分化，有些卖得很便宜，有些价格很高，颜值很好，质量也很好，像这把伞，展示的是油印的，真正出售的是刺绣的，价格上千元。”工作人员告诉我们。

的确，将文化融进产品，推动文化产业化，是今天发展经济的一个着力点。

“这里是园区设立的直播现场，电商直播的兴起，更好地赋能了企业，同时这里也是各企业的新品展示区。”俞诗颖副书记向我们介绍道。

“刚才介绍了数字化大脑，我们跟有关数字化平台对接，这样数据就有了及时反馈。数据反馈后，我们及时进行二次分析，稍作整理后及时下发给各企业作为参考数据。同时，有关数据又可以接驳我们的协同创新中心，比如现在流行的卡通等文化，伞业企业会专门安排设计师对接，从而使伞品设计更加精准化。现在市场变化快，所以我们根据线上数据及时调整。像这个企业在儿童伞设计方面非常投入，销量也是很大的。2021 年的时候在线上卖爆了，卖得特别好的单品现在又出了一款升级款（指非常可爱的一款儿童伞），有尾巴、有小脚、有加大的尾翼，像这种伞在设计时难度也是很大的。”工作人员指着一把很可爱的儿童伞向我们介绍。

“像这款是头部企业——浙江友谊菲诺伞业股份有限公司的产品，有很多系列，品种比较多，也比较全。该公司作为头部企业，也有一定的社会责任感，有一定的价值观引领作用，承接了冬奥会的雨伞。冬奥会的雨伞只有它能够生产，其他企业生产都是非法的。由于跟冬奥会合作，所以上面有冬奥会的标识。这一块是专门结合绍兴文化设计的伞，如小桥流水什么的。”俞诗颖副书记适时地在旁边加以补充。

通过调研获悉，这几年由于电商直播的兴起，线上销量的增加幅度很大。所以，伞艺小镇也布置了不少用于线上直播推介伞品的平台。

“这里是伞品抗风抗雨性能实验室，很多企业也在这里展示他们的新品，这样会更有说服力。这是我们的手工伞，全程手工，在伞顶、伞背、伞柄、伞架上都会有手工绘制和绘刻。这个是崧厦老师傅当年挑着去各地修伞的工具箱。当时伞比较珍贵，一把伞可能要用上好几年，所以哪里破了就请师傅来修一下。修伞的过程也是对用户需求、用伞体验的信息进行收集和调研的过程，师傅将这些信息带回来后可以将伞品做得更好。伞品已经完成从原来的手工制造到现在的半自动化的这样一个转变。不过伞业依然是一个传统的手工产业，其诸多环节是机器替代不了的，还是有很大部分的手工介入，这是有客观原因的，一是全自动的机器研制很难，二是目前也没有这样的企业去研发。”

在工作人员的介绍中，我们穿越历史，从最新最具有科技含量的伞品实验室，踏进蕴含着沧桑历史的老式手工伞展示室。

“伞业太细化了，所以，现在的研发在考虑尽量减少人工环节，不过有些环节确实也没有办法使用机器。”俞诗颖副书记在一旁介绍道。

看得出，不断提高制伞工艺的自动化水平，减少生产环节的劳动力成本和时间成本，是崧厦街道干部们和制伞企业的一个关注焦点。不过，在我们看来，制伞过程的一些环节中人工的参与，也在很大程度上提升了当地和周边群众的就业增收空间，使伞业的发展直接带动了群众的致富。没有伞业支撑，很难达到每个村 100 万元以上的经营性收入。所以，伞业是一个富民行业，为老百姓提供了很好的致富平台。

据了解，近几年来，由于疫情的影响，支撑周边休闲旅游的伞品不断涌现，如帐篷露营伞这块近两年就特别流行。以前没有疫情，人们可以跑到省外乃至国外去观光旅游，现在疫情之下，很多人就选择了在周边露营，从而使得相关产品需求加大，像友谊菲诺生产的全套户外露营产品就很畅销，也有一些企业提供相关产品的代工业务。

据介绍，伞艺小镇服务中心的三楼是网红学院、大师工作室，以及伞件检测中心。由于时间关系，我们没有上楼一一细看。

“一老一小”：潘韩村月林书院中的常客

离开伞艺小镇服务中心，我们向潘韩村进发。潘韩村位于上虞区崧厦街道中心区域，由潘家、韩家两个自然村合并而成，是上虞区“伞业小镇”技术核心区。潘韩村近年来大力开展数字化建设，在乡村治理、平安乡村、村务服务等多方面发力，积极呼应区政府对乡村数字化建设的要求，着力于潘韩村经济长远发展，为百姓共同富裕夯实了基础。

潘韩村是一个镇中村，我们很快就来到了村口。“现在我们直接入村了解乡村基层的强村富民情况，我们将街道分管农业的王副主任也叫过来了，有问题尽管问他。”俞诗颖副书记对我们的入村调研进行了周全的安排。

站在潘韩村口，一股古色古香的气息扑面而来，看来潘韩村在乡村设计方面花了很多心思，全村的道路、建筑、装饰都呈现出深厚的村庄文化内涵和历史积淀。的确，在村庄历史方面，潘韩村有足够的底气自豪。位于崧厦街道潘韩村的月林书院，是上虞历史上第一家书院，宋代著名理学家朱熹曾到此讲学。2022 年 5 月，2000 年易地重建的月林书院正式启用，在推动优秀传统文化历久弥新、推陈出新方面发挥了积极作用，进一步提升了文化建设品位，更好满足了村民群众的文化需求，增强了文化自信。

“上虞有个特色，看过去几乎每个乡镇都有一镇一品的感觉，几乎每个镇都有自己的特色产业，也有自己的特色文化。”调研团队成员、绍兴市委党校的陈怡伶老师感叹道。

“是啊，而且其难能可贵之处是还能将这‘一品’不断创新。”我赞同道。

“我有个建议，如果希望形成成果，可以参阅一下乡镇每年的考核材料。乡镇街道每年有业绩考核，里面分好几块，有些是治理方面的，有些是经济方面的，环保指标什么的，这些指标有些是达标的，有些是特别好的、有特色亮点的，这些都是比较重要的，而且还有一类乡镇、二类乡镇，像百官、曹娥、崧厦街道都是一类乡镇，岭南是二类乡镇，所以对乡镇的目标责任制、考核的总体目标是不一样的，以突出每处的特色，这个还是挺重要的，也是比较全面的。各个局办都会对其进行考核，会有一个打分，最后是组织部管的，可以去宣传部拿一下。这部分资料如能拿过来，对于写调研报告是比较有用的。还有，每个乡镇都有总结报告，这部分如能拿过来也可以看一下，因为其中都有突出亮点。岭南山区我们是上周去的，那里的民宿经济做得特别好，东澄村的未来乡村建设已经通过验收了，整体的居民生活水平都不错，目前有文创的企业团队入驻，这段时间是暑假，那边的生意特别好。”陈怡伶老师的建议很有价值，不久前，她曾在上虞百官街道挂职锻炼了一年时间，所以对上虞的了解远在我们其他调研团队成员之上，算得上是我们调研团队的“上虞通”。

我们到达潘韩村村口时，潘韩村党总支的韩红标书记、潘雨峰副书记早已经在村党群服务中心等候，到村陪同调研的还有街道的王委员。

“潘韩村人口在崧厦街道算中上水平，有2500多人，2021年创建成功‘五星三A’村。在崧厦街道，所有村庄的五星都达标了，但是三A村目前仅有两个，祝温村和潘韩村。我们正在考虑发展露营休闲旅游产业，崧厦这方面的需求比较旺盛，土地可以通过调剂流转解决。这是我们的月林书院，里面的人以老少为主，书院里有国学讲堂，书法教习也是我们的特色，每周都有村民来这里学练书法，老人和小孩是书院的常客和主角。”韩红标书记开门见山，直奔主题，向我们介绍起了该村的基本情况，特别是对于作为该村文化建设标杆的月林书院，韩书记在介绍时脸上充满自豪的表情。

“村里有两位村民还是省书法协会的会员。现在暑假快结束了，刚放暑假时，这里很热闹，到处是小朋友和老村民，我们的所有设施使用和老师辅导都是免费的，属于共同富裕里面的精神富裕。”村党总支副书记潘雨峰介绍说。潘韩村由潘家、韩家两个自然村合并而成，上级党委很用心地让韩姓村民和潘姓村民担任一正一副书记，两位书记也是各有特色，韩书记看上去四十几岁，精力旺盛，讲话做事雷厉风行。潘副书记看上去五十几岁，文质彬彬，温良谦恭，可谓是潘韩村深厚文化的形象代言人。

在月林书院，既能感受到古色古香的历史厚重气息，也能碰触到很新潮的设施设备。在书院的左侧，有一个专供少年儿童学习计算机的专用培训教室，里面的计算机都是最新的款式和系统。“这里的设备都是可以人机交互的，抢答什么的都没有问题。旁边那一间条件更好，都是触屏电脑，可以学软件编程。”俞诗颖副书记介绍说。

“有老师教吗?”我问。

“有的，今年有杭州一家计算机公司和我们合作，有关老师是公费派遣过来的，也是不收我们钱的。这个暑假还有浙江师范大学和这里对接，老师来这里上课，学生来这里做社会实践。”俞诗颖副书记说。

一旁的潘副书记补充说，除了浙江师范大学，“去年有浙江水利水电学院的学生来开展社会实践，今年有杭州师范大学的学生来这里开展社会实践。所以，我们这里的少年儿童很幸福的，可以在这里度过很充实的暑假。”

“这边书院的文化学堂将‘一老一小’两边都照顾到了，一边是小孩的精神富裕，一边是老人的精神共富。

“这是未来乡村场景打造的重要努力方向，也是我们村社区工作的重要发力点。”街道的王委员自豪地补充说。

八百年村史支撑的乡贤文化

在参观考察月林书院时，我们发现在书院右侧设计了数间格调雅致的名师工作室，韩红标书记和俞诗颖副书记指着其中的一间工作室告诉我们：“这里是严力蛟老师的工作室。严力蛟教授是浙江大学风景专业的权威，做乡村规划比较好。”调研获悉，上虞乡贤文化政协委员会成立以来，围绕共同富裕示范区建设、数字化改革等中心工作献计出力，助力高质量发展。在会客厅的牵线下，浙江大学生态景观研究所所长、教授严力蛟在崧厦街道潘韩村成立了乡村振兴专家工作室，为崧厦乃至上虞的乡村景观和规划设计提供智力和理论支撑。

“这么多名人都是村里出去的，真是不简单。”调研团队多位老师不禁发出感叹。

事实上，在潘韩村，我们看到的不仅是历代先贤精神的泽被后人和当代新乡贤群体的反哺桑梓，还有潘韩的青少年正在厚朴忠贤村风的涵育下呈现出蓬勃向上的成长态势，这无疑是让潘韩人更感到高兴的事情。比如，2020年上虞的高考状元就是潘韩村的青年学子。

“潘韩村的文化底蕴很不错，涵育文化就像种庄稼一样，一茬一茬地生生不绝，最后才能发扬壮大。”崧厦街道的王委员说。

“是的，一个村庄文化的涵育，不但要有根，而且要有传承、浇水、施肥。”我赞同说。

这时，韩红标书记指着另一间名师工作室对我们说：“这是我们村出去后在邵逸夫医院工作的专家韩卫东大夫的工作室。最近，上虞在推进乡贤回乡捐资助力的‘三师三员’回归工程，我们引进严力蛟、韩卫东大师工作室就是对于这项工程的落实。现在我们村的村民去杭州看病，不管是什么科的，都可以让韩大夫帮忙联系。”

“这些都是为家乡的建设发展和家乡人民的美好生活提供宝贵支撑的当代新乡贤。”调研团队马芹芬老师的话，道出了团队其他老师的心声。

“其实，我们两个村书记也都是新乡贤，这是较为典型的乡贤治村，手头有企业的韩红标书记和潘雨峰副书记能够在百忙之中腾出精力来为村里做事，为百姓谋福，这本身就是一种付出。而且，这几位村里的领导为了村集体的发展，自己都是有很大投入的。”街道的俞诗颖副书记对潘韩村的两位书记予以了很高的评价。

参观了月林书院等潘韩村强村富民的特色设施后，我们前往村党群服务中心开座谈会，党群服务中心的一楼设有青春助力驿站等服务机构，一旁的村文化礼堂中，上虞区妇联等单位正在为崧厦街道的适龄妇女培训健康育儿、女性保健等卫生知识。潘韩村的文化礼堂设施好、占地面积大，所以崧厦街道包括上虞区委、区政府面向全崧厦的一些培训会议经常安排在这里举行。紧挨着村级党群服务中心的还有潘韩村家宴中心，需要时可以在此举办红白两事，减轻村民群众操办婚丧两事的负担。此外，里面的场地还有体育健身功能，可以举办射箭等文体活动。据俞诗颖副书记等街道领导介绍，有时候，摄影展也在这里举行，包括前不久崧厦街道的农民画展也是在这里举办的。上虞区委、区政府和崧厦街道培训红十字会，急救抢救什么的，也常在这里进行，接受培训的村民来自各村。

在村干部的介绍下，我们还看到了设在党群服务中心的古琴工作室。询问后得知，潘韩村的一位村民是绍兴市古琴协会会长，她每周来一次，教村里的一到两位学生。这些潘韩村的文化乡贤，怀着对家乡村民的感情，在百忙之中挤出时间，用文化反哺村民，滋润着村庄的文化大树。

调研获悉，在高质量发展建设共同富裕示范区的背景下，崧厦街道正在全力推进兴村共富五大场景建设。其中，涉及文化共富场景打造的，重点就是潘韩村。

党群服务中心还设置了公共娱乐厅，据了解，平时其主要功能就是老年娱乐室，老年人常来喝喝茶、打打牌。

“所以，像我们的村集体经济收入，基本上都回馈给老人和小孩了。就拿月林书院来说，我们一年的运营收入也要几十万元，我们请老师过来，尽管不发工资，快餐总是要给他们吃的。”韩红标书记说。据了解，潘韩村一年的集体经济收入在 200 万元左右，主要还是以商铺招商、厂房招租等物业收入为主。

党群服务中心里还设有矛盾调解中心，人员主要是老书记、老教师、老妇女主任等。“这批人在群众中威望都比较高，他们一讲还是管用的。”潘韩村的干部向我们介绍。

调研获悉，这两年，村矛盾调解中心参与调解的纠纷数量并不多，不比 21 世纪初潘家和韩家刚刚合并的时候。那时遭遇新村磨合、城中村改造、土地征用、旧房拆迁、宅基地审批、失土农民保险等一系列事件，矛盾重重，上访不断。

时代是出卷人，人民是阅卷人，干部是答卷人。2009 年，韩红标担任村党总支书记后，一直在带头用心作答时代给予的卷子。上任时，韩红标刚满 30 岁，手头经营着一家企业。韩红标认真梳理信访，连续上门走访，寻找矛盾纠纷调解“最大公约数”，并通过村民代表大会公开三条承诺：第一条，两年内解决征地村民养老保险诉求；第二条，宅基地批建必须公开透明，如果符合要求建房户多于实际指标，当场抽签决定；第三条，村干部及其亲属禁止参与村中任何工程建设招投标。三条承诺到底能否落地，村民群众将信将疑，拭目以待。

韩红标书记用自己的行动带领村级班子全体成员兑现了自己的承诺。2010 年，村里成功为首批 400 余户征地村民办妥了失土农民转城镇职工养老保险，并用征地款予以统一补贴。这比原定时间整整提前了一年。到

2013年，全村农业人口全部转为非农业人口。其中35岁以上村民参加职工养老保险比例高达99%，中间未发生一起信访事件。

对于宅基地批建，则进行地块的统一规划。因道路拓宽、公共项目建设等被拆迁的村民及住房困难户优先列入审批名单。至于工程建设，在韩红标的带领下，村中“五水共治”、拆违控违、环境整治及“五星达标、3A争创”等重点工作接连开展。在此期间，在村书记、村主任等主职干部的率先垂范下，潘韩村始终保持公务接待零开支，村级财务、党务、村务定期公开。这不仅让大家最初担心的“权力寻租”失去了空间，村容村貌也得到很大改观。

“现在，村里的矛盾少了！已经好多年零上访了。”韩书记自豪地告诉我们。

“这个村是太平村，村干部工作用心，老百姓信任，我们街道也放心。”一旁的街道副书记俞诗颖说。

据了解，潘韩村能够完成从矛盾集聚村到零上访村的创造性转换，除了村干部严守操行、工作勤勉外，还跟当地党委和政府重视法治建设的大环境有关。“有律师定期来讲课，一个礼拜就要来一趟，一个月来讲一次法律，一个律师大概管五六个村。这样可以在基层层面尽量将矛盾处理掉。”潘雨峰副书记说。

作为一个有着深厚历史积淀的村庄，潘韩村完成了崧厦街道第一部村志——《潘韩村志》的编写。潘韩村的干部和群众在村志编撰过程中还发掘了许多文化，包括一些名人传记，于是就一鼓作气，找了些文化底子厚实的乡贤代表，认真搜集村庄的发展史料，将村史馆也做起来了。

“村史最早可以追溯到什么时候?”我问一旁的潘韩村干部们。

“宋代，月林书院最早是在南宋时候由上虞五夫先搞起来的，那时书院的创建者潘畤于南宋淳熙四年还邀请朱熹来讲过学。月林书院中我们潘家代表人物较多，忠义坊则是皇帝赐给我们韩家的儒将韩铣的。”村里的干部们你一言我一语地向我们介绍着潘韩村令人羡慕的辉煌村史。

据史载，月林书院作为上虞历史上第一家书院，建于上虞五夫清风峡。1196年，潘氏举家迁到崧厦石鼓里，并在1214年重建月林书院，使其成为崧厦历史上第一家书院。由于历史原因，原石鼓里月林书院已不复存在，现村内还有古书院桥，书架桥、文案河等历史遗迹。“现在，我们潘韩村重建月林书院不仅是对历史的传承，让古建筑重获新生，更能结合现代文明宣扬国学经典，彰显中华文化自信。”潘韩村党总支副书记潘雨峰介绍说。

韩铣，字日章，明天顺初年出生在崧厦镇韩家村一个官宦家庭，是让潘韩村深感自豪的一位先贤。韩铣自幼聪慧善辩，读书过目能了大意，在父亲的熏陶下，更怀有一颗忧民报国之心。后韩铣在广州任职，平定叛乱，身先士卒。武宗朱厚照感念万分，明正德十一年（1516 年），下诏追赠韩铣为广东韶州府同知，谕祭赐葬，谥“忠义”，并在韩家村特建“忠义坊”。

“说起来，我们村已经有 800 多年历史了，1176 年至今。这棵树已经有 300 多年了，就在路旁，原来还没有如此茂盛，后来边上修整了一下，现在发散开了。下面是韩家人的祖坟，所以，现在韩家人发了。”潘雨峰副书记幽默地向我们介绍潘韩村的前世今生。

交谈中，我们了解到，古往今来，潘韩村的村民一直以自己为潘畤与韩铣的后裔而自豪，所以，对国家忠诚、对父母孝顺的忠孝文化在潘韩村代代相传。韩红标书记的祖辈也是干部，在村史馆，我们看到了曾经担任村主要干部的韩红标父亲的照片。而现在，韩红标又接了父亲的班，和潘雨峰等其他村干部一起为新时代潘韩村的富裕和振兴而努力。

“现在，上虞层面有孝德文化，这在我们看到的伞品中有体现。像我们崧厦，包括潘韩村又有什么特色文化?”调研团队的马芹芬老师问潘韩村的干部们。

“我们村有和孝文化。”潘雨峰副书记回答。

“在刚开始申报 3A 村的时候，我们提出和孝文化。我们有和孝文化、忠义文化。忠义以韩铣为代表；孝，我们这里有一个寺，积孝寺。均有典故，村志中均有。‘和孝潘韩’中的潘韩，韩以武为主，潘以文为主，月林书院是上虞第一家书院。原来潘韩并村时曾有矛盾，潘韩祠堂中更是有‘潘韩不结亲’的祖训。不过那是 1949 年前的事情，之后就好了。我们并村后村委会办公楼设在潘家，搞建设时也是以潘家为主，上次开会时我说现在潘家建设得差不多了，接下去建设力量主要考虑韩家了。我是韩家的书记，假如我是潘家书记，可能韩家人就会有想法。一些村民的格局是有限的，所以我们要考虑周全。近几年上面对农村建设支持力度还是很大的。”韩红标书记很坦诚地向我们介绍着他的工作心得。

“这两年，上级对乡村建设的支持主要体现在哪里?”我想从一个村庄一把手嘴里听听关于这个问题的最直观感受。

“像五星三 A 村的创建，假如仅靠村里，资金是远远不够的。从 2018 年开始，上面给我们村拨款两三千万元是有的。”韩红标书记的回答很实在。

乡村振兴倍增计划

离开了村史馆后，我们又察看了潘韩村党群服务中心的另外一些设施和运作部门。作为一个村级党群服务中心，潘韩村无疑是做得名列前茅的一类，我们发现服务中心里面还专门设有退役军人事务部。“村里方方面面都想到了。”我边看边由衷地评论说。

这时，韩红标书记又指着旁边一侧说：“这里是我们村里的博爱超市，是村里的红十字会牵头在搞的。”

“这村子出去的潘炳南是中国红十字会创始人之一，博爱超市与绿币超市差不多，参与相关活动可以积累积分来兑换奖品。”一旁的街道俞诗颖副书记补充道。

说起潘炳南，其实又是一个在潘韩村史上举足轻重的先贤。潘炳南，崧厦潘韩村人，清末民初著名慈善家。清光绪二十六年（1900 年）首倡成立“救济善会”，联同陆树藩、恽祖翼以及江浙绅商救济因八国联军入侵而遭难的京津难民，被视为中国红十字会的先声行动，在中国的慈善史上留下了浓重而又悲壮的一幕，被当时妇孺童稚群呼为“大善士”。①

调研团队在街道和潘韩村两级干部的陪同下，一路参观考察党群服务中心的相关工作，最后来到会议室召开座谈会。

团队首先对崧厦街道和潘韩村干部的大力配合表示感谢，并向两级领

① 参见魏新宇：《爱心集市照亮乡村》，《上虞日报》2021 年 1 月 8 日 05 版。

导和参与座谈会的其他同志说明了本次调研的目的，最后表达了自己的心愿，希望在座谈会上听听崧厦街道、潘韩村两个层面关于强村富民、共同富裕的一些经验、做法以及存在的问题和挑战。

街道分管农业农村工作的王委员首先打开了话匣子："我们主要是搞了乡村振兴的三个千万元。从 2019 年开始，今年是第四年，同时对其中的举措进行了升级，每年财政下拨资金大概是 7 千万元，我们街道自己超过 3 千万元，加起来超过 1 亿元，主要用于集体的增效、农民的增收、生态的增绿，所以称为倍增计划，主要也是为了促进村集体增收，促进强村富民，今年是第四年。在集体增效方面，我们安排了 17 个村、20 个项目，总投资是 6840 万元，这里的集体增效不光是上级补助的、街道投入的，更大的一部分还是乡贤的。对于村里的乡贤资金，我们用街道资金来配比，这样来撬动更多的资金投入。这个项目建设好后，主要也是为了促进村集体经济的良性循环。物业厂房、员工公寓等通过出租，增加村集体经济收入。村集体经济收入一部分可能是做公益的，还有积余资金的，又可以用来撬动更多的建设项目，这样形成一个良性循环，潘韩村村级集体经济收入差不多是 200 万元。"

"最多的时候，我们有的村集体经济收入可达四五百万元，今年我们计划村集体收入 100 万元以上的村庄再增加 6 个，这样的话差不多有 11—12 个。"俞诗颖副书记补充说。

"咱们崧厦街道村集体经济收入相对薄弱的村一年收入是多少？"我不失时机地问俞诗颖副书记。

"崧厦街道现有 40 个村，街道中相对薄弱的村，小村的经营性收入大概在 30 万—40 万元。"俞副书记答复说。

"以上是集体增效，另外还有农民增收，与往年相比，今年我们街道人均增收是 3240 元。现在街道允许村里购买营业房，我们有崧厦建设投资有限公司，相当于强村公司。我们以 2020 年为标准，如果村集体经济收入低于 60 万元，你可以出资 100 万元，存入企业，每年按 10% 分红。生态增绿方面，包括文化、精神生态等，我们在 2021 年投入 4005 万元。"街道王委员告诉我们。

我问街道几位干部："我们崧厦乡村农民收入与崧厦街道居民收入水

平差距如何？”

“倍差应该比较小，在去年上半年，农村中人均年收入在5万元以上，城镇里是7万元以上，同时农村农民人均年收入增长速度要快于城镇，收入倍差在缩小。2021年，崧厦农民的收入增速在上虞排在第2名。”王委员说。

有关材料表明，就整个上虞而言，农村村民人均年收入增速要慢于城镇居民，看来崧厦在这个问题上获得较好的解决。

“这个跟崧厦的产业特性有很大的关系，崧厦有其较为独特的产业特性，其实对整个行业而言，可能大的伞业公司特别是上市公司找不到几家，但这是一个富民产业，所以，我们崧厦人一般四五十岁的稍微勤劳一点的人，一年挣十几万元是不成问题的。”韩红标书记的分析很好地阐释了崧厦街道农村农民人均收入增速不低于城镇的原因。看来，崧厦这把“伞”确实是“富民伞”。

“希望加大对富民产业的支持”

崧厦街道由于伞业的集聚，通常情况下，崧厦人不需要外出找工作，“家里做做小工就行。”俞诗颖副书记说。

的确，我们在调研中也进一步了解到，就制伞工艺而言，要做到全方位自动化，难度很大，但正如一枚硬币的两面，制伞工艺流程中人工介入的必要性，某种程度上也给老百姓创造了更多的就业机会，一些村民文化水平有限，但可以通过传统手工劳动获得伞业“蛋糕”的分成。所以，崧厦这把伞的涵盖面很广，表现出很强的普惠性。而且，我们看到，不仅是崧厦，其他一些周边的乡镇，包括一些城镇居民也可以参与到伞业劳动中，伞业在带动区域共富方面彰显出其独特的优势。

“其实，像这种行业，从上面看起来，可能觉得是低、小、散，但是我认为从富民层面、从共同富裕层面来说，这把伞是真正的富民伞。像道墟街道那边的大老板就有很多，我们崧厦全部加起来也可能不及他们，但老百姓真正有钱的，一定是崧厦。”韩红标书记说。

“能否请韩书记讲讲，潘韩村在强村富民方面的主要思路和做法？”我亮出了主题。

“潘韩村在集镇中心，主要集体经济收入还是靠物业，以物业出租为主，我们正在打造一个电商产业园，农村村级投资将近300万元，现在已经在设计预算阶段。现在的农村人，我个人认为，首先要留得住青年，所以街道和区里都支持我们搞一个电商产业园。因为崧厦的一把伞，我们这里的电商产业很发达。我统计了一下，我们村做电商的人不在少数，早在6年前，我们浙江省就准备发展一批电商专业村，我们准备打造一个淘宝村（伞业专业村），产业园主要为村里的年轻人提供电商直播平台。因为做电商的不一定要工厂，周围都是伞企，可以去旁边拿货。

“对标强村富民方面，我自己认为最主要的是做了两个方面，一是村里的集体经济支出大部分是为村里的老年人和小朋友服务的。我们村60周岁以上村民的医疗保险全部由村里承担，今年我估计这块资金超过50万元，我们已经连续做了十多年。老人照顾好了，小朋友照顾好了，我们村里相对而言工作也好做，这一块可能也是我们村里的特性。就经济层面而言，有些村集体经济投入是有产出的，像我们村投入是有去无回的。不过，我们这样做，在打造和谐家园方面的收获是可感可及的。所以，我们村在稳定与和谐方面是比较好的。刚才王委员也说了，我们近几年是零上访，所以基层治理这一块我们村是可以的。

“我们村现在是没有一个低保户的，生活在村里，村民都有一种安全感。打个比方，真有村民生大病需要花几十万元的，像我们在座的干部都拿出一点来就搞定了。”韩红标书记说。

“他们村的第三次分配做得特别好，他们村跟区里乡贤文化研究会接轨，村级层面的乡贤文化培育也做得特别好，他们村的一些乡贤像刚才提及的那位韩卫东医生就在那边成立了乡贤文化工作室。”俞诗颖副书记对潘韩村的工作很是肯定。

韩红标书记告诉我们，潘韩村对创新发展乡贤文化还是非常重视的，村里提出的口号是“有钱的出钱，有力的出力”，因为乡贤并不是局限在出钱这一点。就像潘韩村出去的韩卫东医生，尽管他是专攻肿瘤类疾病的，然而，村民们如有另外的病去杭州邵逸夫医院，他照常会通过他的能力给潘韩村的乡亲对接好。像韩卫东大夫这样其实属于人在外、心在村的乡贤。

不难看出，在潘韩村，乡贤回乡之所以成为一种现象，是因为村里创造了一种崇尚乡贤的文化，一种鼓励乡贤反哺桑梓的氛围。乡贤生于斯长于斯，对家乡是有感情的，很多乡贤都有为家乡做点事、出点力的想法。所以，当村里非常关注、尊重这个群体，为乡贤反哺家乡搭建平台，这个群体也会乐于回馈村里，助力家乡治理和建设。

据潘韩村干部们介绍，近几年由于疫情，尽管没有召开大规模的乡贤恳谈会，但有乡贤从外面回来时，村里的主要干部还是会经常与乡贤小聚，联络一下感情。为了方便联系乡贤，村里整理了乡贤名单，区委统战部也有关于乡贤信息的汇总和统计，根据区委统战部提供给街道的信息，街道有关干部也会在节假日去看望本地区乡贤，村里也有相关的乡贤信息档案，街道的信息都是村里提供上来的。上虞浓郁的乡贤文化，给予反哺家乡的乡贤更好的被尊重感、获得感。

调研获悉，现在，潘韩村村民的收入主要来自伞业，作为一个镇中村，潘韩村的新居民有1200人左右，他们租的是村民的房子，这是一块村民较为稳定的收入。总体来看，崧厦街道居民最主要的收入还是从一把伞上衍生出来的，少数居民也去外面工地上打工。潘韩村的这些新居民都在制伞企业上班，潘韩村的干部统计了一下，住在村里的新居民来自14个民族，其中以华南、西南地区为多，此外还有从四川、云南、安徽等多个地方过来的新居民。

对于潘韩村伞业的发展和村民就业情况，自己办有制伞关联企业的韩红标书记无疑是最有发言权的。交流得知，韩红标书记的工厂主要是做伞业配套金属件的，刚才，我们调研团队在伞艺小镇看到的那个绿色蜂窝状帐篷的配套钢材，就是韩书记他们企业做的。

“韩红标书记所经营企业的厂房就在我们刚才参观的厂区对面，像我们村民有很多需要照顾家庭什么的，他们可能离不开家去很远的地方，就在家门口就业，分享伞业的红利。哪怕是去制伞企业上班，离家也不是很远，因此像女性群体离开家乡的较少。所以，潘韩村民的幸福感是可以的，因为毕竟小孩也在身边。

“幼儿园和小学也都是很近的，而且其教育教学设施、软硬件保障，哪怕是放在全区层面也是相当不错的。由于家门口教育、医疗等民生资源的集聚，潘韩村中空巢老人、留守妇女儿童就比较少。因为要就业的话，不需去外面，一把伞就足够了。”街道和村里的几位干部告诉我们。

崧厦街道的村民就近上班，参与到伞业加工和生产全流程，在一定程度上也解决了伞业公司的劳动力问题，这也是一种双赢，企业就近招工，老百姓就近就业。

2021 年，潘韩村搞了一个调查，去掉年龄大的、年龄小的以及在学校的，中间年龄段的劳动力，有 70% 都是从事伞业，而且有 50% 左右就在家里做，一台机器、几个家人，给厂里加工，在某个环节、某个零件的生产流程参与进去，这也说明了伞这个产品具有大众化的特质。

“我希望你们也能呼吁一下，我感觉上面现在对伞业这一块不是很支持，作为‘低小散’，现在是要‘打击’。其实这绝对是不对的，从我们农村角度看起来，应该是要支持，因为这毕竟是一把富民伞。上面领导看起来，可能觉得产值也就一点点东西，其实作用很大。整个上虞区，除了城区，晚上比崧厦热闹的街道是没有的，其实也就是一把伞在起作用。一把伞撑起一个大崧厦。”韩红标书记说。

随后，我们在座谈会上聊起了基层干部对工作的意见和建议。韩红标书记感叹说，就问题而言，他认为现在基层做事越来越难、越来越累，权力越来越没有，做的事却越来越多，包括数字化。现在，打开手机，每个部门几乎都有一个数字化的应用软件。有可能同样的一套资料要报好几遍，这对基层而言压力真的很大。

韩红标书记认为，如果真的每个应用软件都很认真地去填报，那么其他事情一点都不要做了，这个东西确实占了基层干部很大的精力，“而且我们有时也搞不清楚，说难听点，我们的文化水平又不是很高的。”韩红标书记说。

在我们看来，这个问题涉及数字化治理到底是方便基层工作还是增加基层负担的问题。所以，任何新事物出现后，还是要在探索和实践中不断走向完善，而不能一刀切，简单硬性地加以推广。

“像数字化人民币，我们村是 2650 人，我们村的任务是 1450 个，我说你们下任务的都是没有脑子的！年纪大的你应该扣除掉，年纪轻的除了我们还有多少人？就是每个人都来弄也没有这么多人，而且，为什么现在诈骗的比以往多很多，就是这个电信诈骗 App 太多的问题。年纪大的人又搞不清楚，随便点进去就上当受骗了。所以为什么现在诈骗这么多，一些群众认为就是被数字化搞出来的。我们上门去为村民装数字化人民币，去弄手机密码什么的，给他骂一顿也说不定，‘你问我这个干什么？’哎，现在数字化推进任务太多，电子医保、‘越惠保’什么的都有任务。我认为数字化这个东西要到学校里去推，他们会长大的，需要循序渐进。有些农村村民都七八十岁了，都朝不保夕了，你还要对其大讲数字化？”

韩红标书记对基层数字化建设和推进任务颇有自己的看法。的确，面向基层的数字化建设工作是一把“双刃剑”。运用得好，可以加快乡村的建设和振兴。运用得不好，可能会给基层干部和百姓增加许多无端的负担和工作压力。

调研札记

在崧厦街道调研，一个最真切的感受是，当地的伞业发展对兴村共富起到了很好的支持和保障作用。从政府层面来说，打造伞艺小镇等重点工作的推进，为崧厦伞业的提能升级提供了平台保障、服务保障、技术保障、信息保障。从企业层面来说，崧厦伞城良好的生产性、服务性设施和充沛的劳动力都是其发展生产、推进创新的良好条件。对于崧厦当地居民而言，崧厦伞城的建设和发展，使他们不必远离家乡就能找到一份相对比较灵活的工作，对于促进村民增收、村庄富裕发挥了很大的作用。

现在，崧厦街道党委和政府乃至上虞区委、区政府正在将崧厦富民伞的典型案例打造成新时代农村基层建构共富工坊的案例和样板，认为崧厦伞业共富工坊的典型示范价值在于以下三点。

一是破解劳动力短缺制约，让伞业创富更具活力。通过“幸福共富工坊”建设，搭建起“政企农”高效联通渠道，解决了伞业企业中低技能劳动力短缺问题，让企业可以把更多精力用于生产智能化升级、产品品质化创新、销售电商化转型上，伞业列入国家级小微企业质量管理体系认证提升行动区域试点。2022 年 1—9 月，上虞伞业销售逆势增长 35.7%，产销数量和价值占比从“三分天下有其一”向“半壁江山”快速提升。国内电商市场占有率突破60%，50元以上中高档伞占比提升至26%，IP联名伞、纳米伞、冬奥伞等500万把以上销量的爆款单品迭出。

二是拓宽了就业增收方式，群众奔富更具动力。当地政府通过建设幸福伞共富工坊，群众不出村就能在家门口就业增收，特别是对年龄较大、行动不便或想额外增加收入的群众，家门口的微工坊就是最好的就业增收途径。2021年共富工坊内员工年收入超6万元，合片、缝纫、直播等月工资万元以上的员工占总员工数的17%。

三是进一步构建起强村固基通道，全域奔富更具合力。通过“一村一工坊”建设，村级集体经济增收找到了有效实现路径。2021年，幸福伞共富工坊内37个村年经营性收入达到60万元、村均收入达到100万元，2022年经营性收入达到80万元、冲击村均收入120万元。

在崧厦调研，一些乡村振兴先行村建设用地的紧张也给了我们深切的感受。以潘韩村为例，由于地处崧厦核心区位，按照韩红标书记的原话来说，“我们这里有很好很便利的增收渠道，随便搞一个民工公寓即可，就是资源受限，施展不开。”

村干部也向我们反映，近5年来，崧厦开发的楼盘中，80%都是潘韩村的土地，但是潘韩村这方面的收入却没有显然增加。村干部们认为，为了更好地调动村级经济发展和社会建设的积极性，不妨像绍兴越城区那样，以镇为单位，多少土地给上面用，上面就下拨相应的建设资金。因为土地的征用资金是给老百姓的，不是给村集体的。或者像绍兴柯桥区兰亭那边一样，打个比方，是给村民每亩5万元，再给村里每亩2.5万元，给村里作为建设资金。又像上次潘韩村的主要村干部去广东一地考察，发现那里的土地都是村里开发的，如此一来，村里肯定有钱，“像我们，土地一亩都不给我们，又叫我们增收，拿什么去增收?”韩红标书记的话貌似表达不满，其实也引发了我们如何更好地处理好国家、集体、个人三者之间利益关系的思考。现在，在保障国家粮食战略安全、严控非农非粮土地滋长的时代背景下，作为政府部门，既要严格执行有关政策性规定，落实好有关耕地保护的文件精神，也要考虑给乡村一定数量的基本建设用地，以助推共同富裕乃至乡村振兴战略的实施。

四

道墟：文化建设的厚度和温度

道墟概述

道墟街道位于上虞区西北部，西邻绍兴市越城区，北濒曹娥江入海口。杭甬高速、329 国道北复线横贯东西，上三高速、绍诸高速公路纵贯南北。建成后的嘉绍跨江大桥、杭甬客运专线、杭甬运河积山作业区使道墟的水陆交通更加便利。全镇地域面积 43 平方千米，下辖 21 个行政村，1 个社区，常住人口 4.5 万人。

道墟在越东虞西，称山之南，稷山以北，古时叫“东乡”。道墟的人文古韵积淀深厚。当年，族祖章慎一，字德卿，元末“与朱元璋各起布衣，提剑三尺，同打天下”。元朝灭亡后，功成隐退，回家农耕。朱元璋建立明朝后，诚请他在朝辅政，曾三次礼聘，章慎一就是坚辞不出。后朱元璋亲自率臣南下到东乡造访，但见书声琅琅，水车轱辘，村人耕读立业，礼仪传家，所见之人知书达礼，不禁心中赞叹不已，“真乃有道之墟也!”便欣喜地钦赐东乡为“有道之墟”。此后，东乡便改名为“道墟”，在街上还竖起了一座巍峨的“绣衣乡”行碑，以彰乡风。道墟是鲁迅先生笔下“闰土”的故乡，享有“有道之墟”的美誉。民风淳朴，人杰地灵，孕育了方志学家章学诚、园林学家陈从周、文学家川岛先生、美猴王六龄童家族等一大批杰出人才。

道墟有山，一座叫称山，一座叫稷山。称山，也叫青山，相传因越王勾践曾在此称炭铸剑而得名称山；稷山，又名斋台山，也因越王勾践曾在稷山上筑斋戒坛而得名，所以稷山又名斋台山。道墟有水，水是江南古镇蜿蜒曲折的小桥流水，阡陌交错，纵横迂回，舟楫径行，沿岸绿树成行，花香阵阵，鸟语啁啾，彩蝶翩舞，河水轻拍堤岸，潺潺流水，哗哗作响，催人入梦，惹人遐想。道墟有桥，洞桥、板桥、石拱桥，单眼、双眼、三眼桥，人入墟中，放眼见桥。其中被载入中国古桥史册，建于明崇祯年间（1628 年）的“祥麟桥”，五折边拱，造型美观，坚固考究，堪称古桥一绝，石缝中挂满的野藤杂草，似乎在告诉人们其悠久的历史和深厚的文化。道墟有街，十字河口，丁字布局，面河而建，绵延连续。古时街上各类店铺、土洋百货、南北果品、山珍海味应有尽有，逢墟赶集，乡人蜂拥，船来人往，甚是热闹。

道墟的工农业经济发展迅速。道墟街道区位优势突出，工业经济发达，素有“九运通徽”之称，其发展经历了前以化工染料、助剂为龙头，后以五金仪器、纺织和建材等行业为核心的产业结构格局。农业经济特色明显，初步形成了蔬菜、花卉、水产、特种养殖四大农业生产基地，生猪养殖、花卉种植、休闲农村等项目发展态势良好。道墟青鱼干、杰诚生态中华鳖被评为省无公害农产品，祥盛农业被评为国家级无公害农产品基地。

近年来，道墟的建设坚持规划先导，做足优势、做优产业、做精城镇、做实民生，着力打造具有水乡特色的交通枢纽型品质城镇，不断加大基础设施投入，完善城镇功能。深入推进“三改一拆”，扎实开展“无违建镇、村”创建工作，开展“一户多宅”整治工作。道墟现为全国经济千强镇，浙江省经济强镇。道墟街道近年来在发展壮大集体经济方面作出了不少努力。从道墟街道 2021 年各村经营性收入情况看，街道所辖 21 个行政村，经营性收入均已突破 35 万元。其中，经营性收入突破 100 万元以上的村有 5 个，经营性收入 50 万—100 万元的村有 11 个，经营性收入 35 万—50 万元的村有 5 个。

“我们道墟在文化这一块是搞得较有特色的”

2022年8月16日午后，我们在结束了对崧厦的调研后，前往道墟。从崧厦到道墟驱车不过半小时光景。途中，很多时候我们的车子行驶在曹娥江畔。以前，江畔的公路多用沙泥铺装，近几年来，上虞不断加大曹娥江两岸的建设力度，江边的公路都改造为沥青铺装路。

调研团队很快就抵达道墟，今天下午我们将重点走访道墟称海村，同时与道墟街道、称海村的干部们座谈交流。我们到了称海村门口时，发现道墟街道主管宣传的盛委员、道墟农业办的章主任、道墟文化站站长马德良、称海村书记谢华鑫均已在一旁等候我们。

看到我们后，道墟的干部们热情地向我们介绍当地的情况。称海村书记谢华鑫告诉我们，道墟可谓是山水交融，一边是称山，一边是曹娥江。道墟街道的盛委员补充说，道墟就两座山，一是称山，一是稷山，当时越王在称山炼剑，在稷山出驾打天下。所以道墟的山尽管不多，却都是名山。

我们向道墟街道和称海村的干部们说明了来意，表示想重点围绕村民收入如何不断提高、村庄如何日渐富裕起来、乡村如何缩小和城镇的差距、村庄和街道到底该如何推进共同富裕等系列问题与当地干部们开展交流，同时考察当地强村富民的设施建设情况。

在去道墟之前，我就了解到道墟作为历史文化底蕴深厚的“有道之墟”，在精神文明建设方面富有特色和亮点，到了道墟后又一眼看到前来接待的干部中有道墟文化站站长马德良。于是，我就开门见山地打开了话题：“我们觉得村庄要强，不但物质要强，精神也要强，两个文明的协同建设是乡村振兴的必由之路，所以，能否请马站长给我们讲讲街道和村庄层面文化建设的基本思路和特色亮点。”

马站长显然是有备而来的，也不愧是深耕道墟街道文化建设多年的老干部，他告诉我们：“道墟对文化建设向来颇为重视，如我们现在所在的称海村是浙江省文化示范村、省级五星文化礼堂建设村，文化礼堂的设施设备在街道虽不是最好的，但文化活动、文化服务方面却做得最好。文化礼堂是2013年开始推进、2014年开始打造的。现在街道有5800平方米的文化站，建筑面积是2700多平方米，2020年开始社会化运营。现在，在工作中也面临一个困惑的问题，从街道到乡村，基层文化队伍起到制约性的作用。以前我们乡镇文化站，像道墟，人口5万左右，应该是3个编制，现在乡镇统编以后，乡镇专业的文化队伍编制缺少了，像我这样专门做文化工作的，在整个上虞或者绍兴都是很稀少的。文化干部名称是有的，但编制不是专门的编制，文化站的法人（法定代表人）制度取消了。”在马站长的介绍中，我们了解到人手的缺少和待遇的缩减已经成为影响乡镇基层文化建设的一个核心问题。

“我从四个方面介绍我们街道的基层文化……”马站长的话匣子一经打开，就滔滔不绝：

“一是基础设施，道墟文化活动的基础设施无论是在上虞还是绍兴都算比较好的。我们21个文化礼堂，总的建筑面积已经达到了21800平方米，人均建筑面积已经达到0.5平方米左右。省里的标准是到2025年达到0.4平方米，我们已‘超标’了。村级文化礼堂普遍档次较高，21个村均达到省级标准，达到一级标准的有15个村，达到二级标准的3个村，达到三级标准的3个村。而且，两个村达到二级标准后，正在逐渐向一级标准靠拢。我们在省级文化礼堂的星级评定中也是超前的，到2021年，整个上虞18个五星级文化大礼堂，我们道墟街道就占了6个。这方面，我们街道一直以来对文化工作比较重视和支持可能是个重要原因，我们一直以来将文化礼堂的建设规划作为党委、政府的一项日常工作。

“二是基层团队建设，包含三大块内容，第一块是管理人员，第二块是文艺团队，第三块是志愿者队伍。就我们这边来说，坦诚地讲，基层团队建设还是有点欠缺的。针对乡镇一级文化工作人员不足问题，我们从2020年开始启动社会化运营。社会化运营是2018年国家文化部提出来的，向社会采购公共文化服务的承包、外包服务，这方面我们已经做了一些基础性的工作，今年还被列为浙江省文化场馆工作先行先试的一个案例。之所以如此，是因为文化的社会化运营和其他行业的社会化运营是不一样的。公共文化的采购服务考核、评定是比较难的，要贯彻到日常实践中去。在这方面，我们经过两年努力，得到了有关方面的一些肯定。8月10

日，省文化和旅游厅刚刚来我们这里实地检查验收，我们盛委员也进行了介绍，这方面我们还是走在全省前列的。我们的文艺团队建设，称海村可谓是较好的典型。我们道墟的文化礼堂，有12个是室内的，和家宴中心合并，有室内的演出场地。称海村尽管没有，但称海村的文艺团队做得很好，每到晚上，门口的广场至少有4—5支文艺团队。志愿服务方面，我们从去年开始，主要是以‘新时代文明实践站’这样一种形式和队伍活跃在街道和各个乡村。我们村一级的文化礼堂和新时代文明实践站都是合署运营的，队伍也是全的，在文化服务中发挥了很好的作用。

“三是基层活动开展，从公共文化活动方面来考量的话，送的活动比较多，自发的、群众参与度比较高的活动比较少，创造性的文化活动比较少。现在我在观察，现在老百姓中爱好文化、愿意参加活动的人还是比较多的，我们街道文化站进行公共文化培训的时候，只要消息一发布，名额也是要抢的。所以我感觉文化活动的内容、形式可能有待于更好地创新。

“基层文化服务这一块，街道开展社会化运营以来，应该还是比较好的，但从村文化礼堂看，可能村基层文化服务还是一个短板。文化礼堂从运营的情况来看，基本上是以送文化为主，平时自己组织的活动很少。我们道墟有四五个礼堂能够自己组织活动，还是少的，大部分还是要靠上面送下去。这样的情况作为短板我们也讲了，村级文化礼堂的管理人员是有的，但作用发挥得不够。我这方面经常在探索，从2015年开始，我们村文化礼堂管理员基本上都是招聘村里退下来的老同志，你叫他关门、开门、搞卫生是可以的，但是你要他组织活动、组织团队是不行的。

“四是基层队伍培养，从去年开始，我们街道在做一项工作，鉴于村级文化礼堂全覆盖，村干部的素质也有很大的提高，一般村庄中三十几岁的干部也都有，我们在干部换届时跟村里书记协商，建议在年轻村干部中组建文化干部队伍。组建这样一支队伍以后，他们各方面的素质比较强，绍兴数字文化礼堂开通后，如果没有懂电脑的就不行，我们正在搞一项活动，把每个村两个管理员的安排固定下来。我们街道一级在文化管理上面做一些技能培训，让他们有一定精力深入到文化礼堂管理当中去。4月，我做了一个文化礼堂培训计划，专门跟我们区委宣传部的部长共同商量了一下，包括师资上面，围绕文化管理员队伍的培育都进行了探讨，因为拿出几万元去聘请村里的文化管理员也不太现实，所以从村干部中来培养这支队伍应该是比较科学的，而且当前也是比较实用的。特别是文化礼堂，我们现在也是家大业大，我们道墟差不多有十多家文化大礼堂都配备了数字化大屏、智慧礼堂、灯光音响这些设施设备，但是操作的时候没有专业技术人员就不行，我们想通过这种方法来培训专业技术人员。假如道墟街道能培训五六个懂设施、会操作的人，以后假如称海村没有这种人才，也可以从其他地方调过来，所以我们可以在区域范围内建立这样一支队伍，来保证我们活动的常态化运行，我们在这方面进行了一些探索。

“所以，在基层文化活动方面，对于村级管理人员的培训，我们尚处于初级阶段。实事求是地说，管理员不是专业的，也是村干部兼职的，你要开展常态化培训还是不行，而街道文化活动管理员队伍开展社会化运行后，可以长期保持稳定，这也是村级文化礼堂的一个短板。

“现在我们在观察，像萧山、海宁，区级对乡镇文化礼堂的运营都有考核的内容，像我们绍兴在这方面还是比较滞后的，这些项目的开展是对基层文化新鲜血液的输入，因为现在一些农村的中年人和青年人对文化的需求量还是比较大的，像我们晚上广场有腰鼓队、旗袍队，还有其他一些文艺团队，一般都有一两百人的自发活动。如果有新的文化活动、文化形式，他们觉得可以的话，就会很快地响应，所以这方面可能要加强。

“我自己感到文化工作需要在村级的文化队伍建设方面多做些文章，我们有些东西也不是一定能做好，还得量力而行。我们道墟的文化还有一点做得比较好的，就是我们的乡贤对文化工作的支持是一大亮点。从 2015 年开始，刚才谢书记提到的闰土集团的副书记，称海村乡村大舞台的 150 万元建设资金就是他出资的，后来又搞了一个乡贤文化礼堂基金，所以，有关文化管理的村级的办公室就做起来了。我们目前有 6 个村都成立了文化礼堂基金，像新民主村是每年 15 万元的文化礼堂基金，还有龙盛集团的董事长在开展乡贤回归活动后出资 1500 万元建造了一个文化礼堂。我们这里乡贤反哺文化礼堂建设的案例还是比较多的，这方面乡贤型的乡村支部书记也是很支持的。

“上次我跟我们盛委员汇报时也说了，我们道墟的书记们可能在文化礼堂建设方面有攀比心理，对大部分村的这种心理我们还是支持的，对文化工作的支持就是对我们的支持。但是有些村，村级集体经济比较薄弱，其实没有可用资金，而且，他们的文化礼堂，说实话，按照常规的要求我们也给他们做好了，也验收了，而上述村的干部听到旁边几个村的文化礼堂弄得很好，他们也一定要去立一个项目，千万资金的一个体量，让我们感觉有点不可思议，你这个钱从哪里来？你有钱，像谢书记，造2000万元的礼堂我都支持，当时省委提出建设文化礼堂也是提倡量力而行。

“总之，道墟的文化建设工作是在不断地探索、不断地创新，在上虞我们也是受到部里领导的肯定的，这块工作也是共同富裕的重要内容，我们一定要做好。”

马德良不愧是基层乡镇街道文化站的站长，讲起道墟的文化建设，他的脑子里有一张完整的谱系和进化蓝图。

“腾笼换鸟”：道墟产业发展面临的问题和破题

道墟原先以化工产业闻名于当地，近些年来，随着国家和各级地方政府对于环境保护的重视和生态文明建设的推进，化工企业纷纷退出道墟，给道墟的经济和产业振兴带来了新的挑战，如何重新规划新的产业体系、凝聚人气、增强活力、找到新的经济增长点，这些是横亘在道墟各级干部面前的难题。

在座谈会上，道墟街道农业办的章主任向我们介绍了道墟在发展村级集体经济方面存在的主要问题。

一是“吃老本式”发展理念。当前，村级集体经济增收，只局限于对现有资产、资源的出租和利用，对新的经济增长点鲜有挖掘，且只注重资产和资源的利用，不注重资产和资源的维护。运营思维老套，大部分资产资源的出租发包合同，只明确了期限和金额，未签订资产资源的保值条款，或者签订了条款，但实际操作中碍于人情，实施困难，导致资产、资源缺乏一定的维护，进而使村级资产、资源难以保值增值，甚至部分村居资产、资源保有量未增反减。

二是新的增长点难以为继。大部分村集体经济经营性收入主要来源于资产出租的经营收入、资源发包的上缴收入以及闲置性资金竞争性存款的投资理财收益。道墟所辖21个行政村，基本采取了家庭联产承包责任制，重“分”而不重“统”。较好的耕地资源，已基本分散到户，村集体只掌握了少量的土地、林地、荒山等资源，同时掌握的资源相对都比较分散，近十年来资源的发包不容乐观，要么难以发包，要么只能“贱租”，难以找到新的经济增长点，发展集体经济较为被动。同时，受政策以及人均收入的增加等因素影响，一些资产资源不同程度地出现减收和闲置现象，如道墟的一些山上以前种植毛竹，后来毛竹滞销，就不种了。又如“五水共治”的深入推进，道墟大量的河道水面不能设置养殖设施，无法进行河道发包；非粮化、非农化整治的深入推进，使农田不能向经济价值更高的水果种植商发包，导致农田承包价格的企稳下降。

三是经济增长缺乏统筹。村集体经济增长乏力，缺乏统筹和长远规划，各村增收举措同质化严重，未将发展方式与当地需求挂钩。以村级物业用房建设为例，近年来受疫情、电商发展等影响，加之经济形势的不景气以及道墟化工产业的退出，中联、称海等村的市场营业房、店面房的空置、闲置率增加，租出价格持续走低。厂房出租，2022年上半年的形势尚好，下半年由于台海危机的影响，出口订单取消，物业房价格持续走低。如中联村本来已谈妥每年12万元承租营业房，后来流标，第二次起租价为10万元，第三次起租价为8万元。同时，村庄所经营的各产业之间缺乏统筹布局，各项产业“各自为战”，无法产生“叠加效应”，产业附加值难以提升。

四是部分村存在“等靠要”思想。随着美丽乡村建设的不断推进，上级财政对村级基础设施、项目建设资金的投入大大增加。相较于推动村级经营性收入的大费周章，争取上级补助资金的方式相对容易，导致行政村对上级政策补助的依赖性更加突出，村级收入增长主要依靠上级财政的“输血”，荒废了“造血”功能，建设文化礼堂等地标性设施导致原有的物业出租房屋都被拆除，收入渠道越发减少，这也使少数农村干部群众产生了“等、靠、要”的惰性思想，艰苦奋斗、主动作为的优良传统和思想意识日渐淡化。目前，上虞的村干部都涉公，奖励都依据考核文件，原来各乡镇可以灵活制定的、更具特色的举措很难推进。很多干部产生“反正上级会兜底，钱不够可以向上级要”的心理，工作的主动性削弱。

看得出，对于今天的调研和座谈，章主任是做过认真准备的，所以讲得有条有理，分析也细致入微。

“现在有个问题，我们道墟这边物业房营建投入大量资金，是否可能出现到时难以出租的问题?”我问身边的道墟街道干部。

“问题是如果不营建，更无前景，这就是囚徒困境，不做更不行。近几年厂房价格上涨较快，一楼租金从每平方米 12 元涨到每平方米 15 元，但到今年下半年每平方米 15 元又有点撑不住，所以如果不做，好不容易争取过来的指标就浪费了，而且这个厂房银行可以授信的，年息只要 3.8%或 3.6%，租金肯定要比利息高。所以，村里有土地指标肯定要做的。一些位置较偏的村庄尽管有其自身的劣势，但可能其村内也有小企业，因此，一些小的物业用房也可以出租，即使收益率相对较低，可能每平方米只有 10—12 元。”章主任说。

原来，道墟企业主要以化工企业为主，后来，随着城乡生态文明建设的推进，化工基本上都退出了，现在道墟的支柱产业以非污染性的仪器为主，一些化工企业也将部分物业用作仓库，化工经销商的团队一般还在，但生产企业已经没有了，移到盖北去了，但化工仓库还在，经销商还在。

盛委员向我们介绍起当年道墟化工产业兴旺后一片蒸蒸日上的景象，“道墟资产 1 亿元的老板有 70 个，能坐满 7 张桌。”现在，道墟正在抓紧“腾笼换鸟”，化工企业退出后，正在努力将更生态、更环保、更高质量的企业引进来。不过，其中肯定有困难和挑战，“现在，污染企业、高能耗企业我们肯定不想再用了，我们在提高企业的能级，但是好的企业就这么多，大家都想引进，因此有时候会比较头大。现在道墟正在大力引进一个千亿级产业项目，如能成功，相关的产业也会带起来。只要有人、有货、有房、有车、有企业，我们这里会越来越好。”面对压力和挑战，盛委员的讲话中还是透露出一股自信务实的底气。

在盛委员看来，尽管现在的道墟在产业发展方面有点青黄不接，老的企业已经走了，新的企业还没有集聚起来。不过，总的形势还是乐观的，因为这毕竟是一个必然的趋势。

我很赞同盛委员的观点，事实上，加快产业的转型，促进经济和社会的高质量发展，打造共同富裕示范区的区域范例，现在，不仅道墟在做这篇文章，整个上虞区也在做这篇文章。所以，怎么样将道墟的产业重新培育起来，这不仅是道墟的问题，也是整个上虞区的问题。调研得知，我们来道墟调研的前些时间，时任绍兴市委书记盛阅春也曾专门为此事来道墟调研过，并且决定将道墟作为“腾笼换鸟”的试点乡镇。以前龙盛、闰土等大型化工集团的产业都在此，整个道墟人丁兴旺，生产红火，非常热闹。现在，在化工产业退出道墟后，如何做好“腾笼换鸟”这篇文章，让道墟重现生产和生活的勃勃生机，无疑是各方面都十分关注和亟待破解的问题。值得高兴的是，不管是绍兴市还是上虞区，都已经将这个问题作为重中之重，已经全面启动“凤凰涅槃”之旅。因此，前景肯定是美好的。

既精明又高明的称海村老书记

在对道墟的调研中，称海村书记谢华鑫给我们留下了深刻的印象。谢书记看上去 60 多岁，身上有一股企业家特有的精明劲儿。据了解，谢书记也是搞化工出身的。谢书记告诉我们，当年闰土集团的生产基地就在他们村，有 540 多亩。龙盛集团也在旁边。那时几大企业的生产经营非常红火，当时谢书记要去拉一点赞助，闰土集团是很支持的，闰土集团也是最大的村办企业。

“闰土集团当时是借称海村宝地在‘下金蛋’，村庄应该会支持的。”我听后评论说。

“龙盛当初主要是家农药厂，生产井冈霉素，也是我们村的，后来龙盛搬走了，两强之间还是需要有一定的空间。”谢书记补充说。

“谢书记能否给我们讲一讲村庄的强村富民工作?”我又把话题转到我们调研的主要问题。

“我们村有 937 户，2078 人，1 个党总支，3 个支部，党员 101 个，村民代表 49 人。2021 年村级收入 171 万元，主要来自市场承包、沿街商铺出租、村里利息收入，借给街道 500 多万元，利息 5% 左右，借给闰土集团 400 多万元，借给他们利息高，存到银行利息很低的。还有承包款（大田），其他已经分到户，七六丘（围涂）还有 160 亩土地可以出租发包，大概每亩 1000 多元。我们村去年人均收入是 4.95 万元，最近几年我们上虞区创建五星三A村，村里基础设施投资大概有5000多万元，其中农村生活污水纳管大概是近1000万元，道路硬化也是1000多万元，建文化礼堂停车场锦绣渔村投资300多万元，是区里的一个项目，现在村里负担15%，其他的由街道、区财政的专项资金支持，像这种项目很多，也难争取。

“村里为了增加村集体经济收入，主要做了以下工作：一是建市场、商铺和物业用房，二是土地旱改水，由土地管理局提供财政支持，原来是5万元一亩，现在增加到7万元一亩，我们今年有131亩旱改水，工程费用大概是195万元，‘六加一’大概是700万元，减掉200万元，还有500万元。农户也有补贴，种水稻要补贴给他们，但哪怕补贴250万元，也还积余250万元。所以，村里要动脑子，也要做工作，如旱改水，土地已经发包给农户，又要收起来，这个就看你村干部怎么想，如果怕麻烦、得过且过，就不会做，如果不怕麻烦，村集体就能创收。一个村的发展须有经济支撑，经济上去，什么事都能做。现在有些村自身没有条件，有些村条件很好，但干部不干也不行，这个就取决于书记带头人有没有这个经济头脑。书记要像对待家里事情一样对待村里事情。这样去做，一个村就肯定能搞好。”谢书记说。

“所以，一个村庄要搞好，作为村里的一把手，需要具备两样东西，一个是责任心，一个是经济头脑。”道墟街道的盛委员总结说。

“作为一个村庄的当家人，对于村庄发展有利的事情如果不去争取，哪怕金山银山都要被消耗掉的。我1987年当村书记，当时做了两任村长，1996年开始一直担任村书记。我当时就看到了商机，当时我们村旁边左右隔壁都是村，统共5个村，我们村中间当时就有了露天摊，我当时就准备建个市场，那时村里没钱，我用借鸡生蛋的形式，当时5万元一间，我就让想承租的商户先拿出钱，最长的给8年租期，合同签好。合同到期重新签订，就这样，我们从一间门头房没有到56间门头房，现在每年有几十万元可以收，而且基本上长期不变。所以有些东西要看到商机，形势在变，如旱改水，以前没有的，现在有了，就要抓起来。我们隔壁村，上面来看后说最好两村连成片，他们说老百姓不肯动土地，收不起来，不搞了，就没有收入。”谢华鑫书记说。

道墟街道农办的章小伟主任告诉我们，原来有很多农户在自家承包地种蔬菜，村里收上来后几年之内要由村里统一支配，这是要做很多工作的，有些老百姓不同意，就需要多次上门做工作，称海村村民大多搞蔬菜的销售和批发，要么做代工，要么搞蔬菜。

谢华鑫书记补充说，绍兴农贸市场上的许多毛豆、玉米，都是他们这边运过去的。

街道的盛委员也认为将已经发包给农户的土地收集上来着实不容易，因为根据上级要求，土地旱改水后要求全部种粮食，至少种 5 年，而且要求连成片。所以，“如果出现两三个钉子户，就麻烦死了。”

“老百姓种蔬菜的收益还是好的，蒜苗价格高时可卖 100 多元一斤，特别是春节前，所以老百姓获得的收益还是高的。”街道农办的章小伟主任补充说。

谢华鑫书记向我们介绍了他的工作经验：“很多失土农民，其实土地还是有的，半亩以上，不过是分散的，不是连片的，我们把这些土地置换过来搞旱改水，跟他们讲好，5 年后如有需要可以还给他们。因为实际上，年年种玉米，也是种不好的。还有一点，我也说明一下，我们村从 2000 年开始，60 周岁以上的老人每年发 160 元钱，到去年已经发放了 1940 多万元，一开始没有这么多的。”

“这在全镇也是没有的，没间断，这么长时间，哪怕整个上虞区也是没有的，这么大的体量，没有强大的村级集体经济支撑根本不可能。”街道盛委员说。

“这也是为什么我们要大力加强村级集体经济建设。”我也适时地插话补充。

谢华鑫书记继续兴致勃勃地向我们介绍他经营村庄的经验和心得：

“另外，如果说还有村集体经济收入可以抓的，那就是乡贤基金。因为办厂的人、外出经商的人多，老板就多，都有钱，如何利用好乡贤，也是很好的课题。我们 2015 年成立村级乡贤组织，当时有 16 人，当时成立的基金是 2670 万元，每人 3%，本金没有拿出来，而是来认捐这个基金，比如我认捐 100 万元，我每年拿出 3 万元。我们一届是 3 年，第二届是 3460 万元，19 位乡贤，第三届是 4080 万元，本来是 4180 万元，一位化工老板效益不佳，说这届不参加了。其中认捐金额最高的是我们的村民——龙盛集团的副总，他认捐800万元，每年拿出24万元。闰土集团的副书记，也是我们的村民，每年认捐600万元，再加上文化礼堂基金150万元，共750万元。还有几个认捐500万元的，200万元、100万元的也有，最少的认捐30万元。我们给他们立功德碑。我们重阳节每年都搞活动，给他们表彰证书、勋章（银加金）。”

“称海村举行上述活动时，我也是参加的。”一旁的盛委员告诉我们。

“所以，光是乡贤基金，我们每年就有120万元，再加上经营性收入171万元，加起来有300万元。而且，这个资金村里使用起来很灵活，不用上面拨资金。这样很多时候就能体现出有钱好办事。因此，一个村干部既要肯做，也要能做。我们这边，书记都是企业家。”谢华鑫书记接着介绍说。

“这也是我们这边的一个特点，像丰惠镇、岭南乡可能就不一样，他们自己的一些干部没有产业，腰杆就没有这么硬，如果自己有产业，有时下去说话很好说。”街道的盛委员说。

“像乡贤基金，我说我带个头，出200万元，这样，有时候涉及矛盾的调解，如分配的误差等问题时，上上下下一点钱，我给你就好了，这样对方就没有话了。所以，当村干部的最好有自己的产业，假如没有自己的产业，光靠这个工资，每年16万元，怎么养家糊口呢？发给村干部的工资我是不拿的，街道也为我们考虑，只要安排好工作，时间可以自由支配。”作为一个企业家型村干部，谢华鑫书记在谈吐中彰显出一股特有的睿智和大气。

根据街道盛委员等人的介绍，称海村的谢华鑫书记在村中颇具威信。对于这一点，街道的不少干部都很有感触。由于道墟这个地方本身民营经济就比较发达，老百姓头脑比较灵活，所以他们也很佩服一些有聪明头脑、能灵活处事的干部。希望干部既有老黄牛的干劲，又有灵活的头脑，能够真正带领村庄致富，对于这样的书记，村民可谓是发自内心地佩服。

调查获悉，称海村一些年纪大的村民常说靠村里养老比靠自己儿子好。一些年纪大的村民每个月可领到200多元村里发的慰问金，不会少也不会迟。对于这些村里为百姓所做的工作，老百姓铭记在心；这些用心为民服务的干部，也在百姓心中占有很重的分量。

“谢书记，下一步怎样让称海村更好地走向共同富裕？你有没有新的思考？”我向谢华鑫书记抛出一个问题。

谢华鑫书记接过我的话题侃侃而谈：“正在考虑之中，但现在的年轻人怕吃苦。我们年纪大的一代人肯吃苦。现在化工厂里坐办公室的管理人员还没有一线工人的待遇高，但是蓝领工资再高，还是少有人去做，宁可做白领。一线的多是外地人，能吃苦。这个就是影响发展的症结。有本事的年轻人，跟我们一样，有做贸易的，也有办厂的。这个跟家庭教育也有关系，有些家长给我打电话，叫我跟闰土集团老总说一下，坐办公室，我就批评他，建议他让儿子去下面做，慢慢上来，看他表现。表现好的就上去，否则没能力坐办公室更没前途，有些家长还是太庇护小孩。”

“做生意也这样，要有钉子精神，不要怕难。第一次不成功，过一段时间再去。做生意有时候需要机会，我去推销产品，人家已经有了，你肯定推销不出去，但你经常去联络联络，或许前面产品有质量问题什么的，那你的机会就来了。他会说，你也来试试，那我产品拿过去试试，试得好的就成功了。所以跑供销也是有窍门的。

“现在凡事都要早，每个政策下来，政府鼓励的项目马上要上，你先上了，政策优惠很多，一旦推开了就可能没有了，做还是要自己做的，所以迟做还不如早做。如农村生活污水纳管，这个上虞区有 20 个村在试点，我们道墟称海位村列其中，人家不要搞，都说麻烦、难搞，我说我们要搞，这个一开始是免费的，后来全部推开了，村里要负担 15%，如果是 500 万元，村里至少要拿出 75 万元，对一个村而言，几十万元是一大笔收入。所以现在政策上土地收紧，但我们还是要做工作，如马路拓宽，我们到称山的马路，刚开始是 24 米宽，当时做的时候，我说要么不做，要做就做上虞第一的，当时土地你要多少可以对调，原来我们镇的党委书记潘书记也是超前的，他说你们现在造马路土地要拓宽就抓紧拓宽，以后恐怕就没有这样的便利了，需要指标。现在你要拓宽最多 8 米，一般只有 6 米。所以，我们要享受政策的红利，要走在前面。现在我们村庄归街道管，我签字没用的，银行支票我签街道也要签，这样做有好处，可以减少腐败，可以保护干部，可以还干部一个清白、还群众一个明白。原来村书记权力也易产生腐败，这样管起来是爱护村干部。”

在与谢华鑫书记的交流中，我们感觉到的不仅是作为一个企业家型村干部的精明，而且感觉到作为一个具有很强党性、敢于先行先试的优秀基层干部的高明。谢华鑫书记本身就是一个化工行业的企业家，手头经营着一家化工企业，在企业的跌宕起伏中磨砺自己的能力和韧性。所以，我们从称海村的发展中，感觉到谢华鑫书记就像经营自己的企业一样在对村庄进行治理和建设，充分利用村里所拥有的资金和资源，促进村庄的发展，也提升了村民群众的获得感，最终收获了村民群众的信任和支持，也推进了村庄的共同富裕。其中，我们又感受到了他作为一个村庄当家人的站位和眼光的高明。

党建引领下的乡贤基金建设

在道墟街道称海村调研，称海村党支部谢华鑫书记所提到的乡贤基金引起了我们的关注和兴趣。进一步的调研则表明，乡贤捐资助力乡村治理和乡村振兴，在道墟并不是“盆景”，而是带有一定共性的“风景”。

道墟街道的盛委员向我们介绍了具体情况：“昨日区委的鲁书记（兼绍兴的副市长）在乡镇跑，昨天跑了新屯南村，当时我也没有参与，是我们街道的书记跟我们聊起来的，说鲁书记对‘党建引领下的乡贤基金的建设’很感兴趣。像刚才讲到的新屯南村也好、中联村也好，乡贤基金的助力还是很大的。刚才华鑫书记也讲到，他们有4000万元乡贤基金，因此这个现象还是比较典型的。一个村能呼唤乡贤回乡，反哺桑梓，其实关键的一点就是一个村的书记能力要比较强，他能够凝聚起、发挥好一个村庄的党支部的战斗堡垒作用，然后在发挥好一个村党支部的战斗堡垒作用之后，能够真正将乡贤也好、各种能用的资源也好，都整合成一股劲，来推动我们村的进步。整个兴村共富的推进，还是离不开党建的引领，这既是领导感兴趣的一个重点，也是一个痛点。或许，接下去我们更应深层次地思考怎样发挥好我们党支部的战斗堡垒作用，以引领村庄的共富。比如眼前就是一个非常典型的案例，我们称海村的书记——华鑫书记就能够不厌其烦地去做乡贤的工作、去动员，形成一股比较好的乡贤关心家乡的氛围之后，这氛围可能越来越好，这个基金就会越来越厚实，以后达到一亿元也不是很难的事情。”

盛委员讲得非常有道理，其中涉及村级带头人的引领和规划问题，也涉及良好乡贤文化的培育和建设问题。新时代的乡村基层治理和乡村振兴战略的推进，都需要坚强有力的党组织这个基层战斗堡垒的引领。乡贤回乡和回报家乡，无疑是村级党组织需要关注和激发的一股推进乡村治理和建设的活力。假如农村基层党组织能够关注乡贤、尊重乡贤，积极建设鼓励乡贤反哺家乡的乡贤文化，无疑能够为新时代的乡村振兴夯实更加稳固的人才基础、智力基础、信息基础、资金基础。

盛委员继续向我们坦诚地分享他对于乡贤基金建设的观点：“对我们村民而言，乡贤文化基金其实也是一个共富的基础，至少有钱了，我们可以去做一些事情，这也是我们街道层面接下去要研究的，也就是怎么样将我们党组织的力量配齐、配强、配足，真正将好的干部选拔出来。道墟的书记和其他地方的书记不一样，不能只像老黄牛一样干，可能更加要有本事、要有引领性，老百姓认为跟你有奔头，才会信任你、支持你。现在确实需要有人脉、有威望的人进来为村里做些事情，进行一些积淀，村民才会相信你，才会支持你。我不是管党建的，但我也在想，下一届我们的村社书记，我们如何配齐配足，基层的党建如何将堡垒建强，这对我们的共富无疑将起到非常重要的支撑作用和引领作用。我就是从昨天这样一个事情引申出这样一个想法，那就是一定要发挥一个乡村振兴领头人的作用。”

今天，绍兴在努力开创浙江省高质量发展建设共同富裕示范区的市域范例，道墟街道既是浙江省经济强镇，也是全国经济千强镇。所以，作为经济发达地区农村基层的干部及整个基层党组织，确实需要承担起引领乡亲走中国特色的乡村振兴道路的重任，这既要求乡村的基层干部特别是村级支部书记要有坚强的政治能力和政治素养，坚决贯彻落实中央和上级党组织的各项工作任务，也要求基层干部有较好的经济发展思维和引领经济建设的能力，只有这样，才能将兴村共富的战略任务不断推向前进。从这个意义上讲，盛委员的想法和观点无疑是非常有道理的。

调研札记

我们针对道墟街道的调研紧凑而高效，团队成员都感到收获很大，这显然离不开街道领导和称海村干部对本次调研的重视与配合。道墟街道的盛委员非常重视我们这次以“兴村共富”为主题的调研活动，他们也真心希望通过本次调研活动触碰和思考一些共性的问题，获得一些有益的思路和想法，供区级和市级层面决策参考。道墟街道和下辖村庄的干部们对道墟各方面工作表现出一种令人印象深刻的底气和自信。特别是对于文化这一块，他们认为自己是搞得比较有特色的，所以，街道干部在本次座谈会上特意安排了道墟文化站的马站长参加。现场调研后，我们深切感受到道墟街道的文化建设工作不但开展得有措施、有成效，而且做得特别扎实。

在道墟街道，座谈会伊始，我们就感受到对方特别坦诚和务实的作风。道墟街道的领导说，今天大家不妨敞开聊，像头脑风暴一样，尽量在聊的过程中激发彼此一些有价值的想法，加深对一些问题的认识。一趟道墟调研下来，我和几位调研团队成员有三点较深刻的感受。

第一，“腾笼换鸟”，既是必须的，也是艰苦的。自改革开放以来，道墟向来以化工重镇闻名于周边，鼎盛时期道墟街道集聚了闰土集团、龙盛集团等一批知名大型化工企业，也造就了一批资产厚实的企业家。如道墟街道盛委员所言，道墟孕育的资产上亿的企业家可以坐满 7 张八仙桌，总人数在 70 人以上。然而，21 世纪以来，有关部门日益收紧环保政策，周边群众也越来越重视环境质量。为了减少有关企业对绍兴环境质量的影响，绍兴市委和市政府决定，绍兴所有的化工企业都集聚到滨海的杭州湾化工园区。在这一背景下，道墟的化工企业纷纷退出，转移到环杭州湾的有关工业园区内。由于化工企业的退出，道墟很快就暴露出人力资源供给吃紧、产业发展速度放慢等问题。面对这一现实背景，如何加大“腾笼换鸟”和“凤凰涅槃”的力度，如何多管齐下，推动道墟经济社会发展和精神文明建设，是一个道墟街道的干部和群众必须直面、异常艰苦却不能掉以轻心的历程。

第二，文化建设不仅让乡村建设充满温度，而且也充满了力度。道墟街道的文化建设之所以搞得好，是因为道墟街道的干部和群众注重优秀传统文化的创造性转化和创新性发展，道墟的人文古韵积淀深厚，同时道墟上上下下非常重视文化建设，并以参加文化活动为乐，这就使道墟的文化建设获得了源源不断的动力。现在，道墟的文化建设在整个上虞区都是名列前茅的，上虞18个面向全区的样板文化礼堂，道墟居然占了6个。为了推进道墟街道的文化建设，保持和发扬本街道在文化建设方面的优势，道墟在街道层面专门成立了文化站，专门配备了富有工作经验和责任心的文化站站长。能够如此发力，也是我们所了解的为数不多的上虞乡镇之一。道墟在推进文化建设工作时，街道和村社各级干部非常注重以人为本，注重切实提升老百姓文化生活的获得感和幸福指数，让民众在日常生活中感受到文化建设的温度。同时，通过文化建设的全面推进，富强、民主、文明、和谐的社会主义核心价值观得到进一步践行，道墟的干部和群众对于未来的发展蓝图知根知底，心往一处使，力往一处用，明显加大了街道层面建设和发展的力度。

第三，人才的集聚是“兴村共富”的重要保证。习近平总书记在党的二十大报告中特别强调了人才集聚和充分利用对于中国式现代化建设的支撑作用，将人才、科技、教育相提并论。在化工经营的黄金时期，整个道墟一片热火朝天，大量的企业员工涌进道墟，镇上车水马龙，村庄兴建的商铺和市场供不应求。化工企业退出道墟后，大量的企业员工离开道墟，转移到盖北等靠近杭州湾工业园区的乡镇，以顺应工作和生活的需要，这就造成了道墟人力资源的减少和相关产业经营效益的下降。在本次调研中，我们发现不少前些年建造的农贸市场、商铺，哪怕租金已经下降到足够低的程度，还是有不少摊位和店面租不出去。不过，这并不值得大惊小怪，在新旧转型的过程中，一段时间的阵痛总是难以避免的。现在，道墟正在紧锣密鼓地实施“腾笼换鸟”工程。老企业迁走、新的企业引进来后，由于新的企业更注重创新、环保、科技等核心元素的融入，所以也就更加需要大量的高端人力资源来推动道墟新时代的“凤凰涅槃”。在这方面，道墟可谓是任重而道远。

道墟调研，也让我们团队深感盛委员、谢书记、马站长等基层干部对农村基层建设和发展的诸多观点既接地气又有深度，显然，这源自他们“对真实世界的了解和对相关材料的熟悉”。[①]

---

① 贺雪峰．新乡土中国［M］．桂林：广西师范大学出版社，2003：8.

五

汤浦：呼唤提质增效的童装和铜管产业

汤浦概述

汤浦镇，隶属浙江省绍兴市上虞区，地处上虞区西南部，东与上浦镇相连，东南与章镇镇相接，南与嵊州市三界镇接壤，西南、西、西北与王坛镇、平水镇、富盛镇相邻，北与长塘镇毗连，东北仍与上浦镇接壤，行政区域面积 62 平方千米。截至 2020 年末，汤浦镇户籍人口为 14445 人。

春秋战国时，汤浦属越。1985 年 1 月，改设汤浦镇。1992 年 4 月，胜江乡并入汤浦镇。截至 2021 年 10 月，汤浦镇辖 1 个社区、8 个行政村，具体为舜水社区、蒋村、达郭村、汤浦村、舜岸村、霞里村、长山新村、鹤湖村、霞越村，镇人民政府驻汤浦村响山路。

踏上新农村建设的征程后，从所属各村的“水清、路平、灯明”到集镇全域治理，这座古老质朴的江南小镇，虽历经岁月洗礼，今天仍迸发出蓬勃生机。而这背后是汤浦镇“块状经济 + 青山绿水”两手抓、全力以赴迈向共同富裕的发展战略。

近年来，汤浦镇在产业提质增效、美丽乡村建设等方面取得了不少亮眼成绩。数据显示，截至 2023 年第一季度，汤浦镇共有规上企业 52 家，规上工业总产值 17.52 亿元；创建市五星 3A 精品村 1 个，市美丽乡村特色精品村 1 个；8 个行政村经营性收入达到 35 万元以上。

秀塔舜水，幸福乡镇。现阶段，绍兴各县区正在奋力推进的共同富裕离不开雄厚的物质基础。汤浦镇拥有铜管、童装两大传统支柱产业，被誉为“铜管之乡、童装之都”，现已发展成为浙江乃至全国铜管生产集中地，同时被国家商业联合会授予“中国针织童装城”称号。2022 年 1—5 月实现规上工业产值 28.75 亿元，规上工业增加值增长率 12.5%，税收收入同比增长 21.5%。汤浦镇紧紧抓住铜管、童装两大块状产业，以一条条扎实有效的措施，聚焦企业关切，主动回应和精准解决问题，助推企业产业发展，点燃高质量发展的强劲引擎。

与此同时，汤浦镇致力于打造美丽精致的现代田园小镇，让推窗见绿、抬头赏景、起步闻香成为现实。汤浦镇瞄准“光宪故里、精美小镇”定位，创建 3A 级旅游村、徐光宪故里 3A 级景区项目，让“青山绿水”与“院士故里”和谐相融，从而增强人文、经济效益，提高镇村品质。

新形势下，汤浦镇紧紧围绕“双宜双富 幸福汤浦”的奋斗目标，坚持党建统领，大力实施“舜源红”品牌战略，探索构建党建联盟、产业联动、阵地联用、队伍联育、活动联办、服务联促的“六联”体系，做大做强做优铜管、童装产业，经济社会得到了全面发展，乡镇面貌日新月异。

霞光楼里面的研学基地

2022 年 8 月 17 日上午，我们的调研团队按照约定时间准时抵达上虞区汤浦镇。汤浦镇是上虞区南部名镇，风景秀丽，绿树成荫，有在绍兴市蓄水量位居第三的小舜江水库，有非常充沛的山水资源。汤浦在工业产业方面以两“TONG”闻名，是浙东重要的铜管生产基地与童装生产之乡。

我们来到镇政府，接待我们的是汤浦镇的副镇长陶雨晴女士，“你们来得正好！今天是我们镇政府下基层日，我今天刚好要去舜岸村走走，你们下来调研，肯定要去村里看看，那我们就一同去如何?”于是，我们就搭上了陶镇长下村的顺风车，一同前往汤浦镇舜岸村。

从汤浦镇政府到舜岸村，也就五分钟光景，舜岸村的党支部书记刘生军等人早就在村口等候。

“刘生军是我们舜岸村书记，刘书记是较有思想的，村里正在搞的一些工程和舜岸村以后的发展方向，都是刘书记想出来的，他对整个村庄也比较了解，让他先给我们介绍一下吧。”陶副镇长在一旁一边介绍着刘书记，一边安排着后面的调研流程。

“走！先去看看我们村正在开工建设的‘霞光楼’，这也是我们村整体规划中的重点工程和枢纽性建筑。”刘生军书记首先将他们正在兴建的重点建筑“霞光楼”推送给我们。于是我们跟着刘书记来到村党群服务中心不远处的“霞光楼”。

“霞光楼是各取了高晓霞和徐光宪伉俪中的一个字，在北京大学还有霞光教育基金，我们本身以研学基地为核心内容在布置展馆。这个展馆是在上虞区委大力支持下启动的项目，我希望以后这里能够成为我们村级3A级景区的核心支撑。第一，按照整体规划，我们主要在做两大块，一块是山上，另一块是河边，这是一个整体的区域性布局。第二是打造一个景区的游客服务中心，这是标配。我们现在还在使用的这幢楼——徐光宪故居要整体翻新。大家都知道，徐光宪是中国的稀土之父，大科学家，2008年中国最高科技奖特等奖获得者。

“徐光宪有几点大家公认的品德，也不是我说的，是大家公认的。第一是科技方面的突出贡献，他一开始并不研究稀土，而是研究化学方面的其他内容，在其他方面也是取得了很大的成绩，根据国家的需要，他转到稀土研发这一块，成为稀土研究第一人。第二，他不仅科技上有伟大的贡献，而且还是一个伟大的教育家，他在培养学生这一块，光是两院院士就有十多个，像现在中南大学校长、兰州大学校长、包头的稀土集团总裁，这些都是他的学生，他们都是院士。”

介绍起徐院士，刘书记脸上充满了敬佩和自豪的表情。

“诸位，这是徐院士真正住过的地方，我们为什么要打造这个展览馆？就是想把徐院士的品牌打出来，将徐院士的精神传承下去，同时也丰富我们在努力打造的3A级景区村的人文内涵。我们现在正以徐院士的故居为核心，加以修缮。我们所有的打造都包含了相关内容，比如科技元素、稀土元素，再加上我们所独特的山水资源，山水融合。我们在打造这个景区项目的同时，要以此为核心，发展好文旅经济这一块。现在我们村和北京大学、上海交通大学都进行了结对，党建结对也好，思政教育结对也好，都在推进和落实中。”

刘书记介绍徐院士及其故居可谓如数家珍。

“我们这里现在是北京大学思政教育实践基地，是上海交通大学学生社会实践基地。现在是疫情期间，要不然北大和交大像以往那样连续两年都会有学生过来。他们学生过来不是仅参观下故居什么的，我们这里的鹤湖村塔山下面建有爱心学校，他们学生过来后是实实在在地参加一些针对我们的帮扶的，不是说到暑假来玩一下就好了，所以，这一幢霞光楼里面也有研学基地。只是现在房子刚刚造好，正在开始搞里面的布展。我们以后的规划是在北大和上海交通大学的帮扶下立足研学基地，发展文旅经济，加上这一块风景也好，文旅经济发展起来后，包括民宿、农家乐、江上的竹排木筏什么的，实际上是‘强村富民’的建设软件。这种建设对我们的村容村貌肯定有一个很大的改变，所以我们是想全力把这个项目做好。

“我们这个‘霞光楼’的定位，我跟我们镇党委的朱书记也讲了，我的初步打算是在汤浦镇树立一个标杆，包括我们要搞的研学基地，不像人家那样搞大众化。我们的思路是一个教授几十个人，全部配好电脑、投影等设备。我们的研学基地具有一定的专业背景，跟化工有关，跟稀土有关，以后学生来了，电脑上一操作，‘哦，原来稀土是这样！’学生就会有很好的理解度和获得感。也就是说，我们希望我们的研学是深层次的，学生作为数字化发展的主力，也能参与到整个研学架构当中去。所以我给我们研学基地的定位就是往数字化改革方面去发展。”

据刘书记介绍，舜岸村的这个霞光楼造起来只有一个月多，还没有布置好，正在安排验收，所以准备开始时先搞一点简单的布展。

“新的大楼还没有搞好，大家艰苦一下，这是我们开会的文化大礼堂，后天我们这边有戏，唱‘莲花落’。”刘书记一边跟我们介绍着，一边将我们带到该村正在搞装修的党群服务中心会议室。党群服务中心会议室正处在装修中，地上堆放着不少装修材料。

大家先后在会议室坐定，为了提高效率，我直奔主题。

“我们这次过来，主要聚焦一个主题，即怎样围绕村庄，做得强大一些，‘强大’不是说非得是大村庄不可，我们汤浦镇舜岸村就比较小，但我们可以做到小而精、小而美、小而新、小而强，老百姓人均收入指数提升，这也是符合浙江省禀赋的一种发展模式，专、精、特、新，所以我们过来看看，学习一下。

“我们想真正沉下心来看看基层一些富有地方特色和亮点的做法，所以响应市委号召，调研上虞八乡镇（街道）。汤浦是我们调研的八乡镇之一，我们也早在谋划通过本次调研更好地了解汤浦，更好地了解我们汤浦镇的舜岸村在强村富民方面有哪些好的做法。

“除了今天的现场考察和调研，我们还恳请陶镇长和刘书记提供一些近年来或近几年来关于强村富民、共同富裕的基本资料，以帮助我们更好地了解有关情况。因为，如果调研获得的信息量不够，我们对一些问题的实证分析可能会比较被动。所以麻烦刘书记和陶镇长支援给我们一些资料。”

“这个可以的，我们到时加一下微信，我可以提供镇域这个层面的一些总结材料及介绍材料。”陶雨晴副镇长大方地答应。

“大家也可以讲讲我们在强村富民方面、在扩中提低方面碰到哪些困难，有哪些困惑，都可以讲讲，包括挑战、困惑和发展瓶颈。”我进行了补充，因为作为调研团队，收集尽可能多的调研信息，无疑是获得调研成果的重要条件。

“各位干部在工作中的感触和体悟，包括碰到的问题，对上级的建议、意见等都可以提出来。”上虞区社科联的王赛君副主席非常负责，总是见缝插针地为我们团队的调研工作和信息收集穿针引线、架桥铺路。

上午一起到舜岸村参加我们团队调研访谈的，除了陶雨晴副镇长，还有另外几位汤浦镇的分管干部。“我先补充介绍一下我们这边的几位同志，我左手边的毛利英，是我们的农业办主任；我对面的那位叫严诚诚，是我们的农业办副主任；我右边这位叫韩青青，是我们的宣传干事，我自己分管宣传文化统战工作，同时附带了工业中的服装。各位专家今天来到汤浦，所调研的内容除了强村富民，可能更多的是关于乡村治理、乡村建设方面的情况，这方面我们的毛主任和严主任也可以补充一下，他们也做了较多的功课，也整理了一些文字素材，提炼了一些点子，到时请他们也介绍一下。”通过陶副镇长的介绍，我们较好地认识了参加今天调研的汤浦镇各位干部的基本情况。

我是汤浦镇最年轻的书记

我们在舜岸村调研期间，舜岸村党总支书记刘生军全程陪同介绍。刘书记看起来四十岁出头的样子，穿一件白色短袖，留着短发，脸上红光满面，讲话时笑容可掬，一眼看去就是一个富有精气神的基层干部。

“我先自我介绍一下，我当过兵，刚刚换届上来，以前就在百官那边。说实在的，我也不是说自己有什么好，但是，就拿其他经常在汤浦的干部而言，相比较之下，我在外面可能闯得多一些，看得多一些，想得多一些。我感觉到做一个村的当家人很不容易，既要充分领悟从中央到地方政府的指示和精神，又要结合本镇、本村的一些基本情况，在此基础上再来做一些关于村庄建设和发展路径的思考。我觉得在这方面我可能具有一定的优势。”

“刘书记你自己有没有办厂？”我开门见山地问刘生军。我之所以如此发问，是因为我们在乡村调研中发现一个普遍现象，那就是要当村里的当家人，在以经济建设为中心、产业兴旺为基础的乡村振兴战略实施背景下，没有一定的经济实力和经济能力，是很难扛起这一重任的，而拥有自己企业的农村先富能人恰恰在这方面拥有超出普通人的优势和经验，能够在当选村庄当家人后拥有较好的村民信任度，也有能力对村庄实施经营性治理和建设，更好地促进村庄产业发展和其他各方面的振兴。

“有一个小厂，主要经营纸箱包装的，办在上虞区百官镇[①]。因为客户群在那里。”果然不出所料，刘书记的另外一个身份是刘厂长。

“那你平时的生活主要在百官街道那边还是在汤浦镇这边？”我想进一步了解一下刘书记的生活和工作重心所在地。

“我现在的所耗精力和所花时间主要还是在汤浦这边。说句实在话，我是这一届换届刚上来的，本来我是不回来的，因为百官那里的生活条件

① 百官镇是上虞区的中心镇，也是上虞区政府所在地。据记载：“舜避丹朱于此，故以名县。百官从之，故县北有百官桥。亦云舜与诸侯会事讫，因相娱乐，故曰上娱（娱通虞）。”

更加好些，老板尽管做得不大，但至少也是一个小企业主。但是，当时上虞汤浦的镇党委书记来找我，希望我回到汤浦担任村党支部书记，舜岸村的村民也有这样的期待。其实，我最终决定回来，主要还是村里那些老党员的呼声。他们认为我在外面闯荡比较多，所以来村里当干部有希望带大家闯出一条路来，他们是这样想的。如果纯粹地从政治层面来说，上级领导来找我，我不一定肯回来。尽管我这句话在桌面上不太好讲，却也是事实。想想自己小的时候，生活困难的时候，村里的父老乡亲给予的关照颇多。现在，他们需要我回来，其实也是他们对我的一份信任、一种呼唤，这样想想也就下了决心回来了。

“回到舜岸村做村干部，其实我自己的付出还是很多的。原来我的厂一年的产值可以做到1000多万元，现在只有400多万元，因为好多业务只有自己去管理才能够有钱的，但是不能只算经济账，我始终认为作为人生来讲，还是要有一定的信念的。”刘书记讲得很坦诚和直白。

“刘书记，从你的所作所为来说，我看你对于村里的工作还是充满激情的。”看到精力充沛、坦诚健谈的刘书记，我忍不住想多夸奖他几句。

“嗯！那也是事实。”刘生军书记说：“现在就汤浦镇而言，我是最年轻的书记。我是1977年出生的，所以我刚才也说了，我的很多思想和信念，可能我们不少近60岁的老干部是不会有的。当然，我不是说他们不好，他们有宝贵的工作经验。但是在与时俱进方面，在创业创新方面，我们这些年轻干部应该是具有一定的比较优势的。”看来，刘生军书记对自己的年龄优势和工作优势充满自信和底气。

“我实话实说，徐院士他其实不是我们村的，他是隔壁村的。徐院士他们的家族是大户人家，然后他们看中了我们这块地，就相当于现在城里人去农村买房子一样，这里叫东山区，旁边是小东山，当他们买下来后，他们家族诞生了两个院士。”话匣子打开后，刘生军书记非常健谈，又聊到了舜岸村在全力宣传和打造的院士名片。

“那你们抢占别人资源了。”听了刘生军书记的介绍，上虞区社科联的王赛君副主席笑着打趣。

“那怎么说呢，徐院士的房子在我们地盘，这些故居资源肯定是我们的。前面大家看到的这样的房子本来还有两幢，但是在战乱的时候被烧毁了。徐院士的老爸是一个律师，又是开钱庄的，徐家拥有很好的经济实力。”刘生军书记看来对徐院士的生平及其家族了解得很深很细，所以在跟我们团队聊到徐光宪院士有关情况时，常常是信手拈来、如数家珍。看来，刘生军书记带领下的舜岸村是下定决心要把村庄打造成以院士故乡为灵魂和核心的3A级旅游景区村了。

舜岸村的“一个定位四条路”

刘生军书记主政下的舜岸村建设当然不会仅关注“院士故乡”金名片的打造，通过团队的现场调研以及各位干部的介绍，我们了解到舜岸村已经形成了“一个定位四条路”的强村富民新思考。

“我来了以后，我们村总的来说是按照‘一个定位四条路’在走，一个定位是‘光宪故里，精美小村’，因为是徐光宪的故居，现在依靠徐光宪的金名片，在上级支持下搞项目和景区建设，并带来相关的村庄建设和发展红利。像北大和上海交大的师生每年都来，本来还说想在汤浦镇设立一所学校，北大学子过来教学，现在大家正在协商之中。我们村也不大，总共312户，986人，土地是2.2平方千米，总共分10个行政村小组，去年经营性收入是45万元，说实在话也不高。我们村主要是一个自然村，再加上一个移民村，两个村相结合，所以我们村不大。我们的思路是，既然我们村小，那就追求小而精，精而美。

“在这个定位基础上，现在分四条路在走。第一条路是发展文旅经济之路。说实在的，这条文旅经济之路，包括休闲经济也好，对当地经济还是带来很大帮助的。第二条路是共同富裕之路。刚才我讲到两‘TONG’，铜管，说实在的，带有重工业性质，解决就业方面作用不是很大。而童装就是一个系统产业，所以我们有些老人妇女，有专门在家钉扣子的，有专门锁边的，有专门剪线头的，这些人大多年纪在六七十岁，他们直接将产品拿到家里来，这样家里照顾到了，他们自己收入也提高了，我觉得这条路还是贴近老百姓实际生活的。这一块包括汤浦镇党委书记也是大力支持，现在搞了好几百万元在建汤浦镇的直播基地。

“第三条路，我们村走的是和谐舜岸村之路，我们村有自然村与移民村的合并，移民村是小舜江水库移出来的，这个就像媳妇嫁进来后和婆婆之间不可能一下子关系很融洽一样。作为移民，他们付出的东西实在太多，所以我们村新班子成立后，这一块做得还是可以的，连续解决了以往两三年没有解决的问题，这是第一点。第二点是从本届开始，上面对村的支持，包括有关政策也好，项目也好，都往那边靠，然后两个自然村多搞一些活动什么的，让他们真正融进我们自然村来。

“第四条路，我们村走的是乡贤助力村建之路，大家都知道我们上虞被命名为中国乡贤之乡，包括我们村的这幢房子和旁边的房子，都是产业最雄厚的老板赞助的，这个老板是快的打车创始人陈伟星，是他个人捐助的。

“这就是我们村的‘一个定位四条路’。”

在刘生军书记的介绍下，事关舜岸村发展布局的“一个定位四条路”在我们面前呈现得更加清晰了。

“这个乡贤目前主要在哪里发展?”我对刘书记介绍的陈伟星并不熟悉，同时又很感兴趣。

“他目前主要在杭州，在杭州成立了总部，他后来转移到区块链，在那方面进行研究拓展。所以，我们村有好多乡贤，他们给我们村带来很大的帮助。像陈伟星每年到年底，给65周岁以上的老人每人发个红包，当然这只是一个方面，其他方面的发展建设，包括我们这个大楼造好后里面的布展，各个乡贤早就放出话来了，你们去搞，我们来赞助。类似的案例很多，包括有些家庭比较困难的，乡贤直接招进厂里上班，或者给予资助，所以我觉得我们村的乡贤对我们村的发展也是一个很大的助力。

“其他的，像党建这一块，我们作为党员，不可能丢掉这个堡垒。包括乡贤文化建设、农民工的培训，我们都是在做的，小而精是我们的最终目标。共同富裕这一块，我们村正在结合政策出台一些相互帮扶的具体内容及其保障措施。”刘生军书记介绍说。

跟着书记游院士故居

介绍完事关舜岸村发展格局的“一个定位四条路”，刘生军书记话锋一转，对我们说："各位，我们去看看徐光宪院士的故居如何?"于是，我们团队在书记的带领下，跟着书记的脚步来到了坐落在舜岸村的徐光宪故居。徐光宪故居保存得非常好，迈入 21 世纪以来，上虞区在抢救乡贤文化、弘扬乡贤精神方面投入了大量精力，徐光宪故居的修葺受到各方面的关注和支持。近年来，随着各方对文化振兴在乡村振兴中地位和作用的认识提升，坐落在汤浦的徐光宪故居建设更是获得多方面支持。

"徐院士曾经获得过国家科学技术最高奖，由国家主席亲自颁奖。徐院士在稀土研究方面是老大，包括美国人也怕我们在稀土方面对它进行制裁，这几年美国也在吹他们稀土也有很多，美国稀土可能确实很多，但是美国稀土局限在开采这一块，他们还是要运到中国来加工，所以稀土提炼的核心技术在中国，就像我们提炼黄金一样，一般只能达到 10%—20% 的提炼量，而徐院士却能达到 70%，这个就是突破性的科技。"陪同我们参观的刘生军书记当起讲解员来也是颇具专业水准。

"这个是徐院士的房子吗?"看到保存得如此完整、完好的院士故居，我有点吃惊。

"是的，后来只是简单修缮了一下。徐院士的外婆家也是大户人家，我们绍兴的青藤书屋就是他外婆家买进的。徐院士的父亲是律师，又是开钱庄的，但最后家产基本上被他二哥败光了。其实我也说不准是老大还是老二，反正是被他的一个兄弟耗尽了家产。"刘生军书记告诉我们。

"我刚才讲到的项目，曹娥江度假区也在其中。现在，我们在分步走，原来计划投资 1.14 亿元，建一个稀土博物馆。现在是分步走，先往山上，再沿着江搞，先将外部的两块弄好，再来提升内部的东西。"刘生军书记介绍说。

在参观考察中，调研团队对徐院士故居中的自鸣钟、质地考究的地板赞不绝口。大家对徐光宪院士曾经拥有的优渥家境有了更真切的感受。

"其实徐院士的出生地在绍兴，他一般放假就到这里来。"刘书记说。

"徐院士父亲的坟墓在这附近吗?"我随口问道。

"不在这里，在另外一个地方。"刘生军说。

这时，我忽然想起，有篇报道曾提及，徐光宪院士父亲的坟墓地址还是上虞乡贤研究会的陈秋强会长牵线挖掘出来的，后来在他的呼吁下又对坟墓进行了修缮。当时我们汤浦的一个乡贤、一个集团的老总捐资修缮。后来徐院士回来看到父辈的坟墓得到这么好的照料，很感动。他说，你们将我父亲的坟墓修缮得这么好，以后上虞有什么事情，需要我干点什么的，尽管说。

“这是徐院士的二女儿，这是徐院士的妻舅，他们也都是院士。

“请看，我们打造的‘光宪故里’从这里开始，我们村是乘竹排搞运输出身的。这里还有一个典故。南宋的时候小康王逃过来时从曹娥江到小舜江，是我们村的一个村民用竹排送他上去的，乘到绍兴那边，从舜王庙那边上去，他从绍兴出发到杭州的，所以我们这个村民，当时小康王要封他为将军。我们这里有一个庙，叫郑将军庙。到底真不真，我们也说不准。反正有这么一回事情。

“汤浦水库也叫小舜江水库，原来是上虞管辖的，后来绍兴成立了原水集团，将管辖权拿走了，所以我们现在要进去有点麻烦，当然也不是说不让我们进去。这个水库跟千岛湖水库有区别，千岛湖还带有旅游开发的功能，这里是纯粹的水源保护地。

“你们看一下，徐院士当时多帅，那时的人穿西服打着领带的很少，由此可见他们家当时真的是大户人家，要不然你怎么出国去游学呢？”刘书记一边指着徐院士的相片一边向我们介绍。

“这个是他夫人吧？”我们指着墙上照片中的一位女子问刘书记。

“对，他夫人也是院士，不是有个电影叫《最后一张船票》吗？他们就是电影中人物的原型。当时像钱学森一样，他们都要回家，但是美国政府不让回来，他们就先到香港，曲线回国。

“你看，这些都是徐院士的学生，徐院士伟大的地方还在于他培养了一批杰出的学生，都是院士，科技大咖，人才是第一位的。这是徐院士使用过的器材，上次北京大学的人来了后曾经承诺要将徐院士在北京大学的器材搬过来。搬过来后，我准备放到霞光楼的研学基地里。徐院士跟他们那个时代的老一辈无产阶级革命家一样，自己的生活相当简朴，他在 20 世纪 60 年代的时候有 5000 元的稿费，当时的 5000 元放到现在 500 万元都会有了，而他将 5000 元钱全部用来帮助学生了。他自己也说最大的成就是培养了一批好学生，这是他引以为自豪的。

“徐院士的妻子高晓霞是萧山人，他们是在上海交通大学的时候认识交往的，这是他们拍的婚纱照。这是徐院士夫妇写的情书。像我也是，当兵4年，写了300多封情书。”哈哈，没想到，刘生军书记在介绍徐院士时连带将自己浪漫的情史也抖出来了。

刘书记的话引起了大家的感叹，大家一致认为，就如同汤浦的杰出乡贤徐光宪院士一样，刘书记也非常浪漫，是浪漫一族的杰出代表。

听到大家的表扬，刘书记不无得意地自我调侃道，自己智商不高但情商还是有一点的。

本镇有两大块状经济：一是铜管，二是童装

汤浦镇的两“TONG”（铜管生产和童装制作）在周边颇有名气，也是汤浦镇产业振兴和强村富民的重要支撑。汤浦的铜管生产和童装制作现状如何？在当下能否顺应发展形势闯出一条振兴之路？这都是我们希望通过本次调研进一步了解的问题。在座谈会上，汤浦镇和舜岸村的领导也围绕两“TONG”向我们进行了较详实的介绍。

在双方交流中，刘生军告诉我们：“现在，我们村也在全力拓展共同富裕这条路。我们汤浦镇有两‘TONG’，铜管和童装。我们村从事铜管行业的也是有相当一部分人，另外一半以上的人都是在做童装。童装很能推动老百姓的共同富裕，它不是重工业。像我们汤浦，看到好的房子，要么是搞铜管的，要么是做童装的。像这幢房子，现在是比较老旧了，但是在当时绝对是汤浦镇前三名，就是做铜管的一位企业主造的。”

镇政府的陶雨晴副镇长接过了话题：“我们汤浦镇旁边就是一个服装城，服装城旁边是我们电子商务方面的童装直播基地，面积是3000平方米，投入资金500万元，现在已经在施工了，计划9—10月正式开始营业，到时候计划将有经验的网红直播营销团队引进来，打造我们汤浦的电商直播产业园。

“我们汤浦镇的服装，刚才我们刘生军书记也介绍了，主要是两大块状经济，一是铜管二是童装。我们全镇人口是15000人，有三分之二人口是从事这两大块状经济的。其中童装这一块，我们全镇包括加工配套的企

业有400多家，有三分之一的人口就业于服装这个产业，去年服装销售额达到30亿元，有20%是做外贸的，有70%来源于电子销售。我们电子销售这一块基础做得还是可以的。但是，我们还是在考虑升级，所以我们镇里在努力打造一个直播基地，就放在服装产业园里，建设面积是3000多平方米，投入达到了500万元。里面设计的布展包括各类直播间，我们会有普通的直播间，大概15平方米，还有大型的直播间，面积达到六七十平方米，设备相对齐全一些。基地型的展示计划安排10个以上，此外还包括视频中心、户外摄影基地、化妆室、休闲室、产品展区，到九十月能够完成施工。

“到时，我们准备搞一个关于童装的直播节。其实，类似的活动我们每年都在搞。以前我们搞童装节，主要请小朋友搞童装，穿着展示走秀。近几年我们开始由窗口秀转为直播，去年我们搞了一个直播的电商节，那个规模相对比较小一些，是临时搭的直播间。让我们当地的服装企业派他们自己的员工做一个直播的营销比赛，1小时内销量达到多少，最后给予奖励，是这样一个形式。今年我们直播基地建成以后，也想搞一个更大规模、更高规格的直播活动。”

听了陶镇长的介绍，我们明显感觉到汤浦镇党委政府已经将线上营销网络的建构和运作作为童装销售的新增长点。其实，众所周知，就全国而言，通过网上销售各类服装，早已是各店商获得良好收益的重要方式，甚至是主要方式。汤浦镇的童装生产和销售有悠久的历史，但是，进入网络时代以来，受制于经营理念与主客观条件，汤浦童装的电商营销发展相对而言已经比较滞后。如今，汤浦镇的领导已经看到了这个问题，并且将拓宽童装营销的网络平台作为重点工作来抓，这无疑是与时俱进的做法。

“刚才，陶镇长说过，童装每年销售额在30亿元，不知铜管的产值如何？”除了童装，我们也想了解一下汤浦铜管的生产销售情况，于是我提出了这个问题。

“铜管产值是高的，但是汤浦的铜管生产整体上还是处于初加工阶段，所以利润是不高的。只有科技含量上去，价格和利润才能提高。”刘生军书记替陶副镇长回答了我们提出的问题。

“汤浦镇的童装产业和崧厦街道的伞业相像，感觉是一个较为典型的富民产业，是一个劳动密集型的、普惠性的项目，相信在推进汤浦的共同富裕进程中具有较好的支撑性和较广的受益度。”调研团队在汤浦调研童装产业时，不禁联想到不久前在崧厦街道调研的特色伞业，于是跟当地的领导交流了我们的观察心得。

刘生军书记显然很认可我们的感受：“是的，童装产业确实是个富民产业。我们从银行的人均存款来看，汤浦人的存款是不少的，所以汤浦的老百姓是富的。但是，汤浦的村集体是没有钱的。汤浦的工业产值是可以的，老百姓的口袋里也是有钱的，但是从税收来看，汤浦镇在整个上虞恐怕也是压底的。而税收不上去，很多事情不管是镇里还是村里都开展不了。做童装，品牌很重要。现在我们汤浦有名的童装品牌太少了。如果品牌打造成功了，哪怕外地企业帮你加工，也能获得利润。这也是一种分配和循环。

“童装品牌我们也搞过，有些是比较成功的，如‘十月妈咪’等著名童装品牌。我们也在努力提升童装的产品附加值。包括也在建设配套的质检中心、产品质量提升指导站等。现在的一个问题是质检的费用比较高，检测一次要 1000 元以上。通过和商务局对接，现在给我们检测费减半的政策优惠。但是，对产业提振的支撑作用不太明显。”陶雨晴副镇长告诉我们。

“你们有没有考虑过由镇里大力支持，培育一两个领军企业，在整个童装行业中起到一种头雁效应？”上虞区社科联副主席王赛君女士问道。

“有是有的，我们也是想树几个标杆出来带动一下。像‘小一峰’也算是我们这边比较大的企业，老板也是我们童装协会的会长，家在舜岸村，他们的童装就是从舜岸村起源的，也算是村办企业。”陶雨晴说。

同时，陶镇长也向我们说明了童装企业发展中存在的创新性不足问题：“像‘小一峰’要想继续成长有一定难度，他们觉得现在已经挺好了，有一种小富即安的思想。不太愿意投入大资金进行设备改造什么的。而且，我们这里招工也比较困难。我们是小乡镇，配套也不是特别齐全，外来的年纪轻的、有点水平的、原创的、有能力的人，让他们到这里来他们也不愿意。所以导致原创上面有所缺失，抄来抄去比较多。由于原创人员少，那些企业往往在网上找灵感，看得好的，自已抄抄改改，由于外面的人请不过来，老板就自己设计，自己打样自己做。”

我们很赞同陶雨晴副镇长的分析，团队在调研中也确确实实感觉到这方面存在的问题。无力原创，在网上找灵感，好听一点是学习，难听一点就是仿效。为了发展一方产业，我们经常可以了解到有些地方是政府投资埋单，加大引才力度，给意向中的人才配好房子，包括娱乐、医疗、商超等都应有尽有，然后向外面正式招商引才，这个显然需要很大的投入，单单靠汤浦镇这个层面使劲还是心有余而力不足。至少需要上虞区级层面花一笔大钱。

“这边的铜管也存在这个问题，原先有一个公司，专门请了一个浙江大学的老师来搞研发，后来搞成了上市公司，做着做着，他就觉得汤浦这个地方不够他发挥了，后来就离开这里了。”聊到作为产业振兴核心支撑的人才引进和安居问题，陶雨晴副镇长的话语中透出一丝无奈。

农村工作中的亮点、重点、难点和痛点

在汤浦调研，给我们留下深刻印象的，不仅是两“TONG”，还有以“舜源红”为特色品牌的党建服务链，这项工作不仅获得上级部门的肯定和认可，而且确确实实在实际工作中发挥了积极的推进作用，推动了基层治理和党建工作的再组织化，实实在在地践行了以人民为中心的党建宗旨，加强了党同人民群众的血肉联系，从而成为汤浦党委、政府面向基层的一项亮点工作。

在座谈会上，汤浦镇的陶雨晴副镇长也专门向我们介绍了他们正在重点开展的这项工作：“前段时间，我们搞了一个党建引领的服务链，同时发布了30条针对童装、铜管的服务清单，邀请了全镇相关战线、政府相关同志加入到这个服务联盟当中，给我们企业提供便利的服务，他们可以用更短的时间、更快的方式办结相关事务，到时我们还组织上门服务的活动，当前我们正在落实推动服务链联盟运行的举措。

“还有，全省应该共有7个乡镇，成功入选2022年度全省亲清政商关系的示范乡镇，上虞只有我们汤浦位列其中。一个亲是亲和的亲，一个清是清廉的清。和企业的关系处理好，达到又亲近又清白，既能够融入又能

够保持一定的距离，保持清正廉洁的企业和政府的形象。针对这个省级示范荣誉，我们也是铆足了劲，成立了工作推进专班，也发布了一个相关的活动方案。如果做得好，省级试点会放到我们这里来。当前我们正在建设之中，我们跟区里的工商联进行了一些对接，让他们提供一些帮助，镇里也建立了一个'亲清'会客厅，可以召开会议，可以休闲娱乐，可以阅读、交流、搞活动。这个也是我们正在推进的一项工作。我这边就介绍到此，农业农村的相关工作请毛主任和严主任补充介绍一下。"陶雨晴副镇长人长得精神，讲话也干脆利落。

汤浦镇农业办的严诚诚主任是一位30岁左右的年轻小伙子，看上去十分清秀，一脸书卷气。他告诉我们：

"我们镇涉农方面的工作，第一是面上的情况，我们建立了一个镇村两级的农业农村工作机制，完善了一个镇村两级工作管理办法，工作过程全程监控。在修建水利设施方面，今年我们农业办设计了12个工程项目，大概是2500万元，此外还有相关的生态环境专项等，目前，我们正在建设汤浦镇森林氧吧。我们所在的舜岸村正以'霞光楼'建设为契机，努力创建一个3A级的景区村。

"第二是村级层面的助力赋能发展，首先是汤浦镇成立了乡村振兴专项奖励政策，建立村级经营性项目后备库；其次是村级项目的逐步落地，包括舜岸村的厂房开展了招标和施工，目前正在如火如荼地建设施工之中，还有鹤湖村和汤浦村的一些物业经营性项目，目前已经完成竞争性立项，汤浦村的邻里公寓也正在进行招标。

"第三是打造乡贤文化基地，充分利用乡贤力量。汤浦镇和上虞其他乡镇一样，拥有非常丰富的乡贤资源，我们想将这些资源充分利用起来。

"第四是积极做好环境促发展的有关工作，推进五水共治，投入900万元建立了一个镇级垃圾分类管理处理中心，开展了一项村庄环境卫生和垃圾分类的专项改革。"严诚诚主任介绍得非常有条理，可以看出他对于我们的调研是有备而来的。

在严诚诚主任的介绍中，我们也发现了汤浦镇强村富农工作中存在的痛点、难点问题。他告诉我们："如何提高汤浦所辖村庄的集体经济收入，既是我们工作中的重点之一，也是需要解决的难点痛点。目前的现状是，

2021年村庄经营性收入较低的行政村，如何采取措施使他们增收？这也是我们碰到的一个难题。汤浦村、舜岸村、霞里村、霞越村、达郭村的村级集体经济比较薄弱，以上各村经营性收入缺口主要靠镇级层面给予的补助，大头是拨给各村环境卫生收入，从严格意义上讲，这些村的收入是不包括该收入的。除去环境卫生费的经营性收入，主要是房屋租金，还有宅基地建设资金，包括发包和上交收入（主要是土地承包款），投资收入方面，主要是霞里村和蒋村的定期存款利息，舜岸村和长山新村主要是库区山村投资分红款。我这里有2022年1—7月的各村集体性收入清单，裘教授可以看一下。

“现在，我们也在寻求相关工作的一些突破，一是我们去学习取经，由镇长和人民代表大会主席带队，开展了一个乡村振兴专题调研活动；二是镇域调研，镇领导带队调研镇域所辖各村集体经济增收工作，针对性地解决发展中暴露的集体经济薄弱的一些问题；三是围绕乡村振兴，根据实际需要铺开一些项目的建设工作。”

“现在汤浦八村普遍存在村级集体经济收入不足的情况。”汤浦镇农办毛主任补充说。

“这的确既是重点工作也是难点工作。”我插话说，“相对而言，依托镇里的两‘TONG’产业，老百姓可以通过在铜管业打工、童装制作加工，比较方便地挣点钱，但村集体经济增收普遍比较艰难。”

“现在，我们镇长也在想办法，比如同盖北的工业园区协商，通过飞地项目，一村一幢楼，山海协作，增加村集体经济收入，好像那边和丁宅乡也是有合作的。”镇农业办毛主任说。

“你出地，我出钱，一起分成。”区社科联的王赛君主席言简意赅地阐释了上虞区山海协作模式。

“现在，上级对村集体经济的考核指标越来越高，刚刚还是50万元，现在要达到80万元，那该怎么办？

“还有，现在土地指标也很紧张，有钱，但很难找到地。没有地，物业兴建、项目开发等很多产业就缺少了支撑，所以这也影响到村集体经济的发展。

“现在我们在申请村集体经营性土地项目，上面资助75%，自己负担

25%。所以，现在开展项目也要投入，而且回报也比较缓慢。

“还有，现在我们这边不少村中有一批老房子无法拆移，增加了危险性，而且也不利于村集体进行总体规划。如果出台规定由村里收回，统一进行处理，比如宅基地什么的，会好很多。但是还没有相关的操作性政策。

“另外，我们这里靠近涉及绍兴乃至周边宁波饮用水供应的小舜江水库，不少村民按要求搬走后，他们留的老房子年久失修，成为有碍观瞻的危房。但我们去动一动，他们又会说这是我们的房子。对于这些问题，希望上级能给予指导性政策或支持性政策。这些危房并不美观，也无历史价值，如果是古村落，那另当别论。”镇农业办毛主任跟我们继续坦诚地交流农村工作中碰到的一些难点和痛点问题。

刘生军书记对农业办毛主任、严主任提出的问题感同身受，他也发表了自己的看法：“这方面的工作如果想顺利开展，首先要有一个相关的针对性政策，回收也好，修缮也好，村里希望能拥有一个主导权。另外，补偿也好、激励也好，希望有配套的政策。有些村民已经住到城区了，房子就这样空着，能够给村里的只占极少的比例。假如我们能以适当资金回收，统一搞新农村建设，结果就会理想很多。当然，对相关人士要给予政策关照，比如下次要造房子，给予优先审批权一类的。要不然，房子卖掉了，新房子又不能造，人们就会有所顾忌。因为这样一来，人家就要变成无房户。而小孩在外面，又不想去同住。所以，有些相关政策还是要完善。或让我们村集体出面收购，上面适当补助一下。因为相对而言，村集体经济还是薄弱的。我们汤浦还有一个问题，那就是作为汤浦水库所在地，镇村两级如果搞工业开发，就会受到种种限制。

“现在上级推出‘山海协作’政策，实际上还是看到人口红利的重要性，包括现在的经济内循环也要靠人口红利来支撑，要不然经济发展遭遇的问题会更多。现在，外部环境如此严峻，所以，就乡村而言，现在户口迁移的相关政策还是要明确一点。不像以前，人口集聚相对比较稳定，现在年轻人动不动就往外面走，但是当他们年纪大了，小孩子照顾好了，希望回来了，这时候需要考虑一个现实问题，也就是宅基地怎么样来享受的问题。宅基地享受了，肯定要造房子，造房子肯定要买钢筋水泥，那就能拉动经济。这个就像以前的房地产经济一样。尽管可能每个村只有几户人家碰到这个问题，但是就整个上虞乃至整个绍兴而言，相关联的人其实还是不少的。就此而言，对一个地方的经济发展还是有一定的推动力的。所以，在人口迁移这一块，其实相关的政策还是要不断完善和健全。”

刘生军作为汤浦最年轻的村级党支部书记，同时也是新上任的村书记，从上述这些言语中，还是不难看出他对农村建设和发展的思考。这就是企业家型村干部的特色和长处，他们往往能够立足自身的经验和当地实际，用法治思维和经营性理念来推进村级建设，探索和解决工作中碰到的一些现实问题。

“汤浦镇还存在如竹笋等当地农产品不值钱的问题，如我家在达郭村，雷笋很多，但只能卖到每斤 0.5 元甚至 0.3 元，还不如人工费贵。后来，山上也就荒芜了。以前临安等地的笋做罐头笋，出口韩国等地，现在韩国不要了，深度加工又存在销售困境。旁边的丁宅乡也存在板栗等加工收入远不及文旅收入的问题。”镇农业办毛主任告诉我们。

这时，我们团队的季静教授也提出问题，参与了讨论：“我想了解一下数字化推进的情况，现在数字化的推行到底是给我们基层带来方便，还是带来工作的不利影响？希望就此跟诸位干部探讨一下。”

听了季静教授的问题后，刘生军书记接过话，打开了话匣子：“这个实话实说，作为村干部来讲，有一半以上的干部年纪是比较大的，包括电脑什么的肯定不太会用。现在，上面布置的数字化工作我们也在开展和推进，但是，我个人认为，数字化的推进不是特别理想。对年轻的干部来说，这里其实也是有一定的矛盾存在的。现在基层招的社工，大多只有二三十岁，但他们没有经历过农村工作，说实话，让他们去调解矛盾的话，还没有讲上两三句话，可能就被人家轰出来了。但是社会总是往前发展的，所以，我觉得推广数字化改革这个没有错。包括查档，以前需要到档案室去翻上半天，现在电脑里面搜索一下马上就出来了。但是，如果你要在实践上立竿见影，恐怕是不行的。现在，从中央到地方都在不断推进，包括年纪大的村社干部也在慢慢地让贤给年轻人。这个也是实话实说，比如，像我们班子 6 位成员中，有 3 个人是不会电脑的，像我还算好的，但是在无形之中会增加我的好多工作量。现在好多东西都在一只手机上，比如说兴村治社 App，包括数字礼堂、智慧浙江，包括我们的巡查、地质灾害的盘查，都是在上面操作。但是，我们班子里有一半人不会弄，那就全部由你来弄，而一个人的力量毕竟是有限的。当然，大方向方面，我们是努力克服困难。像我们一个村干部已经到了 60 岁，我们就想招 30 多岁的，电脑什么的都会操作，这是一个逐步替代、逐步完善的过程。说句不好听的话，现在手机上的很多填报操作都是有水分的，好多是没有实质性效应的。但是，对我这个书记来说，肯定要不折不扣地执行。因为这是上面安排下来的工作，我们肯定要不折不扣地执行。但是在执行过程中，我们会感觉到很累。

“我们在基层，活还是要实实在在地干。事实上 80% 是干出来的，20% 要宣传一下、包装一下。”聊起数字化问题，刘生军书记也是掏心窝子似的道出了肺腑之言。

“咱们这边村民的年收入大概能达到多少呢？”我们团队的孙东芳博士询问当地的干部，孙东芳博士是我们团队中最年轻的“90 后”，在日本关西大学完成博士学业后应聘来到我们学院工作。作为一个年轻的女孩子，她有着青年人特有的敏锐和活跃，所言所思，总是快人快语，直奔主题。

“讲到年收入，就我们镇里来说，人均 4 万—5 万元差不多吧，老百姓随便搞它三五千元一个月还是没有多少问题的。现在各地的竞争很激烈，相比较而言，坦率地讲，汤浦的竞争优势并不明显。

“还有个问题，我觉得现在我们有些人没有匠心。以前的人很认真，做罐头笋的时候，发酵要几天，调料要几克，很讲究。现在的人可能是需要赶时间吧，也不排除偷工减料，所以味道不如以前，质量下降后，慢慢地人家就不要你的货了。东西卖不出去，收入就没有了。”刘生军书记军人出身，豪爽耿直，“夹叙夹议”地回答了我们团队孙东芳博士的问题。

既然聊到了镇里的人均年收入，也就不妨顺便聊一下村集体经济的年收入。还没有等团队成员发问，镇农业办的毛主任和严副主任就心有灵犀地告诉大家：“现在，我们镇里年经营性收入在 50 万元以下的有 5 个村。也就是说，在 8 个村中，有 5 个是集体经济薄弱村。

“汤浦镇是个山区镇，当地的教育、医疗、文化、娱乐等配套资源有限，使不少小企业和员工外流，此问题需引起重视，这直接导致镇上的企业招工困难。同时，童装的品牌建设也做得不够好，有名的只有‘十月妈咪’‘小一峰’等少量品牌。

“另外，我想再唠叨一句，当下，正在大力推进的数字化给干部工作带来不少困扰，工作时间占用过多，不折不扣地完成有关数字化填报任务难度很大，希望上级能在这方面给基层干部减负。”刘生军书记坦诚地向我们吐露他内心的想法和诉求。

调研札记

汤浦的调研，紧凑而充实，几位干部捧着一颗心来，不带一丝遮掩，让下基层调研的本团队了解到汤浦在建设和发展中的机遇和瓶颈，了解到汤浦在强村富民工作中的亮点、痛点和难点，了解到汤浦在产业振兴中的基本思路和面临的问题。汤浦调研，总体来说，我们有三点感受：

一是汤浦镇的百姓在铜管和童装两大产业的支撑下，人均收入还是不错的。然而，就政府部门和村级公共组织而言，总体收入是低的，村集体经济收入也是偏低的。

二是汤浦镇的铜管和童装产业吸纳了本地大量劳动力，“只要肯做事，每个月挣它四五千元不在话下”。特别是童装产业，由于其劳动密集型产业属性，成为上虞较为典型的共富工坊。然而，汤浦在人气集聚、人流热度方面并不占优势。因为汤浦的集镇属性比较接近山区镇，不像上虞的盖北镇和崧厦街道等地，能够近距离地分享来自杭州湾和长三角地区的热度和人气。

三是汤浦的经济发展在铜管和童装的支撑下显得很有韧性，这跟汤浦党委政府的领导很有关系，富有辨识度的党建引领服务链和上虞区唯一入选省级亲清政商关系示范乡镇的荣誉，都体现了汤浦的干部们扎根乡镇、努力做事的良好政治生态以及努力发挥组织影响力为老百姓造福的工作理念。

在汤浦调研，我们也有若干较为深刻的感受和心得，有关问题引发我们深层的思考。

第一，作为一个具有山区色彩的乡镇，如何做好关涉产业振兴的“引才”“留才”工作？结合各地的实践，我们也看到，山区城镇要留住企业和高端人才，也不是不可以，但确实需要大手笔。如地处丽水山区的遂昌县，县委、县政府亲自抓，整合当地的优质山水资源，集聚优质的医疗、休闲、教育、生活资源，吸引高端企业和人才去那里研发和经营，县里有关部门牵头，联合有关企业解决人才本人及家属的待遇、工作以及子女就学等一揽子问题，成效非常显著。同时，又由政府出面，和浙江大学等高端智库平台对接，引进人才参加浙江大学的有关团队活动。同时，也为浙江大学有关研发团队去遂昌工作提供各种便利。从而让在遂昌工作的高端人才既可以享受到各种令人满意的待遇和优质的生活环境，又可以融入高端研发团队。所以，有关人才的上升空间、生活空间和医疗保障空间等大家关注的核心问题都得到圆满的解决。包括人才的晋升，也可以走县里的专项通道，这样的话人才就能留住。“你老婆带来可以去最好的单位，你小孩来了可以去最好的学校。”这样，各种壁垒就打通了。

我们觉得，上虞汤浦的童装和铜管产业要搞好，恐怕也需要这样的大手笔。然而，果真如这样的话，单靠汤浦党委和政府之力恐怕还是心有余而力不足。这显然需要上虞区级行政资源甚至绍兴市级资源的介入和支持。同时，我们觉得，在人才引进难度加大、高端人才稀缺、各地抢人加剧的严峻形势下，作为地方政府，除了鼓励和支持有关企业积极招引人才外，还可以考虑更多不拘一格的引才思路。比如，不妨考虑以项目为抓手的柔性引才政策。针对企业需要攻关的重大和重点研发项目，在全国范围内招揽人才揭榜挂帅，最后以产出为导向，给予人才优厚的回报和津贴。这样既能帮助企业解决实际问题，又能让人才轻松上阵，支援多地项目研发，推动各地产业振兴和人才流动。

第二，作为一个山区集镇，如何让铜管生产和童装制作这些看起来颇显老派的产业勃发出新的生命力？在汤浦调研，我们既看到铜管和童装与老百姓走向共同富裕之间的紧密联系，看到了汤浦百姓在两“TONG”特别是在童装生产这个“共富工坊”的支撑下走上共同富裕道路的那份自信，也看到了汤浦铜管和童装在新时代激烈的市场竞争中，特别是在多年疫情的围困下凸显的创新态势不足、知识产权稀缺、高端产品单薄等诸多问题。要解决这些问题，需要多方面发力。既要练好内功，提升产品的质量和品牌含金量，也要加强与产业圈的联系和沟通，提升产品的创新力。孙达人先生在回顾中国农民变迁史后总结道：“农民的状况如何，在很大程度上总是取决于它与外界交流的性质与程度。”① 这个总结，用在拓展当代乡村产业振兴的思路上也是合适的。

好在我们已经看到了汤浦党委、政府直面挑战、协力纾困的那份决心和干劲，也欣喜地看到了汤浦的优秀基层干部和广大群众在逆境中飞扬的闯劲和干劲。近来，有几则关涉汤浦产业发展的消息让人眼睛一亮。

一是不久前汤浦镇邀请来自科特迪瓦的 Raoul 和孟加拉国的 Kazi Hasan 等客商参观童装产业园。在实地走访“云涛一号”汤浦童装配货中心、斌慧宇童装后，客商与镇童装协会负责人、童装企业负责人深入探讨合作方案，就价格、运输、起订量等方面达成初步意向，双方都对接下来的合作充满信心。这是汤浦镇大力实施童装“中非桥”项目的良好开端。正如列宁所言，“商品流通先于商品生产，并且是商品生产产生的条件之一。”② 随着国际贸易壁垒日益加深，如何进一步提高童装销量成为汤浦诸多企业的痛点和难点。汤浦镇经过一段时间的调研，发现非洲市场有巨大潜力。然而，由于童装企业缺乏对非洲市场的充分了解，大部分企业不敢迈出走进非洲的第一步。因此，汤浦镇携手区商务局、镇童装协会和杭州“中非桥”跨境贸易服务平台，围绕“搭建中非贸易桥梁”开展深度合作。不久后，南非约翰内斯堡童装市场内将设有中国汤浦童装专卖店。这对汤浦的童装企业来说无疑是个好消息，开拓了新市场，打开了新销路，也坚定了大家的发展信心。而在“中非桥”项目推进过程中，汤浦镇基层干部心贴心的服务更是得到了童装企业的一致好评。

二是汤浦的铜管行业也搭上了 5G 商用快车道。在铜管加工制造悄然开始跨越式转型升级的时期，位于汤浦镇的铜管加工龙头企业浙江星鹏铜材集团（以下简称星鹏铜材）率先在 5G 商用领域找到了突破口。2018 年，新成立的华为方舟实验室提出超时代散热模组方案，星鹏铜材旗下的“耐乐”铜业凭借其技术优势，承担了其中的传热核心难点，即 5G 手机热

---

① 孙达人．中国农民变迁论——试探我国历史发展周期［M］．北京：中央编译出版社，1996：195－196.

② 列宁选集（第 1 卷）［M］．北京：人民出版社，1995：195.

管用无氧铜管的开发和生产任务。在此期间，公司斥资超亿元，在设备、模具、工艺等方面完成了独创性开发。到2020年，“耐乐”铜业成为全球唯一量产 ϕ8 ×0. 08mm 热管用超低无氧铜管的企业。目前其产品的国内市场占有率已升至40%，稳居行业第一。就利润而言，其生产的无氧铜系列产品已经达到了常规空调制冷铜管的将近30倍。在“耐乐”铜业，科技创新正在转化为磅礴的生产力。①

上述两则案例深刻地揭示，在突飞猛进、日新月异的发展背景下，要让乡镇级的铜管生产和童装制作这些传统产业焕发出新的生命力，通过“走出去、引进来”不断加大改革开放力度，不断提升产品的开放指数和创新制度，是一条无论多么艰难都要义无反顾地走下去的砥砺前行之路。因为这不仅关系到村级集体经济的消薄和地方财政收入的保障，而且更关涉地方产业振兴和百姓共同富裕的内源性动能的积聚和融合。

① 摘自《上虞日报》，参见：https：//baijiahao. baidu. com/s? id = 1701053122633145210&wfr = spider&for = pc.

六

岭南：擦亮青山绿水的底色

岭南概述

岭南乡是浙江省绍兴市上虞区下辖山区乡，面积57.4平方千米，人口10200。岭南乡地处余姚、嵊州、上虞三区交界处，属四明山麓，下辖8个行政村，共有水田8765亩，山林61000亩，是一个生态环境优美、自然资源丰富的山区乡镇。岭南乡地处虞南山区，属低山丘陵地带，境内山峦起伏，绿林密布，物种丰富，空气清新，森林覆盖面积占土地的71.4%，全市最高峰——海拔861.3米的覆卮山位于境内，曹娥江支流阴潭溪贯穿全境，123座山塘水库星罗棋布，勾勒出风景优美的山水画卷。

岭南乡物产丰富，其传统名优特产板栗、茶叶、花岗岩饰材被誉为“岭南三宝”，闻名遐迩，被浙江省政府命名为“浙江省板栗之乡”。在“绿水青山就是金山银山”理念的指引下，岭南乡在发展中突出绿色经济主题，着力引进劳动密集型企业和农产品加工企业，建成了高山西瓜、高山蔬菜、板栗、樱桃、茶叶等一批果蔬产业基地，其中板栗15000亩，茶叶2800余亩，毛竹11123亩。休闲旅游雏形渐现，每年的“五一”劳动节左右，都有大批的游客前来品摘樱桃，垂钓山涧小溪，享受天然氧吧，感受大自然的魅力，尝农家菜、干农家活，覆卮林场休闲农庄、茗花岭水库休闲农庄已列入市级休闲农庄规划。

自党的十八大以来，岭南乡党委、政府在上级党委、政府领导下，在有关部门大力支持下，以习近平新时代中国特色社会主义思想为指导，牢固树立和落实新发展理念，按照“开放兴乡，生态建乡，合力稳乡，统筹富乡”的总体战略思路，以建设生态旅游休闲健身基地和绿色农产品基地，建设上虞后花园为目标，带领全乡干部群众因地制宜、埋头苦干、求真务实、开拓创新，以饱满的精神、激昂的斗志、满腔的热情投身于岭南新一轮的发展热潮中。

“在这里，65 岁是最年轻的”

岭南乡是上虞区南部名气很大、风景秀美的山区，其产业布局、区域位置、资源分布与虞北有着显著的差异。我们之所以将岭南乡列为调研地区，主要是希望全面了解上虞乡村的发展思路和发展差异，尤其是想亲身考察一下党的十八大以来在全国乡村地区耳熟能详的“绿水青山就是金山银山”理念有没有在上虞岭南生根发芽。

岭南的干部和群众非常热情认真，知道我们调研团队该天下午要去那里，有关同志早早就在座谈会会址所在地——岭南乡青山村党群服务中心等候。他们是岭南乡杜磊副乡长，青山村叶炳荣书记，戴会芬副书记，乡农办主任范佳佳，乡旅游办负责人赵煜，老村长陈胜贤，曾担任村庄总支委员的村民毛大伯，曾担任村干部的村民黄大伯。大家一坐下来，青山村的叶、戴两位书记就开门见山地告诉我们：“现在，在青山村，65 岁是最年轻的。现在农村里连搞卫生的人都很难找到，老龄化太严重。”

杜磊副乡长介绍说，“岭南乡是上虞最南端的乡镇，70%—80% 是山，行政村合并后，目前还有 8 个村，目前全乡人口是 10200 人，但经过几次核算，我们的常住人口（除去游客）目前是 4000 人左右，少的时候不到 4000 人，所以，大概全乡人口的 40% 在这里。不但常住人口少，而且人口的老龄化比较严重，你们可以看到这里基本上没有企业，包括求学等公共服务肯定是城里好，年轻人都到外面去创业啦，小孩子因为读书的原因，为享受更好的教育资源，也出去了。我们这边的人口是越来越少。去年，我们这里的小学一年级招生只招到 4 个孩子，所以，我们这里的人口在逐步减少。”

“我有一个建议，我们今后的村干部去向，就是要给予他们公务员的待遇，因为社区专职员的待遇有限。所以要打破村界，工资上面发，这样人才会来，事情才能解决。现在，我们社区专职员考进来，说句实话，是挑剩下的人，考得好的人都已经出去了，去当乡干部去啦，至少有事业编制了，考得不好的剩下的人到我们这里来了。我想这个确实是个问题，你们在调研的时候一定要向上面汇报，这桩事情我也准备好好理一下头绪，下次开人民代表大会时提一提。”青山村叶炳荣书记补充说。叶书记是上虞区人民代表大会代表，所以他提到准备将这个问题整理一下后以提案的方式向上面反映。

“农村留不住人，没有人气。年轻人留不住，都到外面创业、工作、求学去了。所以，关键是没有人气，人气有了，外面的团队是可以进来的。现在，淡旺季非常明显，特别是现在干旱一来的话，很多项目都受影响。比如像今天这个时候，假如水没有问题，就可以搞漂流，会有很多人进来，现在就没有人进来。疫情的影响，更加导致人气的不够，投资的热情也受到影响。因为投资来的话往往是几千万元的，装修一下又是上千万元的，如果没有人，成本和利润怎么办？”杜副乡长不无担忧地说。

“有时候，电视台来采访，也得讲些‘漂亮’的话，譬如，有浙江电视台、上虞电视台来采访，我要上电视，这种话是讲不来的，还得讲些正面的话。但是今天我们是实打实。因为今天你们是来调研的，一定要让领导知道真实的情况。当然他们也会看到的，他们总要比我们聪明些。但是我们老百姓的真正想法是怎样的，还是要让他们知道。我就讲这些。”叶书记推心置腹地说。

真的非常感谢这些基层干部，没有将我们当外人看，非常坦诚地说出了他们内心真实的想法，让我们得以切切实实地感受到农村基层干部的心声。这些肺腑之言，如果我们不来下面调查研究，又怎么可能有机会听到呢？

现在，以习近平同志为核心的党中央提出要大兴调查研究之风，是抓住了认识问题、解决问题的关键。党的自我革命，基本要求是要知己知彼，否则又怎么知道该从哪里入手呢？

所以，听了上述发言后，我发自内心地说，“谢谢杜乡长，谢谢叶书记！叶书记实话实说，把这么多年来担任干部治理村庄的经验，一些在治理和建设村庄过程中遇到的难题，一些存在的棘手问题和困惑，也都与我们进行了非常坦诚的交流。这个确实是我们特别想知道的，有些问题我们也能看到，但是干部到底是怎么想的，我们心里也不是特别清楚。所以，基层干部能够这样当面与我们坦诚交流一下，我们就能够了解更加深刻一些。我们写调查报告也不是写赞美词，我们也需要实事求是。既然领导这么重视，我们也不可能只讲好话，所以今天杜乡长和叶书记能够这样推心置腹地给我们讲讲，我们真的特别感谢！包括你们讲的经验和困惑都是我们宝贵的一手调研素材。而且杜乡长和叶书记讲得系统，很有整体性，老领导、老书记这么多年来的积累，确实是我们年轻干部所需要修炼和学习的。”

“当干部确实需要有思考，怎样将山区搞起来？当干部确实需要有情怀，做村干部特别需要有情怀！”杜磊副乡长发自内心地感叹。

“刚才叶书记讲到村干部的待遇问题，其实我们也在思考，浙江省也在探索，如在政策上鼓励村干部去报考公务员，考上后给予公务员待遇，打通其上升渠道，去乡镇当干部，但毕竟人数有限。”我说。

“裘教授，我感觉这个不太靠谱，考上了就走了，基层还是留不住人才。现在村里的年轻人都有这种倾向，在村里熬几年，就有资格去考试。年纪大的，真正在为村里做些事情的，还没有机会去考试。”看来，杜副乡长并不认可刚才我提及的激励农村基层干部往上走的做法。

说到农村优秀基层干部的流通渠道问题，青山村叶书记也很有感触，“这个东西我们那个时候也有，我曾经与邻近的张玉良书记一同去考，结果是我考不过他，章镇是 20 人挑 2 人，下管是 10 人挑 1 人，总共挑了 3 个人。”叶书记说起那时候的经历，印象还非常深刻。

那么，如何解决农村难以留住优秀人才的问题呢？“最好是书记还接着做下去，但考上后给予公务员待遇，不要往上流。”杜磊副乡长说。看来他对于这个问题有独到的见解和看法。

“现在，选拔干部也好，选拔社区专职人员也好，真正好的方法我看也没有。曾经有个社区专职人员，我们老是叫他做工作，那个也做，这个也做，可是他就是迟迟不做，你有什么办法？他后来讲了这样一句话，我到村里来就是为了快活些而来的！原来他将村里当作养老院了。他这样说，你怎么回答?”叶书记说。

我们听了以后，也没有讲话。农村基层的这些情况，我们也是下到基层调研，才能有如此鲜活的了解和认识。尽管我们平时也经常结合实际思考一些理论问题，然而，那些实际情况往往是通过报纸、电视、网络等二手渠道了解到的。客观地说，这些信息的鲜活程度还是打了折扣的，所以导致自身思考的深度和广度也受到影响。而像我们今天这样，与农村基层干部面对面地、推心置腹地交流，其获得的信息量之大、受到观念冲击之深，确实是不可同日而语的。作为调研团队，我们确实需要把这些一手信息带回去，好好整理，好好思考，才能提出自己的一些真知灼见。所以，听了叶书记和杜副乡长的话后，我只是简单地附和了一句：“一个人的价值观的确很重要!”

“所以，一个人的素质相当重要！爱岗敬业，一个岗位你要喜欢要爱，那么你就会进步，如果他来村里就是为了贪些、拿些、快活些，那就不要来。我讲一个故事，我家门口的树都快死了，昨天我让我妻子浇水，她说她做不来，我今天四点半就起床浇水了。说起来，这些树都是集体的，有老百姓看到问我，炳荣，这几棵树你浇它干什么呢？我说马上要旱死了。其实我不去浇水也没有人来说我，但是我作为村书记就是要爱岗敬业，就是要关心村集体的财产，这个道理就是要在平时体现出来。所以，我对村里的工作，不管闲还是忙，一定要尽心尽责去做，这样事情才会做得好！如果村干部只管自己，事不关己高高挂起，一个村怎么可能弄得好呢？实际上当农村干部是最穷的，我原来当村干部一年只有1000元多一点，解决温饱问题而已。假如我一直在村里做村干部，没有十年装修队的背景，可能我儿子连老婆都娶不起，百官的房子都买不起，轿车什么的就更加不用想了。”青山村叶书记说。

“村干部确实需要有能力，所以，很多干部往往带有或大或小的企业，既是企业主又是村干部。”听了青山村叶书记的话，陪我们调研的上虞区社科联副主席王赛君很有感触，情不自禁地表示赞同。

“社工制度在村里实施后，感觉村里也像机关里一样了。特别是山区的村庄，一些青年在外面工作找不好的，就来这里报考，往往是一报一个准，于是就招进来了，其实也不是老百姓选出来的。进来以后工作实际上也没有效率，工作作风机关化了，我自己有这种感受。”杜副乡长反映了现在农村基层一些社区工作专员的工作状态。

“而且，他们来了后时间观念特别强，就是准时上班、准时下班。我认为他们来当村干部就不应该有这种时间观念，当了村干部就要全天候为老百姓服务，不管是所谓的上班时间还是下班时间。假如你有时间概念，你就不是村干部。”叶炳荣书记也对一些农村基层社区专员的工作状态抱怨起来。

“其实，上面已经考虑到了年轻人来农村基层工作的不容易，并给予了较好的工资待遇和保障，但是与年轻人的期望值还是有差距的，因为他们往往是研究生学历什么的，到农村基层，特别是到像岭南这样的山区基层来工作，尽管薪酬尚可，但是毕竟山区的综合资源是较为欠缺的，说句难听的话，他们想找个能聊天的人也不那么容易的。

“我们村干部是需要面对群众的，我们需要他们将心沉下来，所以我还是那句话，要有情怀。我也可以做一天和尚撞一天钟，工资也不会少的。但是，我们还是希望来这里的年轻人有一种情怀和执念，既来之则安之，将基层的工作做好。

“说句实话，来山区的社区工作专职人员，竞争是比较少的，他们很多已经准备在城里就业了，那为什么还要往山区跑呢？来来去去各要花上一个多小时。”杜磊副乡长很希望来农村基层工作的社区专职人员能够珍惜机会，端正认识，将工作做好，为基层百姓提供更多的服务，而不是来农村“疗养”，不要来农村“做一天和尚撞一天钟”。

这时，一直在旁边听我们讲话的青山村老干部陈胜贤插话说：“今天，你们领导来调查，我有个建议，可不可以在我们这里造几个养老院？现在需要关注农村老人的养老保障问题，青壮年由于小孩读书等原因外出，建议开发更多更好的养老院。据我统计，本村 60—69 岁的有 70 人，70—79 岁的有 40 人，80—89 岁的有 17 人，90 岁以上的有 5 人。目前只有一家养老院，4 名员工，老板每月 4000 元雇人。现在提倡居家养老，但是都七老八十了，居家养老并不容易，这个问题政府应该引起重视。同时建议开设70岁以上的爱心食堂。我老婆子在章镇了解到，那里的老人70岁以上可以去大食堂吃饭，每餐只需要拿出5元钱，有肉、有蘑菇、有蔬菜，你只要拿着社保卡去就行。

“老年食堂我们在乡上有，村里确实没有，老年百姓到乡上吃个饭并不是很方便。这方面章镇相对条件好一些，他们有一些快餐店，政府出面整合了一下，开办了面向老年村民的爱心食堂。我们这里养老院确实办得不多，以后怎么跟进？刚才这位老哥所言的确是一个发展思路。不过也要财政保障，需要村集体的投入，最好还能有爱心人士的资助，以后这个问题确实需要引起重视，老龄化问题已经迫在眉睫了。以前各村都会有赤脚医生，后来为了规范医疗起见，上面将一些医疗点撤并掉了，只保留了几个医疗站点。”杜磊副乡长接过话题。

听了杜乡长的话，另一位老干部也抱怨说：“这里没有医疗室，我们看病拿药只能去章镇甚至百官，真是太麻烦了。

“其中，最核心的问题是我们这里人太少了，人少了，很多东西就不好办。现在经济条件也好了，读书要读名校，医生要看专家医生，所以大家都往外面跑。去年我们乡小学一年级就招了4个孩子！”叶炳荣书记说。他不愧是在农村担任基层工作多年的老干部，善于透过现象看本质，分析问题一针见血。

“最近，区卫生健康委员会发布了几个文件，里面涉及农村医疗力量的培育。其中规定，向上虞具有高中学历的青年定向招生，培训医疗知识，学成后下派到农村基层担任全科医生。因此，三五年后估计这个问题能得到较好的解决。”王赛君主席到底是在区政府机关工作的干部，信息比较灵，所以向大家透露了区政府正在有针对性推进的工作情况。

“我所理解的共同富裕的岭南样板”

岭南乡是上虞区南部典型的山区乡镇，山多石多风景多，田少水少平地少。以前花岗石生产和加工非常有名，被称为岭南三宝之一，但是岭南伴随着高污染性的采矿产业，和习近平总书记所提出的“两山理论”相违背，既影响了山区面貌，也造成不小的环境污染。例如，乡政府前面的那条小溪就因为石材加工导致污染非常严重，被称为牛奶河，因为石材加工要冲水，当时尽管有一定的工业产值，但生态破坏了，所以后来就逐步关停了，目前一家都没有了。迈入21世纪以来，生态绿色发展的导向定下来后，岭南乡历届党委和政府一茬接着一茬干，逐渐把岭南乡的文旅产业发展起来。

“目前，上虞的假日旅游，第一个会想到的十有八九就是我们的覆卮山景区。我们提出了‘一山一水’，一山就是覆卮山，上虞最高峰；一水就是岭南溪，也是曹娥江的主要支流。我们也是根据‘一山一水’资源进行了一定的开发，像我们的东澄村、青山村，打造的标签就是绿色‘康养目的地’。东澄村还有更多的旅游资源，像百年古村落，房子都是石头。青山村位置比较好，借助独有山水资源也在搞文旅开发，已经入驻一些品牌民宿。岭南溪的山水文章正在全力‘撰写’，下面有漂流、观景、休闲、娱乐，多业态并进。包括去年物业出租后，兴起了不少农文旅融合的经营业态。比如801乡创中心，也是我们这里有名的乡创咖啡厅所在地。说起来，在深山里可以喝到咖啡，人家都不相信。我们的目标就是把旅游业态丰富起来，现在我们主要打造的是长三角的旅游目的地。”

杜磊副乡长颇有底气地向我们介绍岭南的发展思路和具体进展情况。杜副乡长来岭南乡时间不长，也就一年时间，但是从他的话语中，可以看出他对这里的工作是很认真的，具体思路也是很清晰的。

“做这些文章，我感觉到需要一些基础，也需要有清晰的思路，那就是我们怎样将一些闲置的、成熟的资源利用起来？我们这里可能有城区看不到的环境资源，我们这边的负氧离子、康养指数肯定是城区享受不到的。而且，我们这边的慢生活也是浮躁的城区人所期待的。有很多上海游客爱跑到这里来住几天。他们那边是钢筋混凝土，到我们这边，从民宿望出去就是青山绿水。

“为了做好这篇文章，我们也是铆足劲在闲置资源的开发利用方面下功夫。截至目前，全乡闲置农房激活已经有8.35万平方米，激活闲置自留山740亩、闲置宅基地10亩，目前收储的闲置农房还有1.2万平方米，激活相关项目92个，引进社会资本3.5亿元，这些项目进来后给集体经济带来一些收益，带动村集体经济增收150万元，农民各类增收1200万元。农民增收有些是隐性的，如其他农副产品的销售，包括民宿、农家乐等业态，也要服务员，包括采摘基地，也是要管理人员的。

“目前我们在打造的市级闲置农房激活示范村有3个，基本上大家都在用闲置的资源打造文旅的业态。在盘活利用上面，我们也是根据自己的一些情况，比如几个已开发的特别的业态，只有几个老人住，房子都已经破败，基本上没有人住了，但是风景确实好。一个小村落，投资2000万元，来开发别墅，修旧如旧，在保护生态的情况下，成长为区级的精品民宿，吸引的游客也很多，包括现在也是一房难求。你很难想象，一个破败的房子现在变成了网红房、一个休闲的打卡地。上次我朋友让我订3间房，我也没订成功，很紧俏的。特别是双休日，房价已经达到五星级酒店标准，但还是‘一房难求’。”杜副乡长说。

“总的来说，我们这里的乡村旅游也是季节性的，现在也在延伸旅游产品的时间段，暑期至国庆，是我们的旅游旺季，其他时间就比较少了。由于天气转冷，漂流也关掉了。风景方面除了看雪，其他也没什么可看的了。所以有淡旺季。现在，我们在打造一个产品，冬天除了看雪，我们打算打造夜光梯田，无论是闲置农房激活，还是闲置资源利用，都促进了项目的落地，这相当于新时代的上山下乡。之前的一二十年，其实大家都在自己家乡，后来经济发展了，大家都到外面打工，后来回过头一看，我们自己的资源得天独厚！再把一些资金、人才吸引过来，这些项目吸引进来后，我们村里的闲置农房、老百姓的房子就可以出租产生收入。这批六七十岁的村民再大一些的也种不了田了，所以通过土地的流转，让经营者去搞采摘旅游，老百姓也有收益，在家的老百姓还可以增加就业机会。我们前期还搞了一个民宿服务员的培训，参加的有好几十个人，现在民宿也找不到服务员，真的去上海招工也是不现实的。这样老百姓的房子出租了，就业机会也增加了。

“同时，老百姓还可以销售农产品，我们岭南有个特点，上虞有的农产品，岭南基本上都有，樱桃、杨梅、西瓜、猕猴桃，我们都种一点，根据不同季节我们可以进行农副产品的销售。”杜副乡长说。

“我们的游客主要来自长三角地区，上海、苏南，包括杭州、宁波、绍兴周边。但是，裘教授，我跑了几个地方，也碰到一个问题，似乎像我们一样的山区乡镇都在搞文旅，而且搞文旅，大家的资源其实比较相近，同质化非常严重，可能南边的游客不会过来，他们跑到新昌差不多的地方去的也有，跑到嵊州差不多的地方去的也有，所以北边过来的就比较多一些。”杜副乡长这里讲到的农村景区建设同质化，确实是一个需要引起重视的问题。现在很多乡村在搞开发的时候，总是习惯到先进村取经，看看人家有什么自己也搞什么，结果变成了人家乡村景观的克隆版。在开发乡村时如何做到‘一村一品’，是一个美丽乡村建设亟待解决的问题。

“我们今年在做的几个项目，向几位教授专家朋友汇报一下。第一个是投资 1 亿元的 5A 级景区的提升工程。我们覆卮山区目前是 4A 级景区，也在创 5A 级，这个景区尽管是开放式的，也不收门票，但确实是老百姓增收致富的一个平台，作为政府，可能产生不了多少财政收入，但是老百姓可以增收，可以凝聚人气。按照现在的趋势，可能以后岭南常住人口 2000 人都不到，我们需要人气，老百姓的产品也好，加工过的商品也好，把它推销出去，老百姓才会富。有了人气，才能搞物业出租，才会有集体经济的增长。我们不可能到虞北平原去买一个厂房，那怎么去管理？而且投资也特别大，而我们这里闲置资源这么多，很多房子空置在那里。所以，人气旺了，可以搞项目，村民有租金，村里也有租金，最终目的，我们要带动人气，打造景区，打造旅游目的地，这样知名度才会上去，财富才会增长，这是我们在筹划的 5A 级景区提升工程。

“第二个是根据旅游的特点，在打造一个网红的打卡地。覆卮山梯田，梯田可能在丽水缙云那儿有很多，但是成片的单体面积最大的梯田在我们这里，我们这儿还有典故，谢灵运、李白登上青云梯的诗句，写的都是这边覆卮山的故事，我们文旅这边可以将其深度挖掘出来。现在还在打造一个抖音基地——‘半山’项目，是村里的集体物业，让第三方公司入围经营，旨在打造一个网红打卡地，包括民宿、餐饮都可以带动起来。

“青山村旁还有一个覆卮村，那边在搞空心村的整治，将一些闲置的、基本破败不堪的房子进行回收、收储，既可以引进项目，也可以推进老百姓的住房改造，改善老百姓的住房条件。

“我们现在的青山村、东澄村是市级乡村振兴先行村，以自然资源的挖掘利用为主，许岙村有新四军的许岙战斗遗址，许岙战斗是一次规模较大的战役，那里有红色的基因，就这三个村在打造乡村振兴先行景区。

“我来的时间并不长，也就今年，大家回来到此发展投资热情还是比较高的。他们带着热情，带着他们的理念，来发掘这片不可复制的资源，回乡创业，将更多精力投入文旅方面的发展。我们的最终目的，是将岭南的绿水青山更好地转化为金山银山。以上就是我理解的共同富裕的岭南样板。”杜磊副乡长说。

不难看出，杜副乡长所说的岭南共同富裕之路是以生态旅游业为内核，以第一、第三产业为支撑，农、文、旅融合的乡村振兴之路。

青山村、青山村，我们的山最好最茂

我们的调研座谈会是在岭南乡青山村召开的，青山村是岭南乡党委和政府实施绿水青山发展战略的桥头堡和试验场，也是体现绿水青山发展成果的展示台和先行村。在乡言乡，在村言村。一边亲身感受其建设成果，一边听有关干部谈谈村庄建设和发展的经验和心得，无疑是十分有意思的。因此，在座谈会召开期间，我适时提出，请叶书记给我们介绍一下他们村庄推进“绿水青山就是金山银山”建设思路的宝贵经验与典型做法。

“我们青山村在整个岭南乡来说也不是很大的村，自从并村以后，可以说是最小的一个村，我们全村人口 848 人，301 户人家。不过，尽管现在看来是最小的一个村，也是由阴潭、丁兴、高山三个村合并起来的。这样三村合并以后，整个村域 7.6 平方千米。所以，村虽小，面积还是比较大，有山林 10011 亩，青山村、青山村，我们的山最好也最茂。

“我们村庄山上面好像原始森林一样，所以乡里面给我们取了这个名字，希望我们最好像习近平总书记讲的一样，践行‘绿水青山就是金山银山’的理念。近几年来，我们青山村应该说发展是比较快的，特别是最近几年，可以说是有了翻天覆地的变化。除了像天气干旱等特殊情况，平常有吃有住有玩，各种资源都比较丰富。目前，我们青山村有檀香山庄，投资有 2.1 亿元。后来我们又有了冰川漂流，十多年了。从我们开启美丽乡村建设算起，我们总共搞了 16 年。后来，我们又搞了一个覆卮山居，前几年又搞了个莫干山居，这两个民宿应该说效果是比较好的，在全市的影响比较大。覆卮山居起步比较早，莫干山居地理环境比较好，正好是小山村，17户人家，我们把它流转过来。这几天民宿天天满房，价格也高，如果你要住的话，哪怕我出面也不一定有房间。

“去年又搞了个‘861乡创中心’，刚才杜副乡长也讲了，里面可以喝咖啡、奶茶，吃西餐，我们宣传力度比较大，所以来的人比较多，看看小山村就这几间房子，来的人偏偏很多，所以我看宣传是比较要紧的。前几年我们又搞了美好主题村落的‘三个优良’，小小的一块草地，名气还是比较大的。去年，我们又搞了两岸青年的活动，就是现在天气比较干，帐篷不太好铺，一般春秋天比较好。那个地方虽然小，但玩玩还是很好的，有闲置的茶叶地，有水的话，这几天漂流肯定好得不得了，就是没水。所以，我们青山村，光凭上面这些东西，吃、住、玩，完全能让游客留下来。我们的檀香山庄那边，现在是很凉快的。到晚上，去外面走走，不穿外套根本不行。

“最近想再投资搞一个5000万元的项目，村里土地征用等手续已经办好了，这几年在区、乡两级政府支持下，应该说我们村发展机遇还是比较好的。我们感到机遇很重要，搞得要早，如通往莫干山居的路，我们搞了PPP工程（3A工程），现在这个就没有了，所以有些东西还是要抓住机遇。我们这幢办公楼，我们叫游客服务中心，2021年3月16日启用，利用项目造起来的，现在造就困难了，地皮就不行，卡得很牢。”

叶炳荣书记的话匣子一经打开，就滔滔不绝，确实，作为村庄的一把手，他既是村庄一揽子发展计划的提出者，也是具体建设方案的实施者，他的身上凝聚了青山村发展的理论思考和实践探索，或者说，他本身就是青山村发展的代言人。

“现在用地方面，不管是村政设施，还是其他方面，审批更严了。”杜副乡长接过话题说。

“这几年我正好没活干，我原来是搞电力工程的，这几年在家，正好利用这五六年，我抓住机遇，一心一意地把村庄发展好，也得到了上面大力支持，所以这几年村里变化相当大。”叶炳荣书记说。

“我们檀香山庄是从2018年开始开发的，我们村每年与老百姓签订土地征用补偿协议，每年都有，有时候搞得脑子发胀。跑得最多的一户人家，土地征用去了七八十次，到最后结果还是做不成工作。建设檀香山庄时，有一座坟要迁掉，我们跑宁波、跑杭州，不知道跑了多少次，到最后总算是拿下来了。如果拿不下，山庄最好的、最核心的一块地方的建设就无法推进。当时山庄已经搞了两户，这个坟还迁不下，那时真是心急死了，那是我们两位老干部都经历过的，深有体会。

“到现在为止，可以说，青山村要做的事，还是桩桩都实现了的。只有去年一个项目，涉及4000多平方米，农户52户，他们押金也押在我们这里，80万元，正当我们要签正式协议时，老板出事了，这桩事就没有成功。如果这桩事办好了，我们青山村现在还要好，我们整个丁兴自然村肯定变成‘网红村’了！但是，事情没有成功，去年付给老百姓的钱，70%的租金，还是付给他们的。因为我们要讲信用，我们下次再搞，老百姓就相信我们了。所以，去年我们一共付了10多万元租金。我们当时也是有承诺的，‘如果我们签约了，老板不见了，租金一年保证付给你’。所以，很多老百姓都跟我们签了。当然，我们去签的时候，也是花了很多的精力。只有这件事，我们没有办成功。其他的事情，我们基本上都搞好了。檀香山庄总共迁了148户，有三五户人家到现在还没有迁，那我们也就算了，毕竟影响也不大，要百分之百地让他们签下来确实有难度。

“我们青山村地理位置还是比较好的，一个是我们村到乡政府的必经之路，另一个是4A级景区正好是在我们村入口处。所以，青山村也是个一定要发展的地方。接下去，我们要造一个可以容纳500辆小车的停车场以及游客集散中心。如果这些东西都搞好了，那肯定还要再好些，光是晚上村里走路的步道都有1.5千米，你来散散步也是不错的。所以，乡里将我们青山村确定为乡村振兴先行村，或者说是先行片（包括许岙、东澄、青山三个村），乡里给我们取了一个好听的名字：石上东澄，美好青山，红色许岙。这几个村，乡里投入力度比较大，发展也是比较快的，这是我们村的发展情况。

“我当干部时间也长，从1985年2月15日开始到后来做党支部书记，当村干部已经将近40年。我有切身的体会，那就是干部工作越来越难做。大家都说现在老百姓思想通了，经济好了，发展也快了，其实未必。我一开始当干部时，工作非常好做，有事喇叭一叫就成，哪像现在工作这么难做？那时需要老百姓缴费的，只要一说就成，一时交不了的也会跟我说一下，而现在就没有那么简单了，现在涉及老百姓征地、赔偿，你钱给他，他也不肯。你去沟通，跑五趟之内能搞定算是最好的了。你去二十趟，他能答应签字，思想还算好的。有时你跑得快没命了，他也不肯签。

“我老是对我们新任的村干部说，一个不聪明的人，怎么可能当好村干部？当村干部要注意工作方法，你要想办法嘛！木头木脑的人当村干部是当不好的，所以当村干部要有策略，要灵活机动，要有应对之计，你要不断地动脑子，不动脑子工作是做不通的。现在我们的农村，特别是我们这种山区农村，老龄化的情况相当突出。像我是比较年轻的，今年虚岁63岁，比我小的村主职干部几乎是没有了。你说要是50岁留在村里，那是一个‘小伙子’，也可以说是后生人。所以我总觉得我们村庄里人是越来越少。所以要把乡村振兴起来，发展起来，让大学生能够到我们这儿来投资，让青年返乡，这种方法确实是对的。

“乡里也是非常重视景区建设，我们现在是4A级景区，我们正在努力打造5A级景区。但是，4A级景区冲5A级景区难度很大，不是嘴巴讲讲就可以的。现在国家对5A级景区有明确的要求，有5A级的条件，你要有5A级的投资，你也是要有付出的，看看5A级景区的要求能否满足。但是，现在我在看，我们4A级也好，5A级也好，目前景区建设还是只有付出没有收益，或者说付出远远大于收益。游客回去会买些蛋、菜，但是村集体经济收入没有增加，区乡两级投入很大，收入几乎没有。你如果收费，可能游客就会变少，但是你不收费，只管投入、投入，这又是一个无底洞。”叶炳荣书记说。

在青山村，叶炳荣书记被村民戏称为老辣书记。一方面，是因为他的年纪在岭南现有的村书记中算是最大的，另一方面，则是因为他当村书记多年，工作经验丰富，作风果敢，雷厉风行，真可谓“姜是老的辣”。

从叶炳荣书记的话语中，我们也深深体会到作为农村基层干部的不容易。2018年建造檀香山庄时，为了迁移一座坟，叶炳荣等几位干部跑了不知道多少次。像叶书记这样的老辣书记，在基层做点工作尚且如此不容易，更何况那些工作经验不够丰富、工作资历不够深厚的青年干部呢？

“刚才叶书记讲得非常坦诚！实际上就是这么个情况。”杜副乡长说：“我们区乡两级投入了很多很多，配套什么的，包括道路也好，基础条件也好，这也是为村里的致富、为老百姓的致富创造条件，人气有了，可能村里有些收入，但我们乡里的财政收入是看不到的。门票我们是没有分成的，而且我们是不收门票的，是免费的。我们这么多财政投入，说句真话，也是上级政府对我们的关心和支持。旅游也好，交通也好，新农村建设也好，上级政府都是不计回报地投入。”

“停车场的停车费在收吗?”我们团队的孙东芳博士问道。

“我们在旅游旺季也收。”叶炳荣书记回答说。

“这个问题我也在考虑，因为这个停车场是我们村的，停车场里车多的时候确实是多，特别是油菜花开的时候，但也就只有那么几天时间，收费也不可能只搞那么几天，我总要安排一些人，要出台相关的规定，要有一套方法，假如这个事情承包给他人，而几天后就不能收费了，承包人可能连承包款都交不出，这些都是问题。关键是要让游客能够源源不断地过来，所以，这里还是涉及淡旺季的问题。”叶炳荣书记看问题很是透彻明白。

实话实说，我们渴望数字减负

在岭南青山村调研期间，岭南乡村干部对数字化建设的抱怨引发了我们对数字化赋能乡村建设的冷思考。

“现在整个社会还是需要警惕，现在传统的操作模式转为数字化运作。整个社会有些地方是形式主义，如数字化每日下达到村的指标完成有难度。现在我们有几个村干部一天到晚就搞这些东西，真正的工作我们反而不去做。有些数字化的东西我也讲不清楚，例如像场所码，我们好像在全绍兴排名都是靠后的，后来上级给我们每个村任务，连扫个场所码都要分任务，你说这个事情怎么说？当然我们也理解，乡里要听区里的，区里要听绍兴市的，这个对考核有影响。乡里也要对村里考核，扫场所码，如果不合格也要扣分，隔天要通报。我们有两次没有扫好被通报。一开始要求扫 330 张，现在稍微好一些，要求扫 256 张，这个东西我认为是无效率的。

“还有如文化数字礼堂，每个月在激活和运行方面都有刚性的填报指标，劳民伤财。近几年，我们这边抗旱事情很多，实在忙不过来。前几年村级荣誉不多，但去年拿到市级文明村、省级民主法治村、省级‘五星三A’先行村等多项奖励。

“他们上次要求我们激活，什么叫激活？我也说不上来。激活又要我们报数字，每个村起码报 30 个，我们很积极，报了 40 个，结果后来就来了常态化的激活任务，报了 40 个的，每天要激活 13 个，报了 30 个的，每天激活只要 9 个。我们村干部有 6 个，这 6 个去激活倒是没有问题，问题是还不够，还要动员老婆、儿子、儿媳妇也来激活。否则你去让无亲无故的村民来激活，他可能就没有好脸色给你，‘我又没有什么好处，给你激活干什么呢？’就产生了这个问题！所以我认为这些都是劳民伤财的东西。数字化的东西好是好，问题是有些老百姓不想搞，一定要他们搞也没有意思。”叶炳荣书记可谓是实话实说。

“叶书记讲的，与汤浦镇舜岸村刘书记提到的问题是同类的。”听了叶炳荣书记的话后，区社科联的王赛君副主席总结说。

“这个实际上涉及数字化的过度利用问题。这样做，在一定程度上确实增加了基层干部和百姓的负担。”我解释说。

“当然，有些东西也是新时代、新事物，也是发展的需要，我们老头子是跟不上形势了，但是我总觉得这么些时间假如能投入到实际工作中，那该有多好啊？比如推进游客集散中心这个任务已经将我们搞得头都晕了，过些天又要开展抗旱的工作，光是自来水的事就已经忙不过来了，所以，我总觉得空头的东西、形式的东西还是要少搞搞。

“为什么我要在今天这个时间在这里提出这些问题？我实际上是希望大家引起重视。你们是要写调研报告的，是要向上级汇报的，所以就是要将这些农村的呼声写上去。当然，说起来，各级领导对我也是比较爱护的，比如我当支部书记，如果按照章镇那边的规定，我已经超出三年了，已经没有资格再当了，但是我们乡里领导信任我，我才能再干这一届。政府也给我不少荣誉，所以我工作一定要干好！特别是近几年来，我们村一直不好不坏，一般总是中间偏上些，这是我给我们村的评价。比如，绍兴文明村，我们也是去年才验收的。我说句不吹牛的话，我们村的情况，不说全国文明村，至少浙江省文明村的指标我们已经是达到了的。但是我对于这些荣誉不是很看重，我们在去年才创建绍兴市文明村，说起来实际上是一桩很难为情的事情。去年我们创建得有些多的，如省级民主法治村、浙江省气象标准化村、五星 3A 迭代升级先行村，现在这些都来了，所以办公室造好后什么 2.0 版本改造、新时代文明实践站都在搞。

“应该说，从农村工作来讲，从分田到户到现在，整个变化我是亲身经历的，有些东西我们的一些村干部根本就不晓得。我总觉得我们农村干部后继乏人。”叶炳荣书记不无感叹地说。

这时，杜副乡长接过话题说：“裘教授，这个实际上也不单单是我们岭南的问题，现在村干部合理的晋升空间并不多，老干部都已经是五十多岁、六十多岁了，工作方法也不一样了。”

聊起干部的培养问题，叶炳荣书记还是有好多话想说：“我是部队里当兵回来后直接当村长的，那个时候是走出去的人少，都是在家里的，好好挑几个后生当村干部是不成问题的。但是现在，特别是近几年来，感觉到人越来越少。像我们乡里的社区专职员，面向大学生招进来的，他们来了后想想不合算又回去了，实际上就是对农村工作的不适应。

“一个是人没有，另一个是待遇总归还是欠佳，目前给工作人员的待遇还好，每年 6.7 万—7.8 万元，像我们想想也心满意足了。但是，不少工作人员眼高手低，总觉得钱不够多。可是他们做了哪些工作呢？顶烈日上山下山都是我们在忙活，他们就在办公室里干活，可是他们就是觉得钱不够，而工作是这样没有做好、那样也没有做好。有时候是弄到我生气发怒为止。所以，真正要找到合适的村干部需要很大的运气。”

叶炳荣书记和杜副乡长关于乡村基层干部培养问题的反馈引发了我们调研团队的思考。农村振兴涉及产业振兴、人才振兴、生态振兴、文化振兴和组织振兴，其中，人才振兴是基础性和内生性的，假如没有坚实的人才支撑，什么产业、组织、文化、生态都是一句空话！尽管现在国家各级政府对于鼓励青年返乡作出了很多政策层面的激励和引导，但是，真实效果如何呢？还是需要下到最基层才能了解真实情况。所以，今天，杜副乡长和叶书记在发言中流露出的关于乡村基层青年干部选任和培养问题的担心，确实值得各级党委和政府重视和关注，也值得乡村理论研究工作者进行更多的深入调研和对策性思考。

村庄变靓了，老百姓的收入增加还是不快

杜副乡长和叶书记的讲话中都提及岭南农文旅产业的淡旺季问题，这也引起了我们的关注。我们也很想听听在座的乡农业办主任范佳佳、乡旅游办负责人赵煜等年轻干部的意见。

旅游办赵煜谈了他的看法："刚才叶书记和杜乡长都提到淡旺季的概念，这个我们目前正在抓紧探索，千方百计地充实淡季活动。目前春季有油菜花，夏季有漂流，但秋冬两季的安排确实不多。现在，我们在努力创建秋季拍浪节。目前，业态安排方面，我们根据各村不同的特色在打造。比如说，东澄村以观光为主，上面有千亩梯田的观景平台，青山村以休闲生活为主，有各种精品民宿加持，许岙村则以红色文化为主，那里有一个新四军曾经战斗过的红色景点，可以提升为红色文化教育基地，然后根据不同的业态设计不同的路线留住客人。活动方面，我们也设计得比较多，如覆卮山油菜花节已经连续举办了 12 届，漂流节已经举办了 15 届，还有像长三角极限体验活动，如越野赛、自行车赛，这类赛事我们也是举办得比较多，同时我们还大力发展夜间经济、帐篷经济。"

赵煜是一个年轻的小伙子，所以在工作理念和思路方面与老同志相比应该会更开放、更前卫，这无疑是值得肯定的，因为以后去乡村旅游考察的人多数是年轻人乃至青少年学生，这样，一边是年轻干部唱主角的供给侧结构性改革，一边是年轻人和青少年学生占主体的需求侧指数，如此，两边更有可能达成无缝对接。

乡农业办的范佳佳主任也认真地参与了讨论："去年全乡村集体经营性收入是 481 万元，但是各村不均衡，我们乡里有 8 个村，东澄村 125 万元，青山 65 万元，也有的像泰岳村只有 35 万元，我们也在想方设法提升各村的集体经济经营性收入。青山村在物业经营这一块是做得比较好的，像其他村如果没有物业，或者有物业但没有人来都是无法产生收益的。同时我们正在推进闲置资源转化为租金的相关工作，不过租金并不高，无法

给老百姓带来很理想的收益。同时我们也和旅游公司加强劳务合作，和区供销社在茶叶销售方面加强对接。如何让村庄的产业得到更好的发展？这方面我们确实是比较欠缺的。像泰岳村，我们今年刚刚在探索茶叶销售，高山茶叶直销，今年可能有 10 万元左右的经营性收入。”

“茶叶做好后由合作社经销，统一包装，统一营销。包括组织部下面有两青协会，通过他们的协会，给我们去推广。量不多，大约 10 万元的销售收入。但也有些收益。”杜副乡长插话说。

“村集体相当于做了回中间人，帮助村民将茶叶推销出去，也就 200 多元一斤，销售后需要给村民相关的成本和利润等费用，最后村里大概也就每斤可以产生 30—40 元的收益。”范佳佳主任说。

这时，一直在旁边默默地听大伙儿讲话的另一位老干部也参与了讨论：“增收困难确实是一个客观问题，这就导致老百姓在山村里很难获得好的收入，挣钱还得去外面打工，在这里也就种点田和其他作物，搞点口粮。村是好看了，道路也宽了，但老百姓要富还是有困难，年轻人在这里挣钱的项目还是太少。我现在干部不当了，但是我发现，现在我们村干部压力大，要做很多事情，我的建议是要减少做无实质意义的事情。”老同志的话讲得既体贴又实在。

紧接着，又一位老干部也发表了他的观点：“我们村集体经济收入在开始并村的时候不到 2 万元，后来在叶书记带领下不断创收，去年达到了 30 多万元。”

“去年青山村总收入是 115 万元，经营性收入是 65 万元。”杜副乡长纠正说。

“现在村庄是越来越漂亮了，檀香山庄等高端民宿也搞起来了，但是老百姓的收入增加还是比较慢。目前我们有山林资源 10000 亩以上，如何利用？如何变钱？要推进毛竹等的深加工。现在留在乡下的都是 60 岁以上的一批人，如何将农村经济搞上去确实是个难题。”第三位老干部也向大家表达了他对农业农民农村增收致富的担忧和更深层次的思考。

这时，区社科联的王赛君副主席插话问道：“我想问一下，我们这里的一些高端民宿尽管也存在淡旺季的问题，但是在旺季的收益还是比较可观的，那他们有没有向我们地方政府缴税呢？有没有为我们的地方财政收入做些贡献呢？”

区社科联的王赛君副主席给大家的感受是对待工作非常投入负责，对人非常坦诚实在。她现在主要负责上虞区社科联的日常工作，实际上她以前曾经在上虞区下面的乡镇担任多年基层干部，所以对上虞城乡基层的发展和建设还是非常有感情的，因此，她在陪同我们考察调研的同时，也经常结合自己的思考提出一些有深度、有价值的问题。

“基本上是没有的，因为很多游客来住宿实际上是不开发票的，那民宿经营者就不缴纳税金。有些民宿则是杭州等地的公司来办的，他们所产生的税收等收益也就带回杭州等地去了。”赵煜回答说。

“那我们给他们这么好的资源，给他们这么好的经营性保障，而实际上没有为我们带来什么收益，这样合算吗？”王赛君副主席听了赵煜的答复后不解地追问。

“问得好！的确，为我们带来的财政收入几乎是没有的。但是，老百姓实际上是有实惠和好处的，房子的出租，本来租金是很低的，他们来了后，租金明显提高了。而且他们来了后也带来了人流，这样，村集体的一些物业也就可以出租带来收益。否则，如果没有人来，哪怕物业造起来，也无法出租带来经营性收入。这些就是发展农文旅产业后，给当地百姓和村集体带来的好处。所以，实际上我们是在花钱买吆喝，然后将我们的村民资源和集体资源推销出去。财税的话，在我们这里，税点也不高，服务行业基本上是包税的，像农家乐甚至是免税的，那你怎么指望这方面带来可观的收入？所以关键还是要带来人流量。”杜副乡长回答说。

杜副乡长不愧是分管岭南乡政府农业工作的主要干部之一，对于岭南特色的发展思路和运作机制有着十分清晰的认识和见解。

“民宿业主需要村民的农产品吗？”我针对杜副乡长的回答提出了一个新问题。

“有，但量不大，土鸡蛋、老母鸡、老鸭什么的，蔬菜也会要一些，不过他们也会考虑成本，有些价格相差不大或者还是山里便宜的，他们就会考虑向村民采购。”杜副乡长说，他显然对乡里各种业态的日常运作情况有着清晰的把握。

这时，第四位老干部也过来参加座谈会，我热情打招呼，邀请他聊几句。他慨然应允：“今天要农民富起来，首先，上一级领导要重视，像我们现在村里有了檀香山庄、莫干山区等，要强先要富，只有富起来了，才能强。我们以前常说，狗咬穷人，现在农民生活还可以。现在农民60岁以上每个月可以拿260元，这个钱是国家补助的。

“现在要儿子来赡养老人的确有难度，像我们村是由3个自然村合并起来的。我们丁兴村，考上中专、大专、本科的有40多人，房子分布在杭州、上海、绍兴、上虞城区等，轿车有50多台。农村的根本出路在于人，大家想尽办法，到外面去挣钱回来培养小孩。现在，年轻人在外面闯荡，也非常不容易，房子要买，小孩要读书，房贷要还。现在百官房子要25000元/平方米，习近平同志在2018年新年献词中有这样一句话，‘安得广厦千万间，大庇天下寒士俱欢颜’，房价这么贵，老百姓怎么能笑得出来呢？所以小孩压力这么大，实在不可能再回来给钱养老人。老人别无他法，去打工，人家又嫌年纪大，怕不小心出事故，万一有个三长两短，赔钱要100多万元，农民如何富呢？260元钱买油买米都是可以的，但是你要大鱼大肉就紧张了。

“村里的情况我是比较了解的，如莫干山居，在八月份，我估计有600万元的收入。我儿子那时想来住民宿，曾经说起，房价最低600元，最高1500元，双休日再涨10%，法定假日涨20%。我一直在看，像昨天，那边入住的客人停了14台轿车，我问了一下，那边的房子基本上都住满了。以前人多的时候甚至停有20多台轿车，那边长期做工的有7个人，现在较忙又招进3人，3500元一个月，大概每年28万元的人工费。

“但是，现在我所在的丁兴村，有50套房子长期空着，有很多房子长期失修，已经快倒了或者已经倒了，当然也有一些房子几代人保护得较好的，这个问题应该引起上一级重视。有些出去的年轻人也想回来翻修一下，但是上面说要有村籍才能翻修，否则动不了。不过，我们村里还算好，有不少房子租掉了，而且还可再安排一人打工。”第四位老干部尽管年事已高，但是讲话有条有理，也很有思考，看得出，尽管已经退居二线了，但是对于村庄的发展和村民的生活还是非常关心的。

“房子翻修需要本村户口，而且有指标的，1—3人75平方米，4—6人110平方米。”叶炳荣书记给大家作了政策性解释。

这时，第三位老干部接个话题说："不过，确实有许多外地人对我们这里很感兴趣，前些天，有一个上海来的人碰到我，对我说，老伯伯你家里有没有好一点的房间，我想住上 5 天。

"刚才我们老书记也说了，我们村里有很多的山林，有不少于 5000 亩的毛竹林，我听人说在安吉搞毛竹深加工，搞竹炭制品什么的很挣钱，能不能也给我们引进些这样的项目？我们平民百姓没有渠道，要靠你们去向政府进行宣传，帮我们引进项目，这样百姓就富起来了、强起来了。"第三位老干部的讲话不仅实在，而且还富有建设性。

听了第三位老干部的发言后，杜乡长接过话题说，"以前毛竹可以做建筑材料，搭架子，现在不用了，全部用上了钢筋，这个销售渠道就没有了。现在农民靠种点田绝对挣不了钱，如果你就种一亩田，肥料、农药、人工等成本少说也得三四百元，给你种出 1000 斤，你还有什么收入？"

"现在，在我们上虞，生活最困难的是农民，生活最幸福的也是农民，我们虞北一些农民已经变成了农场主，收入丰厚，日子过得非常滋润。但我们这里资源禀赋不一样，不可能搞农场，哪怕花钱请他们来种，人家也不要种，因为无法搞规模化生产，成本太高。"

"在虞北，农业已经进入产业化时代，土地都是大块的，到了一定时候，机械作业者就来到他们这里，进行规模化种植和收割，可以上千亩地一起搞，他们的机器都是像坦克一样的，平时在仓库里放着，到了需要时候就拉出来。所以，虞北的一些农民已经是农场主。而我们这里不行，大型机械根本上不来，农民只能是面朝黄土背朝天地手工搞饭吃。"

杜副乡长的话引发了在座人士的深思，现在国家在大力推进农业"双强"，既要强科技，也要强机械，但是像岭南这样的高山峻岭地区，确实需要另当别论。一句话，"到什么山上唱什么歌"。

"我们农民信箱里也会发布些虞南土地资源的出租信息，也有两三个人打电话进来，但是，他们问的第一句话就是机械能不能上去。"区社科联的王赛君副主席说。

861 乡创中心里的"三个月亮"咖啡馆

我们在岭南调研期间，与多位乡政府干部进行了深度探讨，也与青山村的干部和群众深入交流了村庄治理和建设的酸甜苦辣。在调研过程中，我们真切感受到上虞乡村基层干部谋划地方经济和社会发展的用心用力，也深切感受到乡村基层走上高质量发展道路的痛点与难点。

在岭南调研时，区社科联的王赛君副主席征求我们意见：“青山村这里有一个861乡创中心，今年上半年，油菜花盛开的时候，岭南乡861乡创中心的‘三个月亮’乡村咖啡馆在青山村正式开门迎客，山村里飘出的咖啡香吸引了不少外来客人，乡村旅游日益火爆。你们要不要去看一下？”

在岭南这个山坳里居然还有“三个月亮”咖啡馆这么潮的业态？我们调研团队成员都很感兴趣，于是在王赛君副主席的带领下前往咖啡馆去看个究竟。陪同我们调研的岭南乡诸位干部也一同前往，在路上我们边走边聊。

杜副乡长介绍说：“现在我们还在探索乡村运营这一块内容，比如，我们举办了各种活动，欢迎乡村运营团队来岭南开发文创产品，如覆卮山大米以及各种文创产品。目前，东澄村正在开发蓝莓制品等系列农创产品。

“刚才提到的岭南返乡青年梁哲锋除了回来开民宿，还在岭南开设了首家乡村咖啡馆，以更‘潮’的特色来吸引游客。实事求是地说，目前有些业态也遭遇了经营挑战，所以还是要慢慢培养，逐步成长。”

乡旅游办负责人赵煜接着介绍说：“现在经营的民宿产业全乡共有42家，600多张床位，占到全区民宿总数的60%，400多人就业。民宿产业在我们岭南乡是做得比较好的，我们有一家省级民宿，有两家市级精品民宿，2021年还成立了绍兴首家民宿联盟，还建立一个招商共享的工作机制。有些项目在山上不适宜开展的，我们就安排到山下去。作为政府部门，我们正在努力完善有关运作体制。同时，我们还在依托民宿产业农合联开展技能培训，提升从业者的技能以及制作美食的工艺水平，切实解决村民的就业问题。去年，我们还投入了300万元资金和浙江财经大学开展了校企合作，开展浙江省大学生助力乡村振兴微改造精品比赛，组织来自全省各地的30支大学生团队，对民宿进行一对一改造升级，改变他们的经营理念，提升他们的经营能力，最终目的是提升游客的体验感。”

赵煜在介绍有关情况时如数家珍，让我们听起来非常清晰。像乡旅游办的赵煜、乡农业办的范主任都是二三十岁的年轻人，让他们来谋划虞南绿水青山的发展蓝图，必定能带来更多的青春色彩。现在，上虞正在区委、区政府的谋划下全力打造青春之城，相信在一大批年轻干部的参与和加持下，上虞打造的青春之城将会更加靓丽迷人。

"实事求是地说，我们现在还是4A级景区，还不是很成熟。诸位都知道诸暨的五泄景区，他们老早就是4A级景区，但他们现在连4A级景区的牌子也不想要了，为了能够让自己轻松行走，宁可摘牌，因为条条框框太多了。"杜副乡长非常坦诚地向我们吐露了他的心声。

大家边走边谈，不知不觉已经来到乡村咖啡馆门口。扫码进馆后，我们发现里面没有客人，但是有很多看起来高大上的设备，馆内除了可以品尝各式咖啡，还可以作为小型的培训和研学基地。

在咖啡吧台里面，我们发现有位60岁左右的女咖啡师正在收拾整理，动作非常娴熟。"我叫徐爱红，是土生土长的青山村人，常年在家里务农。'三个月亮'乡村咖啡馆的开张，让我摇身一变成了一名'乡村咖啡师'。我的手艺是从村里经营民宿的上海创客那里学来的，花了整整3个月系统学习，如今各种基础款的咖啡都能制作。"看到我们进店，徐爱红一边忙碌着，一边落落大方地与我们交流。

"我通常一大早就要开始做好各种准备，周末更是忙不过来。"现年65岁的徐爱红笑着说，她坦言这份新职业让她在务农之余增收不少。

一位土生土长的农村妇女，通过自学制咖啡工艺，成为当地乡村咖啡馆的咖啡师！这可谓是岭南村民转型的一个典型。

"徐阿姨，你家就在旁边吗？"区社科联的王赛君副主席问道。

"是的，就一点点路。"徐阿姨回答说。

"老板雇你在这里工作，每个月给你多少工资？"王赛君继续问她。

"这个，我也不方便细说。不过，工资还可以。"徐阿姨面带微笑回答说。

"好的，谢谢你！看来，老板对员工还有薪水保密的要求。"王赛君边笑边说。

"很好！乡村发展新业态的有益探索。"我不由得感叹。

大家在村口的"三个月亮"咖啡馆旁散步时，对村里的美景赞不绝口，都觉得好山好水好人家在这里得到真正体现。岭南的干部告诉我们，一到晚上，这里还有斑斑点点的灯光衬托，非常漂亮。大家看了美景后，都有点恋恋不舍，于是，在我的提议下，大家在青山村党群服务中心下面拍了集体合照留念。

随后，我们还是三句话不离主题，聊起岭南乡的发展问题。

“怎么说呢，现在，这里的发展其实也碰到一个‘瓶颈’，那就是能够有的其实都已经有了，再引进其他的，我们也要考虑到恶性竞争的可能，到时大家如果互相互排挤，也是非常麻烦的事情。”杜副乡长不无担心地说。

“对，这个就是成长的烦恼吧！发展中势必会碰到各种问题，包括各种业态的良性互动、有机融合问题，还有老百姓是否能真正提升获得感的问题。”我对杜副乡长的担心挺能理解。

“我们希望好的业态进来后能带动周边地区的整体发展，这是最理想的。”杜乡长说。对于岭南乡来说，如何将自身所拥有的优质山水资源转换为产品，推动农文旅的产业化，是值得深思的现实课题。正如恩格斯所言：“文明时代是社会发展的这样一个阶段，在这个阶段，分工，由分工而产生的个人之间的交换以及把这两者结合起来的商品生产，得到了充分的发展，完全改变了先前的整个社会。”① 在新的形势下，要创新性地推进乡域的共同富裕，岭南乡干部和群众还有很多工作要做。

“我们这边乡、村层面旧房的回收、整体的流转有没有碰到难题？如政策层面难以回收的、难以补贴的，又如老百姓不配合不愿意的。”我又聊起了另一个话题。趁着今天天色未晚，我们想尽可能地多了解些基层强村富民的一手信息。

“闲置农房的收储，上虞这块挖掘得比较好也比较早，包括诸暨、绍兴层面都比较重视闲置农房的激活。一开始是农房，后来拓展到资源，包括农房、山地、耕地等各方面的东西。绍兴可能也是全国性的闲置农房使用权交易试点地，上虞可能又是绍兴第一个发出闲置农房使用权证的。产权肯定是农户的，他跟你签订的是租赁协议，怎么来保证投资人的使用权

① 马克思恩格斯选集（第4卷）［M］. 北京：人民出版社，1995：174.

益？万一时间不到要收回呢？所以这是政策性层面的一个投资保障。我们的闲置农房从挨家挨户地收储到平台里面去登记，到使用权证的制作，注重从流程上去保障投资者的合法权益。现在收储确实感觉有点难啦！老百姓市场意识提高了，看到一些品牌民宿进来后生意好，就想自己搞，觉得这样可能更有利可图。现在我们这里的品牌民宿有每晚700—800元一间的，他就想我一年的租金才多少！虽然我们有保障机制，但他还是会有失落感。青山村还好，东澄村那边更加明显，不少村民有好的农房资源就是不肯出租给公司。他们自己做又是低效的，所以，这个问题比较麻烦。如此一来，就影响了项目的整体引进。一个项目进来，如果房子资源集聚在一起，投资者就喜欢，否则，东一间西一间怎么搞项目？这样肯定没有集聚效应。

“前几天我领了一个团队来看项目，人家也心动，感觉到这个项目确实不错，他们提出一个理念，我很赞同，叫‘外边无形里面有形’，外面看没有啥特殊，里面却高档得很。但是，看了后发现无法连成一片来做，他们还是喜欢集群。我们收储就碰到了这个问题，无法集聚化。老百姓的胃口也被吊起来了，他们以前没有意识到这些是资源，很爽快地租给人家，现在他们就不一样了。

“青山村在房屋租赁方面起步较早，整体的收储率也比较高，项目推动也比较快。晚一点的村，我们感到就比较难搞，他们坚持自己零星化经营。所以，现在品牌民宿引进后，目前的体量放不下。他们来了后，我们既关注经济效益，又关注整体推进。就这块而言，我们青山村的叶书记其实做得很好的，好几个项目在他村里面。

“上海人工资收入普遍较高，月收入一到两万元很正常。但是，他们那里房子太小，所以有换一种生活方式的情结。一些上海人就到这里找房子住上一个月、半个月的，房租每个月也就几千元钱，加上日常开销几千元，他的工资还是花不完的。所以，他们到这里来住，经济上没有什么压力。

我们在整合资源搞一些规模经营的时候，就怕碰到一些农民不配合、不支持的问题。不管谈多少次，他们就是不肯，因为他们知道，他们不答应，你就动不了，所以就漫天要价。”

杜乡长的回答干货满满，也让我们非常真切地感受到地方基层政府在谋划和操作共同富裕工作时农民的多元心态，农民是很讲实惠的，各级干部们如何在推进强村富民的工作时与农民结成命运共同体？这不仅是理论工作者值得思考的课题，也是实务工作者需要切实解决的要害问题。

调研札记

在岭南乡调研，我们真切感受到虞南山区干部和群众的热情和好客。在座谈会上，各位来自乡里或村里的与会同志畅所欲言，可以说是毫无保留；在调研全过程中，诸位陪同的当地干部也是知无不言、言无不尽，让我们获得了关于虞南山区经济和社会发展的宝贵的一手调研资料，也让我们对如何推进浙江农村共同富裕工作有了更多的深入思考和直观感受。在岭南调研，我们团队最大的感受是中国农村的发展和建设情况千差万别，所以，在落实兴村共富与强村富民有关政策时，必须“到什么山上唱什么歌”，千万不能搞一刀切，必须摒弃应然性思维，多一些实然性求证，以了解乡村基层的客观真实情况。唯有如此，才能实事求是，提出符合实际的理论，出台有助于发展的政策。

如何留住山区农村的人？如何激励优秀的青年返乡？如何吸引有为人士奔赴农村基层创业，夯实强村富民的新农人基础？通过岭南乡调研，我们团队对于上述问题有了更多的深入思考和直观感受。尽管现在国家和地方政府层面为了吸引人才到农村发展创业，出台了许多激励性的政策和措施，我们也经常在报纸和其他媒体上看到，城归一族如何在乡村基层发光发热，实现自身的价值，返乡青年如何借势借力，在农村开创自身的发展平台。然而，我们在岭南调研，最直观的一个感受还是那边太缺乏人才了，也太需要人气了！尽管我们在调研中欣喜地看到岭南的返乡青年梁哲锋回到老家后办起了民宿、搞起了漂流，甚至还让不久前兴办的861乡创中心飘散出咖啡的香味，办起了“三个月亮”咖啡馆。但是，在整个岭南乡，像这样的案例还是屈指可数！

一方面是自己的人留不住，当地的干部和群众反复唠叨的一句话是“我们这儿的人是越来越少了，我们这儿的人是越来越老了！”在岭南乡青山村，村党支部书记叶炳荣说的一句话“我们这儿65岁算是年轻的了!”给我们留下了深刻的印象。岭南乡的绿水青山确实诱人，但是必须看到，有利于人全面发展和舒适生活的配套资源和周边设施还是太少了！山区的老百姓将培养小孩看得很重，家家户户望子成龙、望女成凤，可是岭南乡小学一年级新招进的孩子只有4个！大量的家庭为了孩子获得更好的教育、享受更优质的教育资源，宁愿离开家乡，拖儿带女，到城区打工创业租房子，为了什么？就是为了给孩子一个良好的教育，不要输在起跑线上，以后考上一个好的大学，谋取一份好的工作，不要像祖辈一样埋没在深山老林里。

另一方面是外面的人才引不进来，为了激励外来人才支撑乡村发展，国家和地方政府出台了一系列支持措施。不过，从岭南乡的调研情况看，吸引优秀人才奉献乡村发展，尤其是到山区乡村发展，还是任重而道远，有许多问题需要解决。目前，浙江省在人事考试方面专门针对乡村基层工作的青年人设置了上升通道，综合素养优秀的青年可以通过人事招考选拔到乡镇乃至更高层次的岗位担任公职人员。不过，岭南乡的干部却并不认可这种激励思路，认为这样反而导致优秀人才的流失，农村基层只成为一个培育优秀人才的摇篮，而不是一个让优秀人才奋发有为的平台。岭南乡的干部们更主张让在村级干部岗位表现优秀的青年就地培育、就地发展，继续留在村里当村干部，同时给予公务员待遇。

不得不说，这确实也是一个可行的思路。如何让留在农村基层发展的社区专职员等青年更好地发挥自己的智慧和能力，将自己的发展和乡村的发展融为一体？这也是一个需要解决的问题。青山村的叶炳荣书记说起他们这儿的几位社区专职员就皱起了眉头，因为几位社区专职员坦言来乡村基层就是为了“快活”些。那么，假如有一套成熟的机制，让那些优秀的、有作为的社区专职员在村落社区尽心尽力的同时，还可以享有与城镇公务员同样的薪酬与福利待遇，是否能够转变相当部分社区专职员的工作理念，使他们更积极、更用心地投入乡村基层工作？我们认为，只要机制保障有力，政策激励到位，那还是完全有可能的。

当然，要让农村留得住人，引得进才，从根本上而言，还是需要加强农村公共服务体系的建设。要“坚持以城乡发展一体化为目标，形成新型工业化、信息化、城镇化、农业现代化同步，统筹城乡发展的新局面”。[①]

如何打造乡村基层干群命运共同体？如何夯实乡村基层和谐干群关系的信任基础？这也是我们在岭南调研引发的思考。青山村的叶炳荣书记向我们诉苦：20世纪80—90年代，群众的生活条件和总体的生活水平远不如现在，可是那时群众工作比较好做，不管是缴费还是派工，一般过去说一声就成。可是现在，生活条件好了，群众工作反而越来越难做。比如，为了发展，岭南乡干部经常需要操心费力地完成拆迁征地等工作。按照青山村叶炳荣书记的话说，有时候，为了做通群众的思想工作，配合征地拆迁，往群众家里跑几十次，最后能做通工作的，这样的群众还算“思想好”的。很多时候，是不知道跑了多少次，最后工作还是没有做通。对此，叶炳荣书记打了一个让人听了后很难忘记的比喻，他说，有时候，自己都觉得，硬着头皮去做群众的思想工作，就像“小偷变着法子往群众那里偷东西一样”，为了做通有关群众的思想工作，很多时候真是绞尽脑汁，“机关算尽”！

萧楼指出，自从20世纪80年代改革开放以来，中国农民的集体生活逐渐式微，特别是分田到户以后，对于集体的需要彻底“断奶”，“在以小家庭为基础的经济和生活模式下，人直接面对社会。”[②] 现在，为什么做群众的思想工作如此艰难？特别是碰到征地拆迁等事关群众切身利益的时候。杜乡长认为，那是因为以前群众对行情不了解，所以很爽快地答应了有关干部提出的拆迁征地事项，拿到一点钱后很干脆地将土地租给有关公司。后来，他们发现，原来政府征用去的土地出让给有关公司的价格如此高；自己很便宜地租给公司开发民宿的房子，公司出售给顾客的房价这么高。他们突然醒悟，原来自己很便宜地出租给公司的旧房产都是很值钱的资源，既然如此，与其租给公司搞民宿，还不如自己直接搞。所以群众的胃口就这样被吊起来了。

我觉得几位干部的分析都不无道理，但是都没有点到关键处。我认

① 段治文．浙江精神与浙江发展［M］．杭州：浙江大学出版社，2017：185.

② 萧楼．夏村社会：中国“江南”农村的日常生活和社会结构（1976—2006）［M］．北京：生活·读书·新知三联书店，2010：261.

为，群众之所以不愿意配合干部的土地拆迁征用工作，不愿意将房子租给有关公司搞经营，一个核心原因是农民在直接面对社会的情况下更加谨慎小心，他们觉得自己的利益受损了，配合政府的拆迁征用工作，他们觉得自己吃亏了，而让政府和开发商占便宜了。我们认为，要让群众更好地配合政府和干部的工作，关键是要让群众感受到政府和干部把群众的利益看得很重，是自己利益的代言人，这样他们就会心甘情愿地配合和支持干部们的工作。所以，我们建议，农村基层干部在做群众思想工作时一定要设身处地，站在群众角度看问题、摆事实、讲道理，要将思想工作做到群众心坎上，让群众真切感受到干部们是真正为自己的利益考虑的。梁漱溟先生在反思和总结近代中国社会之衰微原因时指出："中国社会以前何以谓之消极？散漫就是消极。"① 农村基层党组织和干部只有与基层民众肝胆相照，拧成一股绳，干部和群众才能在强村富民路上同舟共济，聚精会神，共克时艰。

前些时间我们在山东沂蒙调研学习时，解放战争时期沂蒙山区的军民情深给我们留下了极其深刻的印象。"最后一粒粮做军粮，最后一条棉被搭担架上，最后一个儿子送上战场！"当时的沂蒙人民可以为党和人民军队作出这么大的牺牲，是为了什么？我想根本原因是党和人民军队将人民作为自己的亲人，将人民利益作为自己斗争的宗旨。当人民群众深深感受到这一点时，他们就义无反顾地将一切都奉献给了人民子弟兵！这就是"人民就是江山，江山就是人民"的道理。革命年代党和人民的鱼水之情无疑给了我们今天做好群众工作重要启示。同理，有关公司在开发经营民宿等农村业态时，也可以考虑让村民以房产和地产入股的方式加入公司的经营，如此，当公司的经营业绩攀升时，村民的收益也会水涨船高，而不会感叹自己吃亏了，公司吃饱了。唯有如此，才能结成强村富民工作中的政府、企业、村民命运共同体。

如何发挥绿水青山资源的长期效益，为村民群众和村集体带来持续的、可观的收益？这是我们考虑的又一个问题。人类保护好我们赖以生存的生态环境的重要性无论怎么说都不过分。马克思曾经指出："所谓人的

① 梁漱溟．乡村建设理论［M］．上海：上海人民出版社，2011：387.

肉体生活和精神生活同自然界相联系，不外是说自然界同自身相联系，因为人是自然界的一部分。”[①] 然而，在岭南调研期间，干部们不止一次地聊起，尽管在政府的支持下和当地干部群众的努力下，岭南乡变得越来越美丽了，但是，无论是村集体的收益，还是村民群众的收入，其提高情况都不那么理想。这里就涉及如何将岭南宝贵的绿水青山资源更切实地转化为收益的问题。调研时，乡里和村里的干部告诉我们，他们那里在春夏时节，游客有时真的很多，多得交通堵塞，多得本来十五分钟的旅程要开一个小时。尽管如此，干部们还是心里甜滋滋的。因为对于岭南乡来说，人气越旺，产生的消费也会越旺，住宿、就餐、游玩、纪念品等，都给了当地增加收益的空间。然而，存在的问题是，真像青山村叶炳荣书记所言，“我看全年 365 天，有 300 天是不太有人来的！”而仅靠 2 个月时间，又怎么能让岭南的企业和村民取得理想的经营业绩呢？所以，对于当地政府来说，恐怕要花更多时间挖掘除了绿水青山以外的特色资源，真正做到一乡一品、一村一品，同时尽量将文化内涵、历史文脉嵌入乡村发展故事中，让游客不仅能沉浸在绿水青山之中，更能让自己的内心获得提升和充实。此外，作为政府，还可以做更多的工作，比如，可以降低疗养基地的门槛，将更多的乡村民宿、酒家纳入其中，鼓励市内外人们到乡村基层休养消费。总之，只有完成绿水青山资源的迭代升级，只有为人民拥抱绿水青山创造各种便利，才能发挥这些特色资源的恒久魅力，更好地造福于兴村共富乃至城乡一体化的发展。

在岭南乡调研，一个切肤感受是岭南乡各级干部都是千方百计想把岭南乡建设好，想把所在村庄建设好。我认为，这种投入和付出是做好工作的重要前提。贺雪峰先生曾说：“最近 10 多年来，我个人梦寐以求的就是为中国 9 亿农民过上有尊严的、体面的生活而想办法。”[②] 毫无疑问，不管是从事“三农”理论研究，还是从事“三农”实务探索，都需要拥有这种精神和情感。

① 马克思恩格斯选集（第 1 卷）[M]. 北京：人民出版社，1995：45.

② 贺雪峰. 新乡土中国 [M]. 桂林：广西师范大学出版社，2003：244.

七

丰惠：千年古城的现代壁画

丰惠概述

丰惠镇，位于浙江省绍兴市上虞区中部偏东，1954 年县治迁至百官镇前为上虞县城，也是沿浙东大运河的重要城市。有了运河的便利，东西商贾往来于此，南北特产汇集于此，古城人口稠密，文化兴旺，历经唐、五代、两宋、元、明、清、民国共 1100 余年，历来为上虞政治、经济、文化中心。

丰惠东邻永和镇，东南与宁波市余姚市梁弄镇接壤，南连丁宅乡，西南接章镇镇、上浦镇，西连梁湖镇，北临驿亭镇，东北与宁波市余姚市牟山镇、马渚镇毗邻，行政区域面积 118 平方千米。截至 2019 年末，丰惠镇户籍人口为 50155 人。截至 2021 年 10 月，丰惠镇辖 3 个社区、26 个行政村，镇人民政府驻庙弄社区丰惠环庙路 39 号。

丰惠镇因境内丰惠桥而得名。明万历《新修上虞县志》记载，宋嘉定 17 年（公元 1224 年），知县楼杓重建镇中街河上的酒务桥，因酒务之名不雅，邑人感其恩，批更名为德政桥。楼曰：“无以丰岁加惠我民，事运而集，予何德焉，以丰惠揭之其可。”由此更名为丰惠桥。镇亦因桥而得名。

2019 年 10 月，2019 年度全国综合实力千强镇榜单公布，丰惠镇位列第770名。2020年4月，浙江省省政府批准，丰惠镇入选第六批浙江省历史文化名镇名村街区名单。2021年10月，丰惠镇上榜2021年全国千强镇名单，排名第765位。2021年12月，浙江省民政厅认定丰惠镇为浙江省革命老区乡镇（街道）。2022年12月，浙江省“千村示范、万村整治”工作协调小组办公室公布2022年度浙江省美丽乡村示范乡镇名单，丰惠镇上榜。

“梁祝化蝶”“伯阳炼丹”“范蠡入湖”……丰惠这座千年古城流传着诸多美丽的故事。这里有建于元代的九狮桥、明代风格的大宅院、几经兴衰的药师寺、焕然一新的祝府等历史文化景点。

与此同时，丰惠镇还是一方红色热土，红色资源丰富，有叶天底故居、王一飞故居、胡愈之故居、北撤会议旧址等多个省、市、区红色教育基地。

作为生态之镇，丰惠镇东有万顷良田，南有万亩梅林，西有千亩湖泊，北有十里后山，被誉为虞南粮仓。境内名胜众多，有玉水秀色、悬石飞瀑、三溪梅海等美景。

这些宝贵的红色资源、生态资源，都成了丰惠镇重构古镇的“骨骼”，成为积极推进农文旅融合发展的载体。在祝家庄村，碧水穿村而过，水域面积60亩的南塘湖经过清淤整治，变成碧波荡漾、景色宜人的“小西湖”。近年来，祝家庄村利用梁祝IP（Intellectual Property，知识产权）、生态资源，围绕“美丽乡村建设”要求和“全域景区化”目标定位，从打通水系经脉、优化道路系统、营造主题片区、创建特色景点四方面着手，开展“3A”重点村、精品村建设，打造家宴聚贤、南塘闲情等多个景观节点。村中还建设了“英台故里·春风蝶语”乡村版度假型未来社区项目。

近年来，丰惠镇依托杭绍绿色高质量发展基石，强化顶层设计，高起点编制《千年古城复兴综合规划》等，切实加强与国土空间规划及上级规划的对接。围绕“文化自信、优质发展、融合发展”的发展理念，致力于把丰惠镇打造成为集千年古城休闲、运河风情体验、爱情主题度假、乡村旅居生活、生态康养度假等功能于一体的长三角全域旅游示范古镇、全省千年古城复兴示范地。以全域旅游为引领，按照核心带动、组团发展、轴线联动的策略，明确以丰惠古城、运河文化带、乡村旅游带和祝家庄、凤鸣山、西溪湖为重点的“一核两带三组团”全域旅游发展空间格局。①

袖珍版“山海协作”典型

丰惠是本团队调研强村富民的第七个乡镇，按照调研计划，我们在2022年8月18日上午如期来到丰惠。到达丰惠镇政府时，丰惠镇副镇长陈波、全国文明村西湖村书记周焕梁、祝家庄村书记倪相伟、镇事业服务中心主任叶芳、农业办主任胡赵锋、农业办副主任蒋玲玲等同志已经在政府办公室等候。

我代表团队向丰惠镇诸位干部表明来意，希望通过主观访谈交流强村富民方面的经验和问题，希望通过客观调研了解有关数据及信息，希望有镇、村层面的材料分享，同时希望对镇村层面强村富民方面的硬件设施进行考察。陈波副镇长告诉我们，为了支持我们团队本次调研，已经事先安排了两个考察点，一是丰惠镇后山村，该村和下管镇下王村的物业联建项目颇具特色；二是丰惠镇西湖村，重点是对该村的物业设施进行考察，西湖村是全国文明村，是上虞获评全国文明村的三个村庄之一。

从陈波副镇长随后的介绍得知，丰惠镇现有行政村27个，社区2个。常住人口5.6万人，外来人口五六千人。丰惠镇是农业大镇，也是千年古镇，丰惠镇名人很多，有胡愈之、叶天底，都有单独的纪念馆，也是革命根据地薪火传承之处。不过，拿陈波副镇长的话来说，现在丰惠“很穷”，原来的四季鲜果产业在大棚拆除之后就什么也没有了，一些经营主体也倒了。农村游客也不稳定，原来鼓励农家乐，2019年以来根据有关要求拆除了占用基本农田的农家乐。丰惠是个农业大镇，上虞17%的粮食订单由丰惠镇完成，全区46万亩的指标，丰惠占了5万多亩。粮食生产是国家战略安全需要，邓小平曾指出：“不管天下发生什么事，只要人民吃饱肚子，一切就好办了。”② 现在，政府对种粮户的补贴也比以前有所增加，这在一定程度上增加了农户种粮的积极性。

---

① 诸丹萍．丰惠：千年古镇正芳华［N］．绍兴文明网，2022－9－5。参见：http：//zjsx.wenming.cn/jjsx/202209/t20220905_7785018.html。

② 邓小平文选（第2卷）［M］．北京：人民出版社，1994：406.

不知不觉间，我们团队与陈副镇长他们的车子到达了后山村，该村的党总支许书记迎上前来。

“刚刚在开村民代表会议，决策村级重大事情。请看，这个就是我们的民工公寓楼，是后山村和下王村联建的。”许书记快人快语，讲话直奔主题。

“他们村比较富。”陈副镇长笑着介绍。

“不富，但在丰惠镇还算可以。”许书记谦虚低调，生怕“露富”。

“公寓是否开始运行？运作的模式如何？”我问许书记。

“已经全部住进去了，我们租给企业，企业安排员工，他们自己去搞，我们节省管理成本，租金我们跟企业算。我建的时候，我们拿出 150 万元，他们拿出 100 万元，我们是 60%，他们是 40%，投资是这样，分成也是这样。本来在村边也想再搞这样的物业，但地皮问题卡住了，本来这块是村集体用地，结果不知不觉就变成了工业用地。”许书记介绍说。

陈副镇长告诉我们：“这个村有两个优势，一是工业园区、厂房比较多，二是外来人口多，以前都住老百姓房子，后来三改一拆时层层压实，很多房子都被拆掉了，现在物业由村里统一规划兴建。同时，该村还有区位优势，村里还有土地资源。这个村还有村部大楼，是 2019 年造的，也是村里可以使用的资产。该村的闲置农房激活也是示范村，今年已经激活了 2 万多平方米。”

“我们这里企业比较多，所以向村里租房也多。我们是 4 个自然村并起来的，原来积累的大礼堂什么的全部租出去了。我们后山别的没有，土地是有的，我们最多的资源就是土地。”许书记介绍起来底气很足。

“你们是向农户收起来再出租吗？”上虞区委宣传部的章鑫科长问道。

“农户收起来的不多，我们有许多集体用房，我们的租金比较多，主要靠这个。现在我手头还有不少可以支配的房屋资源。但有些资源我们不着急租掉，因为租金也不是特别高，我们集体经济收入也还好，就手头留一些，以后再考虑出租。”许书记介绍说。

“你是‘大地主’，而且很有经济头脑，还颇能长远考虑，留得住部分资源，给你的后任者去调配。”我打趣说。

“我们这边土地征用，去年是 6 万元一亩，今年涨到 10 万元以上一亩了，所以我们就慢慢出租，给下一任留点资源。村里的集体经济资源，主要靠厂房出租、物业出租，上次度假区向我们村租了108亩地，他们种苗木用。”许书记说。

“百姓平均收入怎样？村里的低收入户怎样？”团队的孙东芳博士和马芹芬副教授问了一个核心的问题。

“应该在3.5万元以上。村里有十来个低收入户，一般都是残疾的，没有劳动能力，我们整个村人口是2100人，外来人口是300多人，原来（七八年前）应该有700人，现在厂房搬走了，搬到园区去了，因为对村里有污染。”许书记答道。

“丰惠最大的种田大户”

丰惠是个农业大镇，看到后山村成片的粮田，团队的马芹芬副教授问许书记，现在农业这块上面资助多不多？

“这个问题问对头了，许书记是丰惠镇最大的种田大户。”陈副镇长笑着说。

“我们是种田的，我们丰惠镇说起来还是我们种田最多。现在国家对粮食生产很重视，但粮价没有涨，我们主要是靠补贴款，多少是有些。我2013年开始种粮，价格比现在还要好，2015—2017年，粮价降了2毛钱一斤，现在每年涨一点，每年涨2分，要涨10年才行。和农户签合同时，说明以国家收购价为标准，所以承包款一直没有涨，老百姓也没有二话。现在劳动力、化肥、农机、农药全部涨价，说实话，挣不了几个钱，还不够个人开销，这一点老书记最清楚，对否？周书记。”谈笑间，许书记将“球”传给了西湖村的周书记。

“嗯，这倒是事实。我是办企业的，包装企业。我们这几个村干部，家里基本上是有企业的，丰惠镇村主要干部80%以上都有企业。当村干部是一种责任，尽管也算干部，但与你们国家工作人员不一样，上头鼓励我们经商办企业。村干部没有企业，要么人家说你吃饱了拿饱了，要么人家说你这里不行那里不行，所以村干部须有企业和产业。”周书记回应说。

“我们丰惠镇的书记都要向周书记学习，反正他做得最好。做书记的时间，周书记是30年，我当书记只有2年。老书记在的时候，我做了几年村长、主任。”许书记说。听起来，周书记似乎是丰惠村级干部中的“武林盟主”。

从量变到质变的全国文明村

考察了后山村的物业建设情况后，我们去了西湖村。到了西湖村，还没下车，就已经领略到村庄建设的美丽大气。放眼看去，西湖村的房子布局和文化建设融为一体，搞得很漂亮。

西湖村党委周焕梁书记谦虚地介绍：“我们的物业没有后山那么大，但我们像燕子衔窝一样，一年做一点，有一期、二期、三期、四期，加起来是比较可观的。文化礼堂是2010年造的，政府那时还没有推广，我们已经开始造了。这个小学是我当书记第二年造的，这个是2010年造的，用于卫生服务所和行政办公用房。这个是2016年造的，这个是2018年造的，原来色调不一样，后来外立面改造了一下。”

我们看到，西湖村经过统一改造后，现在所有的房子颜色都统一，跟那个城墙是配套的，前面还有体育场、党建广场。有关装饰很吻合丰惠镇的古镇定位，古香古色，很漂亮。前造与后造的颜色、风格都统一起来了。

“我们这里都是广场，村级公共服务广场、党建文化广场、健身场。我刚才说了，当书记时间要长，要整体规划，一张蓝图绘到底。”周书记不无自豪地说。

“我们丰惠镇最穷的村办公楼和资产性物业只有120多平方米，你看这里有1万多平方米。”陈副镇长告诉我们。

“我最喜欢造房子，造、造、造，后来钱没有了。”周书记非常幽默睿智。

“钱没有了，然后房子开始生钱了。”我笑着回应。

“是的，”周书记说，“一个村，钱不能存起来。我当了30年书记，财务还是赤字，亏空了大概300万元。”

“赤字都转化为村财富了。”我们说。

“我们有15000多平方米的房子，我们最牛的是人均资源多，我们村有3000人，人口负增长，但是基本农田有3200多亩。我们一年少不了100来万元的经济收入，是村集体雷打不动的经营性收入，物业有60多万元可以收，还有土地出租有40多万元。

“我们2016年将原来的房子拆掉了，造了村级便民服务中心2.0版。什么是2.0版？我们当时也搞不清楚，这些都是他们组织部统一布置的。我们的工作人员要在里面小的地方，好的地方要让给老百姓，给来办事的人休息，可以看书、聊天、喝茶。”周书记说。

“这个叫村庄会客厅。”我说。

“是的，客人是老百姓。村党总支部7个人当中，5个是支部委员，3个是村委会的，还有社工，我们的上班时间和政府是一样的。这位大学生是我们临时请过来的，给我们做数字平台。这段时间推进数字人民币，有政治任务。数字化建设确实要年轻人挑大梁，思想活、眼睛亮，像我们一些老同志确实不及他们。”周书记一边用手指了指一位年轻的女孩，一边介绍说。

“你怎么看这个数字化建设？周书记，是否对你们的工作造成一定的困扰？”团队的孙东芳博士问道。

“这个东西，对我们而言，跟支付宝是一样的，推进是否有必要，我们也有点想不通。上次我手机大致梳理了一下，我有二十七八个群，政府官方的党委政府群有20来个，有很多都是重复的，有短信、微信、浙政钉、钉钉、土地保护群等，所以说像我们这种老头子要赶紧走人。”周书记自我解嘲说。

“周书记尽管年纪大一点，但心态还是很年轻的，您看您的交通工具也是很新的，电车蔚来。”我笑着插了一句。

“哈，我这个人想得通，相信党和政府推行出来的电车，但电车最大的后顾之忧是电瓶，我是买了一个没有后顾之忧的电车，终身换电服务。”看来周书记对自己的电车很满意和自豪。

在考察村级硬件设施时，我们发现村里的党群服务中心配备很齐全，矛盾调解中心、党政综合服务中心等，都建设得井然有序。

“政府有的，我们都有。裘教授，像我们这种村，最大的烦恼和困惑，那就是要经常接待。而且这么多房子没有一间是空的，每一间房子都有功能：文明实践站、居家养老中心、救助中心……这还不够，官方各部门一有创意和亮点，就会想到我们西湖村。我的态度是，来的都是客，镇长来、副镇长来都是一视同仁。2006 年行政村调整，我们用十七八年的时间打造了今天的西湖村，像鸟衔窝一样。”谈话间，周书记当干部的大气和智慧跃然而出。像周书记当干部的这种理念和站位，确实是我们年轻干部需要好好学习的。

考察完西湖村后，我们出发去镇里。镇里的陈副镇长告诉我们，周书记这里资产多，是一个典型的“地主”。在干部们的引领下，西湖村农民的幸福感满满。

“我们这里的村干部都是能人。有的村干部，一年的工资收入抽个烟都不够，村干部要有爱心，要肯做贡献。我们那个祝家庄村的倪书记，工资是不拿的，开着公司，未来社区投资 3 亿元，他也是有股份的，自己开了企业，有厂房，还开了装修公司，光是厂房就有几千万，装修公司一年有 5000 万元的产值，他在祝家庄御花园还有农庄。

“祝家庄是祝英台的老家，那边梁祝文化的打造今年刚刚开始启动，投资 1.3 亿元，全都是度假区，管委会出钱的，今年梁祝主题公园安排了 3300 万元，基础设施安排了 3000 万元，水利河道安排了 1450 万元，区农业农村局安排了 1200 万元，总共加起来是 2 亿多元。明年还将启动‘乡村振兴先行村’的创建，所以，他们这一块的压力比较大，懂工程的人没有，管理人员也没有，但倪书记和区里面的对接比较好，应该问题不大。”陈副镇长介绍说。

在陈副镇长的介绍下，在我们眼中，祝家庄村党总支书记的治村型乡贤与企业家型乡贤形象越来越清晰。回眸中国学术史，“自张仲礼以来乡绅研究备受重视，乡绅往往被描述为乡村‘自治’力量”。[①] 在新时代中国，如何更好地发挥当代新乡贤在乡村振兴中的作用，加快强村富民的进程，是一个值得研究的理论和实践问题。

① 秦晖．传统十论：本土社会的制度、文化及其变革［M］．太原：山西人民出版社，2019：226.

“我作为干部最大的价值是工作时间比较长”

“我作为一名农村基层干部，自身最大的价值可能是工作时间比较长，把自己的30年献给了农村基层工作。”这是西湖村党委书记自我介绍的开场白。

我们的调研团队来到丰惠镇后，有幸获得周书记百忙中抽时间全程陪同。尽管我们来前，很可能镇里已经跟他说明了我们的调研概况。但见到周书记后，我们还是再次向他表明来意以及调研主题，恳请他围绕主题尽可能充实地介绍兴村共富推进情况、重点举措及对于强村富民工作的意见和建议。

周书记是个爽快人，他坦言，类似今日的座谈会也参加过几次，今天能够和绍兴文理学院的教授当面交流倍感荣幸，表示很愿意围绕团队提出的上述主题谈谈他的心声。他还坦言，“共同富裕”这话题对于他们农村基层干部而言是出得太大了，也难以归纳好，但他可以结合实际讲点东西。

“第一，农村里的建设，刚才各位去了后山村、西湖村，点评了我们西湖村的建设，看上去比较整体化。那么，乡村振兴该怎么做呢？我首先要谈谈人的问题，不是我们自己表扬自己，首先，作为一个村落社区，班子最要紧，现在的班子中，我学历不高，但村书记时间当得比较长。刚才，我在车上跟老师们也说了，我这个人的个性是喜欢想、喜欢思，要大胆做，但做之前要有正确的导向，要有前瞻性，不是只想着要高大上，这是班子的‘领头羊’要具有的一种素质。我也算得上是上虞区委党校的客座教授，我在党校系统包括新昌、嵊州都讲过课，我年龄已经该退休了，当书记也是最后两年吧，我常想我们是怎么走过来的？我是一上来就想做事，我也常说当书记的时间要长，当书记要创造一个效应——价值效应，要起到一种价值引领作用。其次，我们要做些事，这个事在我走了后能够传下去，所以我认为班子的建设，农村一把手的建设是最重要的，我们要有政治意识、大局意识、核心意识、看齐意识。我们小范围这样说说，有些书记就想，搞这么累干什么呢？这样想的人很多，所以我们首先要解决班子的建设问题。”

我觉得周焕梁书记讲得非常有道理，西湖村能够从一个名不见经传的普通村庄成为一个全国文明村，离不开村干部群体的忘我努力和辛勤工作。来自浙江绍兴的明代大思想家王阳明认为，当官的要为政以德，张祥浩先生也特别推崇王阳明“政措从人民的利益出发，虽劳不怨”。[①]

“第二，像我们这种村，为什么我书记做了 30 年经济还是搞不上去？我们没有发展空间，没有机会，绍兴、上虞的好多村有好几百万元、上千万元集体存款，万元的年收入算是低了，他们这个钱哪里来？就是土地。开发区旁、高速公路边、机场边造房子。像我们有钱的村，它没有资源，而且这个钱存着也没有多少用，分也分不来。百官有好多村，都是这样的。我们没有钱，但我们有资源，有 3000 多亩土地，这里面搞新农村建设也好，搞美丽乡村建设也好，政府部门在制定政策的时候，不要搞一刀切，而是要一村一品一策。我举个例子，十多年前，组织部门、新农办、农业农村局就鼓励壮大农村集体经济，鼓励造物业厂房增收。当时，这样做有点‘一刀切’，在上虞，有不同的区域，有海边的，有山里面的，有平原地区的，山上的，有下管、岭南、丁宅，他们那里物业厂房造了后谁去租呢？变成浪费了对不对？这个东西很现实的，有的地方物业厂房还没有造好，土地刚刚批下来，就有人来说，这块地上的房子我们想租啊！

“前几天，我们有一个 1200 平方米的厂房，8 号招投标，11 个工厂来报名。前几年，我们搞了个民宿，山里搞民宿是可以的，但是像我们村空余的农房一间都没有，这里离城市近，老百姓不愿意将农房腾出来，最破的房子都不愿意腾出来。所以，我们政府部门在制定壮大村级集体经济政策时，需要一村一品有特色！要量身定做，像倪书记，他们的梁祝是世界的梁祝，这是很少见的。多少的村还是要靠自己一步一个脚印干出来的、走出来、谋划出来的，这是我的一个建议，希望政府部门在制定政策时要根据一个村的实际情况量身定做。

“第三，我建议，今天我们陈副镇长也在，这么一个高层次的绍兴文理学院的调研组来调研，我们要说实话，考核机制有待于科学化，要接地

---

① 张祥浩．王守仁评传［M］．南京：南京大学出版社，1997：181．

气，也要因地制宜。你这个村，我考核后，将你评为五星3A村，五颗星，党建、文明、富裕、和谐、美丽星，你要将考核落实下去。我上次开了一个玩笑，在考核我们大村时要考虑到人口因素，比如说我们的环境卫生、长效保洁，考核机制和村的实际情况要结合起来，要越来越规范。”

周书记不愧是做了30年书记的老干部，对于农业、农民、农村工作的痛点和难点知根知底，对于农业农村工作充满感情，所以在分析的时候入木三分、透彻在理，让人不得不敬佩。

“很感谢周书记的肺腑之言，这也是我们调研中要重点思考的问题。周书记讲的都是实在话，作为全国文明村，周书记有很多工作经验，在工作中有很多特色和亮点。你刚才重点讲到村庄治理和建设的切身感受，我觉得很值得思考，村与村的差别是客观存在的，作为政府部门，如果高高在上，单单脑子拍一拍，‘我们就这样做了！’很可能很多村叫好，也有很多村叫苦。我们刚刚从岭南乡回来，那里就面临着人口流失的问题。很多村民带着孩子去城里入学、创业，乡下剩下的也就一些老人、妇女。这些老人中，六十岁还算年轻的，七八十岁的占多数。请问，你怎么可能在这样的一个乡搞厂房出租？所以，每个村、每个镇都不一样，不管是干部的考核，还是村庄的强村建设、富民建设，都不能搞一刀切，这些都是切身的体会。”我总结说。

祝家庄的梁祝文化

参加丰惠调研座谈的，除了西湖村的周书记，还有祝家庄村的倪相伟书记。祝家庄村是著名的英台故里，坐拥世界爱情绝唱《梁祝》女主角祝英台家乡这一得天独厚的名胜资源。祝家庄村还拥有成片优质粮田，是丰惠有名的粮仓。作为这样一个村庄的一把手，其治村和建村理念如何？对于“兴村共富”有怎样的思考和实践？这些都是我们所关心的。

基于此，我首先问了倪相伟书记一个问题：“倪书记，刚才我们听了全国文明村——西湖村周书记的肺腑之言，你作为全世界都有名的祝家庄村的年轻‘领头羊’，能不能跟我们讲讲你的治村和建村理念、特色亮点、在工作过程中碰到的困惑和思考？老书记有老书记的工作经验，年轻干部有年轻干部的主政理念，希望你能给我们讲一讲。”

“好的！”倪书记不紧不慢地开了腔：“裘教授，很荣幸能参加今天您团队的这个调研座谈会，我简单地将祝家庄村实际在做的事情跟各位专家学者介绍一下。”

“第一，我们祝家庄是梁山伯与祝英台爱情绝唱的英台故里，有流传了几千年的历史故事。现在，我们这个村也是比较受关注的一个村，前几年区委决定对祝家庄及周边环境进行连片的改造，现在我们在着力解决的主要是土地指标的问题，现在的土地审批非常麻烦，耕地不能占用，所以很多事情做起来更难了。我到村里时间不长，还只有两年，我们村里今年完成了全村土地的承包经营流转，将全村 240 多亩土地全部流转给上虞区供销社，由区供销社集中打包运营，我们一个邻村的 200 多亩农田也全部流转给我们了，一起打包给供销社运营。这样，以后土地的种收将全部采用机械作业。连片后可以打造高标准的农田，可以做成一个兴村共富亮点。我们现在还在推动农文旅的一、二、三产业联动，老百姓每年能够拿到固定而且是递增的流转费。我们还跟供销社合作搞综合加工厂，把全区的大米加工基地建在我们祝家庄，厂房由我们来造，设备由他们来投资，以后大米跟省农科院合作以后，将品牌打出去，可以卖到 8—10 元一斤。我们村民是在经济合作社入股的，他们可以每年分到红利。同时，我们村集体也壮大了。这个东西，我们今年已经在实施、在规划。

“第二，我们要建强村公司，我们祝家庄村以前是工业厂房很多的村，我们丰惠镇的很多百强企业都设在我们村里的。那时，丰惠镇 70% 的经济产值就是靠我们祝家庄村。现在，随着劳动密集型企业慢慢被淘汰，企业开始走下坡路了。我们准备组建强村公司，把那些停掉的厂房反租过来搞民宿，由第三方团队来开发，我们今年已经谈下来，由叫‘星宿’的品牌民宿来具体运行，我们村里来控股，企业厂房业主也可以参与进来，三方共同盈利分享。

“第三，我们在打造文旅品牌——‘英台文化’。我们自己设计了一个文创产品——英台 IP，打算在 2022 年 9 月 30 日发布，搞一些集会。我们要发挥上虞乡村振兴先行村的优势，我们已经进入了上虞的先行村，今年是培育阶段，明年就正式成为先行村了。我们准备搞些夜市、集市，让老百姓不用出村就能将土特产销售出去，能够实现增收。

“现在，最重要的，归根结底还是土地问题。我们现在村级集体经济也好，一、二、三产业也好，都还算可以的。我们还引进了省供销社投资3.4亿元的未来社区，目前正在建设，这是集康养、旅游、医疗、文化、教育为一体的项目，这样弄好以后就能够带动老百姓的就业，老百姓可以更好地实现就业。

“此外，我觉得农村的环境整治力度还是要加大。我自己本来有一个想法，那就是空心村整治，空心村整治大约花费400元钱一个平方米，我们村总共有1000多户人家，2500多村民，我们是由4个自然村合并的，我从小就在祝家庄长大，已经过去40年了，说实话变化并不太大。现在，农村的基础设施都好了，主要问题是20世纪七八十年代留下的房子很多，存在很多安全隐患，也影响了村容村貌。老百姓其实也是很迫切地想改造一下老房子。现在，我们希望在打造先行村、五星3A村资金的支持下，呼吁一下，将老房子推倒，重新规划建造一下，这样老百姓得到了实惠，政府方面也可以统一农村的建设风格。现在，省委也提出要统一农村的风貌，你如果仅在外立面改造一下，实际上是治标不治本的。我们也恳请各位教授替我们呼吁一下，希望在新农村建设方面能够继续加大力度。”倪书记很健谈，讲话也很有逻辑，更是充满了一种由内而外的自信。

听了倪相伟书记的话后，我发自内心地说：“倪书记尽管当书记时间不是特别长，但对于村庄发展的整体规划，对于村庄发展的痛点和难点问题，在脑子里面都是盘算得特别清晰，我们村里可能特别需要这样的年轻干部，将村里的各项工作推进好。”

“对于倪书记提到的老房子的整改问题我也深表关注，也不仅是祝家庄村和丰惠镇，其他不少农村事实上也是有这个情况。大量的老房子，你说将其修缮一下作为村里的文化记忆吧，其实也很难做到。因为很多老房子实际上很难修缮。就像一个人一样，你的骨头都已经不行了，给你外面穿件新衣服怎么行呢？又有政策层面的牵制和上面管理的限制，包括户口问题的牵制，最终成为村里的安全隐患。所以，要结合美丽乡村建设，结合共同富裕特别是精神富裕的需求，把这个问题推进一下，我们也要呼吁一下，在调研报告中也要重点提一下。也谢谢倪书记在这方面给我们补充重要信息。另外想问一下我们倪书记，祝家庄村作为我们丰惠镇的明星村，一年下来的村集体收入大概有多少？”我问倪相伟书记。

“在2021年村集体经济收入可以达到120万元，主要来源是土地流转这一块，供销社给我们资金的补偿，这是每年都有的。还有所有的厂房的垃圾卫生费一年下来将近40万元。因为卫生保洁本身也是我们村里日常要开展的工作。现在都已经机械化了，他们将垃圾桶放在外面，我们派车去拉。我们也是跟他们签了合同，五年一签。现在农村关于环境卫生的检查也多，费用也高。像以前周书记在西湖村评选全国文明村的时候，在环境卫生方面也是花了很大的工夫。”倪书记回答说。

我问倪书记：“祝家庄村百姓人均收入怎样？”

“4万元，我们这里解决劳动力就业没有问题，大大小小有97家企业，其中有两家规上企业，也是我们村里的乡贤在经营，所以解决劳动力就业方面确实没有问题。”倪书记回答说。

我又问：“我们村里的乡贤组织、乡贤型企业家对村里的贡献如何？”

“那还是相当可以的，我去了村里后组织了一个祝家庄村乡贤联谊会，总共筹了250万元的乡贤会基金，75周岁以上的老人每年分600—1000元不等的慰问金，困难党员和群众按实际情况予以补助，大学考上的，家里是单亲家庭的，4年的费用由乡贤会负责，受大病折磨、家庭困难的，给予2万—3万元的医疗资助。对于75周岁以上的老人，我们在每年中秋节都分发慰问品。我们村里的企业家还是很有担当精神的，对于村里产生的很难常规开支的费用，他们都会主动伸出援助之手。我也切身感受到这些乡贤的力量还是蛮大的。他们对家乡都抱着很大的希望，也是抱着对家乡的情怀。”倪相伟书记答道。1919年6月28日，列宁曾经高度评价工人们“共产主义星期六义务劳动”，认为这种不领报酬的加班工作大大提高了劳动生产率。列宁称之为“伟大的创举”，他还称赞道：“难道这不是极伟大的英雄主义吗？难道这不是具有世界历史意义的转变的开端吗？”[①] 所以，我很认可倪相伟书记的观点，乡贤作为乡村治理和建设中的精英力量，他们对于村庄建设的公益性劳动和无私奉献对村庄志愿文化的建设是极有帮

① 列宁选集（第4卷）［M］. 北京：人民出版社，1995：17.

助的。

“乡贤组织的运行，我们周书记也是搞得很好的吧？”我转身问一旁的西湖村的周书记。

“乡贤这一块我们有是有，但说实在的，老板没有倪书记他们村里多，我们那里企业比较少。”周书记如实相告。

“我们这里企业确实多一些，最早的劳保用品生产基地就在我们祝家庄村。”倪书记说。

我问倪书记：“祝家庄村乡贤力量这么突出，倪书记这边有没有相应的激励机制？”

“我们镇的书记和镇长经常去表示谢意，他们有什么困难，我们村里也会尽量予以配合解决，每个月，我们至少开一次座谈会。”倪书记说。

“对于出力的乡贤，村里有没有予以相应的荣誉？”我又问。

“我们村里有的，当然我们村里分量不够，恐怕需要镇一级出面予以表彰。老板一般也不缺钱，我们只要是代表村委去慰问他们的父母，每年春节和重阳节，我们都去的。我们上虞是一个孝德文化城，一些人一旦有了钱就会更加注意尽孝。英台说实话也是孝女，英台不孝就不会嫁给马文才了。”倪相伟书记说。

“我这边还有一个问题，我们现在就党政层面而言，说起来也是为了加强管理，也算是我们浙江省的亮点吧，那就是对数字化建设的要求比较高。刚刚我们老师们跟周书记也在探讨这个问题，很多的应用软件（App），都要求村里落实好，你作为一个非常年轻的村书记，你怎么看这个事物？”我问倪相伟书记。

倪相伟书记答道：“我们现在班子成员在村里推行党建引领数字化，这个运用我觉得还是蛮好的，我们一些党员和志愿者通过这个平台加强和有关同志的交流后，至少让他们感受到，我这份工作也是一份责任。我上次也对他们谈了我的意见，不是因为你是一个网格员，完成本职工作后就没有事情了，就在群上发发通知好了，你必须要去做好你这方面的工作，包括今天来了几辆车你也要知道，哪一户人家房子租出去了你也要知道，这个就是你作为网格员的责任和担当。现在的数字化改革，我觉得老百姓一开始肯定是接受不了，包括村干部也是一样，包括我也是一样的，‘浙里乡村共富’什么的也是慢慢地弄起来的。现在用起来后感觉还是很好的，上面的任务派下来后我们通过平台分派下去效率还是挺高的。刚刚我跟陈镇长也在探讨，我们作为先行村恐怕在数字乡村建设方面也要做些示范和推进工作，包括我们跟供销社这一块也在搞数字农业。”

倪相伟书记作为“80后”书记，对数字化技术似乎有一种与生俱来的适应能力，尽管自己对数字化技术也有一个适应过程，但从他的话语看，对于数字技术的运用不乏一种自信和底气。农业、农村、农民的现代化需要有与时俱进的“领头羊”，像倪相伟这样的新生代村干部无疑是乡村振兴极其需要的优秀干部资源。另外，值得一提的是，倪相伟书记在担任村干部前就是一位成功的企业主，在当地小有名气，无疑是一位活跃在上虞的经济精英。毛丹先生认为，精英阶层是指直接握有社会资源的人，这种人的生存发展得到最充足的保障。① 让我们感到欣喜的是，一群像倪相伟一样的乡村基层企业家正在通过担任村干部等方式，将很大的精力投入家乡的兴村共富工作，并将之作为体现自己人生价值的重要场域，这无疑是值得肯定的。

我接着问：“也有一些干部觉得，数字化建设好处肯定是有的，就是觉得投进去的精力和时间多了些，对其他工作的开展有一定的影响，甚至对基层工作带来比较大的牵制，关于这个问题你怎么看？”

倪相伟书记说：“我是这样想的，我作为区里的代表到绍兴组织部举办的有关活动中也去演讲过，我觉得现在主要的问题是村书记的年纪太大了，真的要年轻化，主要是思想不一样。我是“80后”，我年纪其实也不算小，41岁了，数字化的推进真的跟干部的思想有很大关系。我父亲也是做村长的，叫他去研究数字化，他肯定是难以适应的。又比如一些年轻的小姑娘，有关数字化的项目，他们随便搞搞就完成了。所以，我的想法是，要专业的人去做专业的事，要让年轻一代人去做年轻一代的工作。村里的事情确实是多的，你要合理地去分配。我仅做了两年书记，我其实还不太有经验，但最起码一点，我们要有敬业精神，这一点我是清楚的。”

最后一句话，倪相伟书记说得铿锵有力。

---

① 毛丹．中国农村公共领域的生长——政治社会学视野里的村民自治诸问题［M］．北京：中国社会科学出版社，2006：234.

振兴村集体经济需要“一村一策”

为了配合我们团队在丰惠镇的调研工作，除了邀请几位村里的书记参加本次调研座谈会，陈副镇长还安排了镇政府农业办的蒋玲玲副主任、农经中心的叶芳主任等干部参加调研座谈。我在座谈会上提议，既然诸位在百忙中过来了，大家能否围绕强村富民工作，结合自己的分管业务讲一讲。

农经中心的叶主任说：“在几个相关联的乡镇中，村集体经济这一块，我们镇可能是最薄弱的。我前段时间还在写整改报告，也分析了相关的历史原因。现在村里的收入主要来自两块，一块是资源，一块是资产。村里的主要农田、山林、水塘资源一般在 20 世纪 90 年代就已经发包出去了，而且发包的时间很长，一般有六七十年，当时还没有并村，发包的价格也很低。对于现任的村干部而言，他们想要做的事情，就是挣钱，但是他们手里已经没有资源了，他们没有东西可以包出去了。我们现在要增收的话至多从资产上去做增量。资产的话，一般是做物业房，但是物业房也要看地理优势的，离乡镇比较近的几个村有地理优势，厂房、市场有人要来承租，但是山里面的物业房就根本租不出去的，他们这个房子是不太值钱的，土地也是不值钱，有些土地租出去甚至只有几十块钱一年，而且还没有人来包，给他们招标，招了几次都流标了。有些村想要土地指标，但是，土地这块东西，你又不能去动它，特别是耕地，只有建设用地才能用来造房子。所以，有些村在土地批不出的情况下，还是造房子做厂房，这样，由于没有领消防等有关证件，万一出事情，这个风险是很大的。”叶芳主任是浙江大学的毕业生，在乡镇基层已经工作多年，各方面的情况都比较了解，所以介绍起来非常清晰明白。

“所以，尽管都在搞兴村共富，但是村与村的区别很大。”我表示赞同。

“是的，”叶主任说，“有些村有土地，但是没有人来租。有些村没有土地，却有很多人想租。有价值的没资源，有资源的没价值。承租出去、发包出去的尽管很便宜，但是都是合法的，你现在要想收回来，也没有法律依据。不少资源承租 30 年还算少的，有不少都是六七十年的租期和包期，甚至还有长期的无时间规定的承租资源。”

“国家的土地承包法也是 2000 年左右才出来的，在此以前对于土地承包没有很明确的时间规定。现在有关法律规定，土地租赁最长不得超过 20 年，问题是有不少土地并不是按照租赁的方式租出去的，而是参照土地承包法承包出去的。所以，现在村里能动脑筋的就是建厂房，刚才你们去过的后山村，就是和下王联建，它上半年就是增收了 10 万元，这几天可能又有一笔钱可以进来，因为他们是按照四六分成投资的。”

“57 万元，四成就是 22.8 万元。”陈副镇长补充说。

叶主任接着介绍：“祝家庄都是通过土地流转，承包权是不流转的，它是经营权流转。根据有关规定，向流入的企业提供管理服务，它就可以收取管理服务费。这个是可以进入村集体收入的，而老百姓的流转费是不可以去截留的，必须要原封不动地转给老百姓。

“土地流转，如果面积比较大，需要对有关企业的资质进行审核，要看它有没有这个经营能力，不然的话，它有可能把这个承包地荒废掉了。现在国家都有一个土地流转的模板，面积大的话，我们也是要跟区里申报的，区里也是要来审核的。现在关于土地流转，上级是鼓励的，区里包括绍兴市都有相关的奖励政策。他们对于流入方也是有奖励的。”话语中，不经意间彰显出叶芳主任对这块工作和有关政策的熟悉程度。

“这里面最大的问题是，土地承包出去，要承包的人太多，但是国家有严格控制，原来种粮食的还是必须种粮食。我们原来土地包出去都是 1997—1998 年的事了，也就是土地没有人要种的时候，当时很多土地都荒废了。现在土地又值钱了，但是，国家的法律和政策将土地控制牢了。那时土地承包下来后可以对用途进行一定的调整，搞花木、养殖、果木什么的，现在一律不能搞。种粮食的必须种粮食，而且要你复耕，所以陈副镇长这边压力很大。但是现在粮价不涨，因此，土地承包款也高不上去。像我们村造了旅游度假区，占地 158 亩，1500 元钱一亩一年，这个租金是很高的。如果种粮食，承包款是 500—600 元一年。种粮食如果你一亩收 1000 元以上的承包款，他就要亏损了。由于这个原因，我们这里的区域经济就是上不去。因为种粮食的价格不是市场化的，是由国家来控制的。”

西湖村的周书记说。做了 30 年的书记，周书记对农村土地承包和流转政策的变迁了如指掌、如数家珍。

“所以，国家应该进一步考虑怎样在政策层面来扶农。”团队的马芹芬副教授说。

“这个国家有种粮补贴，但是种粮食的补贴并不高。”区社科联的王赛君副主席说。

“粮食本身价格是卖不高的，国家有控制。你要盈利，就要考虑粮食深加工。我们和区供销社合作，就是搞粮食深加工，这样村民就有利润，村集体也可以推进共同富裕。这个只要区委、区政府下一个文件就可以，给全区的所有机关食堂提供的粮食卖 8 元钱一斤，这个老百姓能够做得到吗？显然是做不到的。我们流转给他们是 700 元一亩，你个人去出租是租不到这个价格的。”祝家庄村的倪相伟书记说。倪书记年纪轻，脑子活，信息灵，人脉广，显然更有能力为村民谋福利。此外，倪书记手里还有装修公司等不少实业，这使他的谈吐中彰显出经营性治理村庄的理念。

“他们的理念和思路是提高附加值，种稻子还是种稻子，但是打好品牌，提升质量，我们普通的农田是租不出这个价格的。”西湖村的周书记说。

“如果私人种，很多人不想种，很多土地就会荒废掉。现在，由区供销社租赁，农民也放心，政府也放心。由区供销社来经营农田后，他们会利用他们的技术优势、经营优势、理念优势，打造高标准的农田。我曾经到一个江苏的高产优质示范粮食产区去参观过，那里根本看不到粮田中有一根电线杆。我们今年就开始打造这样的高标准农田，否则，你的农田里东一根电线杆、西一根电线杆，还怎么搞机械化操作？我们在江苏曾经参观过的高标准农田，真的是搞得好，我们以后要走的就是这样的发展路子。”倪相伟书记说。

看来，走高标准、高质量、高收益农业发展之路，已是祝家庄村倪相伟书记坚定不移的一个努力方向。

“我们以前都喜欢吃东北大米，现在发现江苏大米也挺好吃的，为什么呢？因为品质提高了。”我插了一句话，听到倪相伟书记聊到江苏的农田，我想起上次在绍兴一家本土超市里买到的一个江苏品牌的大米。以前，我们家里总喜欢买东北大米，因为习惯了东北大米的口感和品质。然而，上次吃到的江苏大米却让人印象深刻，吃起来软糯香甜，口感和品质丝毫不比东北大米逊色。

“所以，作为村干部，我们要解放思想，把优质的资源引进来，把优质的项目引进来，这样才能共同富裕，否则共同富裕就只能停留在嘴边。上次换届的时候，我也跟他们说，我们要发挥自己的智慧，去创造共同富裕，而不是等人家给你钱，这是不可能的事情。”倪相伟书记不仅很有底气，也很健谈。

“据了解，我们丰惠镇这边有几个村集体经济是比较薄弱的，我们这边集体经济收入最少的村大概每年有几万元收入呢？”我问丰惠镇的干部。

“我们统计的有两块，一块是总收入，一块是经营性收入，经营性收入最少的一万元都不到。至于总收入那就很难说了，因为有时候，有一个几十万元甚至几百万元的项目进来了，其实是需要村里配套的，很可能村里一配套，资金就更紧张了。”镇农经中心叶芳主任回答说。

“我们丰惠镇各个村平均的经营性收入是多少有没有相关数据？”我接着问。

“我们这里的要求是经营性收入达到 35 万元，最后考核都是通过的，其实是达不到的，是政府财政给予补助了。达到的几个村就没得补了，他们就觉得自己吃亏了。”叶芳主任如实相告。

“这个实际上就是考核机制的问题，最后你达不到的，由政府财政来兜底，目前是这样的考核机制。这种考核机制，实际上是培养懒惰人。”西湖村周书记说。看来，他对政府兜底的这种做法并不是很认可。

周书记和叶主任的话让我想起了上个月我们在诸暨一个村的调研，被调研的村庄在当地很有名，也是全国文明村、浙江省乡村振兴先行村，金灿灿的牌子很多，但是我们一了解，其经营性收入一年也不到 30 万元，它原来搞矿山开发，现在已经关停了，最后也是政府帮扶，才达到上面规定的消薄收入水平。

这时，我们团队一位成员问：“请问叶主任以及相关同志，有没有考虑过，村集体经济收入较低的村庄，由镇里出面牵线，加强和区供销社等有关部门、企业的协作，加强资源和资产的整合重组，提高其承包和租赁收入？像倪书记这块做得比较成熟，但可能也有一些村庄，思想不是很超前。鉴于此，是否可以由镇里出面做老娘舅，跟供销社合作，提高土地的产值？”

这时，镇农业办的蒋玲玲副主任回答说：“祝家庄的整村流转当然是非常好的典型和样板，但是，第一点，它是有它的先天优势在的，它的土地本身就比较连片，但我们每个村的情况是不一样的，我们虞南山区的地貌是一半山一半田，好多村的土地资源是分开的，这是地理方面的禀赋差异。你就算求助供销社这样的单位，对于一些村庄提出的合作邀约，他们也是要挑选的，也要有经济收益才会去。假如一个村的田地本来就非常分散，对它来说，哪怕全部收起来，它的机械化程度也不会很高，成本依然会非常高，供销社也要考虑一下，我要不要将整个村给吃下去？

“第二点，也是非常现实的原因，像我们丰惠，粮田非常多，在整个上虞的产粮区中我们算是主产区，我们有非常多的田，我们也有非常多的大户，这意味着什么呢？有关文件规定，只要承包 25 亩田以上就是一个大户，这就导致我们整个镇大约有 200 个大户，这样的体量一直都在，你去想想，如果你到村里去做工作，将散落的土地给收集起来考虑流转，其实一些农户，特别是年纪大的农户是不愿意的，因为有点田他可以搞点粮食、作物等满足自身的需要，而如果他的土地流转出去了，他拿到的无非是固定的流转费。哪怕是每年有递增，也不可能有很高的收入。有些人六七十岁，一直在种田，种了二三十年田，本来就指望着国家的粮食补贴，自己种粮一方面是自产自销，另一方面是国家的补贴可能每年也有二三十万元的收入，你说你全部给他流转出去，他肯不肯呢？如果真正要达到这个目的，我估计起码要 10—20 年后，要等到这些老农都退了，没人种田了，这个时候政府就可以实施了。这是另外一个需要考虑的现实问题。”蒋主任说得非常在理。

“有没有可能由村里的大户出力，给村集体一定的经济支持，增加村级经济收入？”团队的马芹芬副教授问道。

“您的意思是村里向大户收取一定的费用？这怎么可能呢？”年轻的蒋主任似乎对马副教授的问题感到很不可思议。

这时，西湖村的周书记插话说：“这个可能性是有的，像我们村就是这样做的，这里实际上还是涉及‘一村一策’问题。因为一块田，单靠他个人是租不出去的，通过村里的经济合作社帮他租出去了，我们收回来的时候，基础设施是我们搞的，村里是出钱的，还有一个，我们租出去的承包款是比较贵的，我们至少800—1000元每亩，甚至高达1500—1600元每亩，他个人可能500—600元每亩都租不出去，这个实际上还是涉及政策的问题，假如我们没有皂李湖旅游度假区，这每亩1500元谁来租呢？他们为什么到祝家庄，为什么到我们村里来？祝家庄有一块无形的资产，我们则是全国文明村，我们的基础设施比他们好，这里有很多的具体情况的。”

“所以说，祝家庄村的文化IP能够搞起来，是因为它有非常好的基础和背景，而对于我们政府层面来说，我们要搞好每个村，问题在于并不是每个村都有非常好的文化IP，普通的村庄能搞出文旅产品吗？是搞不出来的。”镇农办蒋主任说。

“现在农村壮大集体经济，我认为最好的办法是走飞地之路。现在政府在政策层面已经有了部署，但是推行的力度不大。”周书记聊到了我们很关注的飞地问题。

“飞地项目确实很好，像我们上午看的后山村。该村帮扶下王村，他们来投资，借人家的宝地来‘下金蛋’。事实上，我们整个浙江省也这样在搞，我们浙江省不是有26个山区县吗？他们和沿海县搞的‘山海协作’模式中就不乏飞地项目。”我顺着周书记提出的话题说。习近平总书记在浙江工作期间，也非常重视山海协作工程的推进。他积极推动“山海协作”，十分重视对贫困山区的精准扶贫。[①]

这时，祝家庄村的倪相伟书记又接过了话题：“裘教授，我倒是觉得飞地不可行，你说后山村投了800万元，每年收益50万元，要十多年才能收回成本，有什么意义呢？我还不如将置换出来的土地全部推倒重来，有我们自己的强村公司来开发，你搞50套房子就是五十亿元，这样老百姓就可以直接致富啦。你说政府给你200万元、300万元，你没有钱，就靠三七开，其实你的压力还是蛮大的。”

“倪书记，这是你从你所在村的角度来考虑村庄的运营，问题是有些

① 中央党校采访实录编辑室．习近平在浙江（上）［M］．北京：中共中央党校出版社，2021：56.

村并不具备你们村这样的优质旅游和人居资源。”我回应说。

“刚才在说土地不一样、价格不一样什么的，我们村的土地就可以达到 1000 元一亩，老百姓就可以拿到，所以土地的流转是必然的，所以五年之后必然全部奔向机械化。”倪相伟书记说。倪书记年轻气盛，讲话充满自信，有些观点也很犀利，我想，这跟他自身所拥有的实力是分不开的，也跟他所坐拥的祝家庄村优质村居资源是分不开的。

“新农人唱主角，的确是以后农村发展的必然趋势。”我赞同说，尽管我认为倪相伟书记对飞地的观点有待商榷，他对于农村发展趋势的判断倒是我所认可的。

“你要挣钱，靠什么资源来挣呢？现在土地最紧张。如我们西湖村，老百姓私建的房子有 580 多亩，如有条件，我们另外腾出 200 亩，这 200 亩我们去开发，叫他们去买商品房去，这个钱是最好挣的。但这个是典型，推广不了的。我们 500 多亩的建设用地假如可以整合后推向市场，这个钱是多得不得了。”西湖村的周书记在言谈中彰显出他的务实思想和精明理性。

“假如村里有钱，还不如去百官城区买点商品房，肯定会增值的，这是我对我们村民的建议。你说搞飞地，还不如搞商品房。你说投入 800 万—1000 万元在农村造厂房，厂房的增值将是一个问题，而且厂房还要折旧，有什么意义呢？老百姓要分享共同富裕，我觉得关键是村里面的利益分享和爱心接力。如在我们村，所有老百姓的‘越惠保’，全部由乡贤免费保。尽管只有 100 元钱，但老百姓感觉到实在的温暖。”倪相伟书记继续阐述他关于村庄的经营性理念。

“去城区买房子，其实在某种意义上也是飞地。办法是靠人想的，商品房也好，厂房也好，都可以飞起来。”我笑着说。

“蒋主任、胡主任、叶主任，对于我们讨论的主题，你们还有什么好的建议和意见？”我问几位丰惠镇的干部。农业办的胡赵锋主任一开始有事，忙完后也过来参与我们的调研座谈会。刚才我们讲话，胡主任也一直在听，他回应说：“我这里村集体收入这一块可以稍微补充一下，我们这里，低收入的体量也好、户数也好，在全上虞可能也是数一数二的，基数比较大。到目前为止，在系统里面，我们还有 532 户、730 人。低收入增收方面，我们目前在做的工作是这样的，我们现在整个上虞区在搞‘一户一策一干部’这样一个举措，相当于每一户低收入家庭给他们做一个档案分析，看一下这户人家到底是因什么原因致贫的，现在家里的人口数包括劳动力怎样，各方面分析一下，现在我们区一级和镇一级都有结对干部的，每一户低收入农户都有一个对口的干部在帮扶的，要求是每个月都要去走访一次，在了解到这户人家有就业能力的前提下，一方面是鼓励他们去就业，另一方面是向他们倾斜村里的一些公益性岗位，如保洁员也好、护林员也好、山塘水库的管理员也好，增加他们的收入。对于一些没有劳动能力的，我们在政策上的帮扶也是有的，国家层面也有相关的政策，大家在做的其实也差不多。但是，我们有一个困惑，那就是怎么样去培育他们自身的造血能力?”

胡主任接着发言：“我也听说过，有些村干部兢兢业业一辈子，退下来后也没有什么待遇。村里有几个懒汉，村里倒是将他们照顾得好好的，一年下来也有不少钱。他们一个月有1050元低保费可以领的。”

“的确，共同富裕也不能够培养懒汉。”我点头赞同。

胡主任接着说：“他们拿的钱比人家交养老金得到的保障还要高些。可能那个标准也有些问题，村里也有些反映，村里有些人明明很困难的，但不知怎么搞的，后来村里将他们的低保资格取消掉了，说是不符合要求。”

“所以，怎么样能够真正合理地处理共同富裕道路上对困难群众的帮扶问题，怎么样能真正鼓励群众劳动致富，值得我们进行深入思考。共同富裕不是平均主义，这个问题怎么样解决，我们也要重点考虑和调研。”我听后回应说。

农村里土地是个宝，文化也是个宝

这次到丰惠镇调研，主管农业的陈波副镇长一直在旁陪同。陈副镇长原来在区司法局工作，现在到丰惠镇锻炼，工作很有思想，也很务实。本次调研，陈副镇长负责接待，各方面的安排非常用心，我们也希望听听他对于丰惠镇强村富民的思考和探索，于是，我问他：“陈镇长，你能不能再从农业分管领导的层面给我们讲讲丰惠镇强村富民方面的推进情况？”

陈副镇长显然是有备而来的，他回应道：“裘教授好，在强村富民方面已经在做的也好，以后要加强做的也好，我就再补充一下有关的内容。

“第一，开展村庄经营，我们要求是积极向上。比如村里的物业，前几年五云村物业、厂房建起后已经出租，主要是增加村里经营性的集体资产。村级物业，2019 年我来之前建设了一部分，我来了之后七八个村又建成了一些村级物业，增加他们村里的经营性资产。

“第二，盘活了现有的文化礼堂、老年活动中心等村里控制的资产性房屋，进行经营性出租。举个例子，刚才西湖村周书记他们拆除了原来村里的大会堂，建成了老年活动中心，将一层、二层租出去了，每年能够增加 15 万元的集体经济收入。又如西郊村，刚刚建了一个新的文化礼堂，将旧的文化礼堂闲置下来了，将它盘活出租后也能增加 15 万元收入。刚才去过的后山村也一样，将旧的文化礼堂租出去做酒店，有十多万元的经营性收入。

“刚才我们有关同志还说了，我们丰惠镇还有 18 个绍兴市集体经济相对薄弱村，说白了就是穷村。我们现在有一个富村带穷村的物业联建——飞地模式，这个我们已经在做了，包括刚才看到的后山村和下王村的联建项目。主要是利用他们的区位优势和外来人很多的特点，搞联建型物业。像后山村，每年可以给下王村 17 万元。下一步，我们有一个六村联建和四村联建。六村联建是六个穷村集体大包抄，造三幢厂房，投资 1200 万元，占地 12000 平方米左右，区农业农村局给予相关的资金支持，我们镇里现有的资金再带入部分，区、镇、村三级解决资金，相当于六村联建、三级联动，达到村级集体经济收入区域性共富。我们准备一片片来，这六村是东边的六村。三溪小学那边还有四个村，我们在那边也想搞区域性共富，一块又一块地解决，这个是村庄经营方面。

“盘活农村闲置的土地方面我们也在做一些工作，比如，后山村有不少闲置的土地资源，他们在考虑进一步盘活集体的土地用地。除了物业和厂房，还有一个就是空心村整治，空心村那块涉及 180 多户人家，他们准备推倒重建，通过土地集约后能建 230 户，还有 50 户可以调剂出来，可用于承租或出让。搞空心村整治一下子多出 50 套房子，350 万元一套，那就是 1.5 亿元。本来 180 户人家是东一户、西一户的，现在集中规划连片了，造排屋，集约用地，可以多造 50 套房子卖掉。

“刚才祝家庄村说的土地盘活资金整村流转，其实也是盘活了农村的闲置土地。刚才几位书记也好，办公室主任也好，各有各的想法，但是，我觉得，祝家庄一定有其优势，因为它为什么土地能够承包出去，他们村里有 97 家企业，村里老百姓基本上到厂里打工去了，那么种田的就比较少了，所以也是有个前置条件在的。因为厂里收入比较高，土地抛荒性浪费比较多。所以他们有 1200 多亩土地可以集中供给区供销社。所以每个村有每个村的村情。祝家庄二期还有 400 多亩土地，可以整村流转给供销社，这个是土地盘活上的一些工作情况。

“第三，我们也在推进多样化的强村富民之路，包括村企结对，村级层面准备大范围、大面积地推广，比如渔门村，很穷，年集体经营性经济收入 1.02 万元，已经在搞了，准备跟上市公司结对 10 年，每年给他们村 25 万元，这是已经在搞的。接下去我们要搞的是国有企业和村庄之间的结对，主要是企业和村之间实现资产、资金等要素的流转。怎么流转？比如，我们村有物业，他们进行托管，每年给村里一定的租金，这个物业由国企去负责运营，可以出租也可以投资。如我们镇里一个村，供销社每年托管并给予 40 多万元的资金，就是托管给供销社下面的一个企业，如何经营？国企自己去搞。国有企业和村之间的联合除了资产、资金要素的流转，还有一个，刚才讲到祝家庄有 1200 多亩土地的整村流转，此外，我们还要建设一个粮食加工厂，就是延长农业生产的链条。本来就是农业生产，我们还有加工、包装和销售，就是延长产业链。这个怎么做呢？我们有两套方案，一套就是我们祝家庄村解决土地问题，粮食加工厂负责投资，我们祝家庄村先将厂房建好，交给供销社去经营，我们将资产流转给他们。还有一个方式，就是我们向区农业农村局争取立项，四个村就粮食加工厂的厂房进行联建，租金从区供销社获得后四个村共享。

“第四，我们也在不断培育乡村旅游，我们丰惠镇的旅游资源很多，但是农业的附加值拓展也好，一、二、三次产业的融合也好，都还有待于提升。祝家庄村是一个典型，前几天我们找了一个关于祝家庄村规划、设计的运营团队，现在已经根据相关的规范方案进行打造，我们怎么培育呢？主要是委托第三方来进行运营。基础设施我们镇村来做，具体运营由他们去做。祝家庄村有一个南塘湖，我们准备在湖边打造商业街，届时可以进行丰惠镇农产品的展销。此外，在南塘湖边上有一些房子，可以由村里租下来，到时可以考虑茶庄、娱乐设施、餐饮设施等。所以，乡村旅游培育，我们准备将祝家庄村作为一个载体，真正推进旅游资源的产业化、农文旅一体化。前几年三溪村有一个自然村，它的景点打造也是可以的，但是因为没有产业，尽管资金投入了三五千万元，效果并不理想，我们准备再挖掘。

“第五，我们在乡村振兴、富村强民的背景下也培育了很多企业，在培育家庭农场这方面我们也付出了不少努力，刚才，后山村的书记就是大家庭农场的一个典型。本来你们还准备去智慧农业产业园调研一下，但是老板出去了，这些龙头企业我们也在不断地进行培育。现在说实在的，农业企业是越投越亏，现在政策多变，以前是鼓励搞农庄、餐饮娱乐等，鼓励投资，现在情况不一样了。丰惠有一个鸟巢很有名，在三溪村，现在鸟巢的设施都拆掉了，企业都倒闭了。还有一个鸿发果业，它是没有接待能力，客人来了以后摘了就走，所以这个农业是越做越亏。又比如，在西溪湖那儿有钓鱼基地，那儿的鱼可以卖到20—25元一斤，因为它的品质比较高。后来大棚一拆，钓鱼的设施就没有了，娱乐设施也没有了，餐饮设施也没有了，所以农业这个东西政策多变造成‘四不像’。

“第六是美丽乡村建设，我们统计了一下，近几年丰惠镇这方面的投资已有3亿元左右，乡村的面貌改善还是比较显著的，但是刚才我听一个村的书记讲到美丽乡村建设成果的养护问题。现在的问题是只建不养，道路也好、绿化也好、其他基础设施也好，建好了就不管了，这是个问题。虽然区里有50元/平方米的维护资金，但是对于丰惠镇这么大的体量，一两万元钱实在是杯水车薪，道路是年年坏，绿化一个月不清，草就长高了。所以，基础设施投入要与维护保养相结合。另外一个是村庄的保护问题，我也说一下，现在村庄就喜欢大拆大建，村庄的保护举措落实得不够好，在进行村庄保护性挖掘研发的也只有一两个村，但整村的保护实际上也没有搞起来。如果不保护起来，如老房子，再过三五年都没有了。现在是想到哪里做到哪里，整体性还是不够的，再过几年，村里的老房子都没有了。

“在惠农服务方面，西湖村等村做得比较好，农商银行给他们村整体授信1亿元。强村富民贷，我们丰惠镇大大小小6家银行，这方面做得比较好。不光对老百姓有30万元的信用贷款额度，而且对农业主体也有支撑，贷款额度比较多，包括对村集体的贷款，像西湖村等村就贷了一两百万元，以解决新农村建设的有关资金问题。接下去我们有一大批物业等项目的推进，我们还要向银行贷款，银行今年也出了一个政策，进一步加大对惠农服务的金融支持，所以在资金保障上没有问题。低收入的保障问题，刚才胡主任已经说过了，我就不说了。

“还有一块是标准地的建设，丰惠镇在试点，也是试图解决土地使用的不规范问题。我们绍兴市在丰惠镇祝家庄村进行试点，主要是破解村里土地的闲置问题和农民种粮积极性不高的问题，通过标准地建设解决闲置设施、积极性等问题，昨天省农科院也来过了，我们也在初步探讨规划方案，就是下一步通过祝家庄的试点后在上虞区乃至全绍兴市推开。

“还有一个就是闲置农房的激活问题。今年，我们已经提前完成了农房激活计划。去年建了一个产权交易平台，我们依托产权交易平台，通过闲置农房的激活，增加村里的集体经济收入，增加老百姓的收入。我们后山村也好，祝家庄村也好，村里集体经济资产都通过闲置农房的交易平台租出去了，老百姓的房子也租出去了。刚才说到的后山村今年有2万平方米的房子，包括厂房和老百姓的民房，都通过激活以后租出去了，这是比较有分量的一块。促进老百姓和集体经济的增收，这一块丰惠是做得比较好的。

“还有一块是农村新媒体的培育，促进农产品的销售，这一块我们也在搞。前几年我们推虞美人的水蜜桃比较多，所以，我们通过抖音带动直播火了一下，费用也比较高，镇里出钱买服务，老百姓卖产品，邀请了第三方，第三方将抖音主播请来，给他们一定的服务费，将老百姓的水蜜桃等产品推销出去。今年我们准备落实直播营销培训，将第三方找来，组织抖音培训，这块我们蒋主任在负责，跟第三方的合同已经签好，就是叫老百姓自己学会做抖音、做直播、做推销。以前都是政府买单，现在我们改变一下方式，叫老百姓自己学会推广和推销。以前我们的‘虞民惠’在搞，现在我们几个农业主体和农业大户都会搞了，可谓是‘授人以鱼不如授人以渔’。

“现在的主要问题，刚才几位书记和主任也说到了，就是土地问题，现在动不动就涉及土地问题，祝家庄旅游开发需要土地，村里搞物业产房也要土地，我们也恳请几位教授呼吁一下，建设用地尽量向农村倾斜，现在的土地大都是向房地产、工业企业倾斜，农村的土地除了解决私人建房以外，村集体基本上已经没有了。现在，村里用地基本上靠存量土地，新增土地指标没有向村里的物业产房开发、党群服务中心、老年活动中心等设施和需求倾斜，所以土地指标的倾斜这一块倒也是问题。”

陈副镇长讲得非常清晰全面，也讲得很有思考性和前瞻性。

听了陈副镇长的话后，我总结说：“陈镇长讲的几个问题，我也重点关注了，包括‘三农’政策的频繁调整问题，特别是很多投入在不久后因涉嫌违规需要推倒重来的问题，确实造成了很多资产、资源、资金的浪费，对于这个问题我们需要重点梳理一下。这说明我们政府有关部门在推进城乡建设中的资源调配问题需要引起重视，不能一边说要将乡村的共同富裕问题抓好，一边在资源调配方面总是向城镇倾斜、向房地产倾斜，这个实际上还是没有做到系统化、整体化地来推进工作。没有地，很多事情都办不了，所以这个问题我们也要重点梳理一下。”

“我听了之后还是觉得收获很大，很多做法，包括多村区域共建推动共同富裕、闲置农房的激活等，非常值得其他地区的乡村学习和借鉴。但是，我有一点疑问，刚才祝家庄村也讲到了，关于村里房子的推倒重建，我在想这个有没有涉及村落文化的保护问题。”调研团队的马芹芬副教授提了一个她所关注的问题。

“没有的，”祝家庄村的倪相伟书记率先开口：“梁祝文化这个 IP 说起来是一直在的，但是梁祝文化实际上不涉及故居保护等相关问题。当时上虞打造了中国爱情第一村，但没有涉及故居等问题。老破旧房子的推倒重建，好处是老百姓还是在这个地方，多出来的房子向市场拍卖后又可以壮大村里的集体经济。”

“这样就好，”马芹芬副教授说，“我本人感到农村土地是个宝，文化也是个宝。如果因为土地的整合和房子的重建，导致村落文化的损失，其实是很可惜的。”

“共富不仅是经济层面的而且也是精神层面的，这方面各位领导有没有好的做法和思路?”我们团队的孙东芳博士提问。

“这个问题，全国文明村书记——周书记最有发言权。”陈副镇长接过话题后又传给了西湖村的周书记。

“这个问题，展开来有很多话好讲，”西湖村周书记说道：“就我个人而言，农村工作毕竟几十年过来了，深有感触地说，我们原来的村不是这么一个村，我们原来的老百姓不是这样的老百姓，从新农村建设村到乡村振兴村，我们现在已经进入到美丽乡村精品示范村行列。我们西湖村尽管没有大的动作，但是像燕子衔窝一样一年一年地做下来，到最后，终于有了成绩。如何将村里事情搞好，我总结了四个工作重点：第一个是保障民生实事为重点，第二个是壮大集体经济为抓手，第三个是维护社会稳定为基础，第四个是提升老百姓的素质为核心。老百姓的素质为核心，核心在哪里呢？就是针对老百姓的文化建设。这个很重要，你老是一天到晚片面地去搞经济建设，肯定是不行的。办厂要有办厂的文化，一个村也要有一个村的文化。现在，我们还在搞文化礼堂，这个文化礼堂有太多的故事可以讲，有太多的事情可以做。我们 2013 年创建文化礼堂，我觉得文化礼堂应该是共产党领导下的综合平台，是一个文化建设的阵地。像我们现在搞乡村振兴，通过乡风文明建设，通过先进表彰，每年搞一些活动，这个表彰其实很难搞的，你表彰好的，被表彰的可能还不来参加，而没有获表彰的可能还很有意见，认为自己比他还好。还有像‘美丽乡村’‘最美庭院’这些搞起来后，我越来越感觉到乡风文明和老百姓素质的提升是乡村建设的重中之重。特别是这次评‘全国文明村’的时候，我们在群里喊一声，要划车线，问这车是谁的，马上都规规矩矩来开走了。现在这么好的公共设施让大家引以为傲，以前我们的玻璃窗经常被人砸坏，现在一年到头没有被破坏的东西。

“但是，正像刚才我们镇长说到的那样，现在我们的情况是，公共设施越好，维护成本越高；当书记的时间越长，感到压力越大。以后社会治理和文化工作这一块压力越来越大，我们一心一意以人为本，一切的硬件设施都是为了人。所以，文化礼堂这一块真的要好好利用起来。”周书记所讲的可谓句句是肺腑之言。

“所以，西湖村作为全国文明村，含金量是很高的，不仅硬件漂亮，关键是人的素质过硬，大家在精神上也走向共富。”听了周书记的发言，我总结道。

“是的，”周书记说，“脑袋富有比经济上富有更重要。”

这时，陈波副镇长也针对这一个话题发表了自己的看法：“我也在看，一个村的治理要好，还是要靠村干部带头。比如在我们周书记的带领下，西湖村的乡村治理很好。还有祝家庄村，我们倪书记做书记之前，信访什么的都是一塌糊涂，但是在倪书记的带领下，现在祝家庄村基本上没有信访了。所以越好的村越是要靠一个好的书记来带。两个书记都是一心为公的，倪书记是连村里的工资都不拿的。他的工资都到哪里去了？都用到群众需要的地方去了。如百姓碰到困难，倪书记会说，我的工资里去扣好了，有很多事情就这样搞定了。农村里矛盾是不少，有些村经常吵吵闹闹、打打砸砸，这不就是为了一点利益吗？

“有些村，村干部的个人履历也好，能力也好，还不足以服众，所以今天一个信访、明天一个信访，事情很多。”言谈中，陈副镇长对西湖村的周焕梁书记、祝家庄村的倪相伟书记表示了充分的肯定。

“如果村干部有私心，确实事情做不好，像我们今天见到的几位书记，不仅有能力，而且还有情怀。刚才周书记也讲了，领导班子的‘领头羊’作用很重要。所以，中央提出要加强党建引领，说白了，到基层这个层面，就是要书记引领社会治理和建设。我们倪书记、周书记就一心想着怎么样将村庄搞好。”我总结说。

“在丰惠调研，真的体会很多，收获很大，我们镇党委很有眼光，将一些优秀的干部发掘出来，如周书记、倪书记是办厂的行家里手，上午的许书记是最大的种粮大户。”马芹芬副教授说。

“我是办包装材料厂的，一个产品办了 30 多年，到现在还在做。我 32 岁开始做书记。”周书记介绍说。

不知不觉间，丰惠调研接近尾声。“欢迎下次有空来祝家庄调研视察。”祝家庄村的倪书记盛情邀请。

调研札记

看设施、听介绍、开座谈会……丰惠镇的调研安排得紧凑而有序，其中，离不开丰惠镇陈波副镇长和各位主任、书记等领导的精心安排和用心接待。结束丰惠镇调研后，几位调研团的成员都觉得收获颇多、感触很深，我也深有此感。尽管我们已经离开丰惠镇，但我们对丰惠调研中萌生的若干问题的思考却远没有结束。

毛主席说过，对于中国经济复兴的悲观论点，没有任何根据。[①] 在丰惠镇调研，我们感触颇深的一点是强村富民，条条道路通罗马，没有一成不变的终极秘籍，没有唾手可得的锦囊妙计，必须结合自己的村情，依靠乡亲开创出一条具有自身特色的兴村共富之路。在丰惠镇，山海协作的飞地模式搞得有声有色。丰惠是个古老的大镇，其中既有基础扎实、发展优势突出的沿海村庄，也有身居内陆、资源贫瘠的经济欠发达村庄。如何让各村都能走上共同富裕之路，丰惠镇的干部们解放思想，开拓思路，创新性地提出多村联建、区块成片的飞地帮扶模式，开启了乡镇总动员、集体大包抄、多村物业联建模式。我们在丰惠调研时，尽管当地有干部认为兴建村级物业对兴村共富的推动作用不明显，还不如去城区买些房子更有利于村级集体经济资产的升值；但是，问题在于，并不是所有在城区的房产投资都能够获得可观的收益。更何况，用村级集体经济资金到城区购置房产，难免有炒房之嫌，加之现在房产市场呈现遇寒迹象，所以到城区购置房产，并不能保证村级集体经济的资产能够取得可观的收益。

多样化的强村富民之路还体现在合作的多元性。除了山区村和沿海村的村村合作，还有村庄和企业的村企合作，一些知名企业在长期的市场爬摸跌打中练就了一双捕捉有用信息的眼睛，其经营性理念更是一些长期以来习惯粗放式管理的村庄所需要的。所以，村企合作，可以让有关村庄在资源、资产、信息、管理、平台等诸多方面获得宝贵机会。

在丰惠镇调研，来自基层的两个呼吁让我们印象深刻。

---

① 毛泽东．毛泽东选集（第4卷）[M]．北京：人民出版社，1991：1433－1434.

一是希望农业农村政策能够保持相对的稳定性。农业是个弱势产业，前几年，不少村庄、集体与个人为了取得良好的经营性收益，纷纷到农村兴办农家乐、观光农业，种植经济作物，发展农村二、三次产业。但是，现在，随着国家将粮食生产安全提升到国家战略的层面，许多原来搭建在农田上的农家乐、种植在农田上的经济作物在政府统一部署下纷纷退场，有关田地重新用于种植粮食。“很多农业主体倒了，很多大棚拆掉了，在农村创业真的不容易。”丰惠镇陈副镇长的话还在我耳边回荡。当然，国家面向农业和农村、农民的政策有不少具有相当强的稳定性和可预期性，如30年以上的土地的发包期限就是一个例证。但是，仍有一些政策的稳定性和可持续性同样需要加强，这是我们在丰惠这个农业大镇调研的一个切肤之感。

二是希望建设用土地尽量向农村倾斜。在后山村考察时，该村的许书记对于在他看来是村庄的建设用地的土地却被政府调拨为国家工业用地的往事耿耿于怀，认为自己村庄吃了大亏。陈副镇长在介绍自己所分管的农业农村工作时，也深深感到现在政府的政策还是体现了有关建设用地向房地产和工业用地倾斜的基本思路，从而影响了农村建设用地的规划和利用。现在，各村都在兴村共富的道路上砥砺前行，而农村物业兴建、企业兴办、村建规划的拓展，都需要一定的建设用地作为基础性保障，而恰恰在这方面，农村的发展遭遇了难以逾越的瓶颈。我认为，城乡的一体化，不仅体现在公共服务的均等化，而且体现在资源分配的均等化。而土地资源的分配，无疑是其中重要的方面。

在丰惠镇调研，几位村干部给我们留下了深刻的印象，尤其是西湖村的党支部书记周焕梁、祝家庄村党支部书记倪相伟。周书记自我调侃说，他作为一个村支书，最大的价值是当干部的时间长，其实，这是周书记的谦虚之辞。假如一位村干部没有为民服务意识、没有良好治村理念，当村干部时间最长又有什么用呢？

周书记坦言，村庄的发展，一个好的村干部极其重要！周书记说，一位好的农村基层干部，要以保障民生实事为重点，以壮大集体经济为抓手，以维护社会稳定为基础，以提升老百姓的素质为核心。我认为，这四个方面具有整体性、系统性、开拓性和务实性，也是周书记之所以能将一个稀松平常的普通村建设为各村仰望的全国文明村的重要原因。在丰惠镇，有物业只有 120 平方米的经济欠发达村庄，也有像西湖村这样拥有 15000 平方米村级物业的乡村振兴先行村庄。需要指出的是，西湖村的这么多物业搞起来并不是一蹴而就的，而是像燕子衔窝一样积少成多、集腋成裘的。这就是周书记所讲的他最大的价值在于当干部时间长，时间长了，主职干部就能够将自己多年来的规划和设想一步一个脚印地变成现实。

祝家庄村的倪相伟书记也给我们留下了非常深刻的印象。倪相伟书记身上有几张标签：丰惠镇最年轻“80 后”村支书、企业家型乡贤、具有世界性影响力的祝英台故乡祝家庄村的领头人，各种因素叠加在一起，使倪书记信心满满、精气神十足。当然，倪书记的精气神同样体现在对农村基层工作的投入，体现在对数字赋能村治的拥抱和欢迎。我们想，能够与时俱进、善于接受新事物等优点的绽放，可能是党和国家提出要推进干部队伍年轻化、知识化、专业化、革命化的重要原因吧。

与此同时，倪相伟等企业家型村干部对农村工作的投入也让我们看到了新时代农村兴村共富的干部力量。习近平总书记说过：“农村蕴藏着巨大的需求潜力，只要农村经济能够持续发展，农民收入能够持续增长，中国就不愁发展空间。”[①] 今日农村经济的发展乃至新时代的乡村振兴，非常需要基层乡村干部的努力和奉献。

---

① 本书编写组．干在实处 勇立潮头——习近平浙江足迹［M］．杭州：浙江人民出版社，2022：52.

八

永和："上虞角落头、余姚隔壁头"的全域共富实践

永和概述

永和镇位于上虞区东部，地处四明山麓，东经余梁公路与余姚市相连，镇域面积31.3平方千米，总人口1.6万人，外来人口约2000人，下辖8个行政村。山林面积1.7万亩，耕地1.6万亩，人均约1亩山、1亩田。西与丰惠接壤，南邻四明湖风景旅游区，距上虞市区21千米，距杭甬高速梁辉入口14千米，距杭甬高速肖东入口仅5千米，交通便捷。

永和镇可以用三句话来描述：

永和是一个红色古镇。自唐朝长庆二年（公元822年）丰惠镇建县府起就形成了集市，素有"永和市"之称。在革命战争年代，依仗四明山脉的有利地形，与浙东游击纵队遥相呼应，一大批有志青年纷纷走上了革命道路，前后共有26名同志成为革命烈士。

永和是一个边界新镇。全镇现有工业企业383家，号码机是镇域特色块状产业，生产销售量占全国一半以上。近年来依托靠近余姚优势，大力发展边界经济，引进区外企业40余家，基本形成了以小家电、五金、仿古家具、休闲用品等为支柱产业的工业布局。

永和是一个农业大镇。永和镇是上虞区传统粮食生产区，也是种粮积极性保护较高的双季稻产区。在巩固传统农业的同时，当地政府积极鼓励发展休闲观光农业，形成了水果、畜禽、水产三大基地，成功打造出了一条以余梁公路为依托的葡萄、红心猕猴桃等精品水果带，四季鲜果产销在当地具有不俗的知名度。

“怎样用项目带动镇域的共富？我们探探路、试试水”

2022 年 8 月 18 日下午，我们调研团队来到了上虞区永和镇。吸引我们到永和镇调研的，除了这里正在探索红色永和与绿色永和的创新性实践，更多是永和镇正在推进的闻名全区的村级集体经济增收全域共富项目。

近年来，永和镇干部和群众在兴村共富道路上不断发力，村级集体经济收入呈现稳定增长态势。但是，由于资源禀赋、区位条件等不同，各村集体经济发展不均衡。2021 年，该镇下辖 8 个村中还有 4 个村年经营性收入未达到 100 万元。

面对进一步发展所面临的瓶颈性难题，永和镇创新性推出村级集体经济全域增收共富项目。立足交通区位和产业优势，永和镇引领所辖各村积极盘活村庄闲置用地，谋划飞地物业项目。永和镇通过探索“区、镇、村、企”四级联动、八村联建形式和三次分配保障集体经济增收、群众共富的分配机制，确保实现全域“村村百万”，打造可复制、可借鉴的村级集体经济增收“永和模式”，为区域共富提供“永和样板”。

调研获悉，项目总投资为 3500 万元，建成后年出租收入达 350 万元，投资收益率在 10% 左右，可实现全镇每村每年增加村集体经营性收入约 26 万元。项目产业园作为吸纳人才的重要创业、就业平台，也将有效增加周边村民收入。

当然，作为调研团队，我们所关注的远不止几个干巴巴的数字。这个镇域共富项目具体实施的背景如何？镇村领导有哪些具体的考量和设想？项目推进情况如何？这些都是我们团队所关注和感兴趣的。所以，带着一系列问题，我们来到了永和镇。

永和镇人大主席钟国松、镇党委委员谢迪尉、副镇长陈炯军、青峰村党总支副书记叶世明、永和镇农业农村办主任顾科杰等镇村相关干部接待了我们调研团队。

双方见面后，永和镇党委的谢迪尉委员首先打开了话匣子："我们镇的陈炯军副镇长来自区农业农村局，直接参与该项目的建设，对政策的前期理解也比我们多一些。他到了永和镇以后，一直筹划镇域层面有没有相应的共富内容，然后挖掘资源潜力。在城镇规划的时候，有一个项目我们一直在摸底，怎样通过此项目带动镇域的共富？这个共富项目是上级单独倾斜永和镇的一个个案，也鼓励我们探探路、试试水。具体的策划、推进都是我们陈副镇长在抓，他对这个项目特别知根知底。"谢委员介绍说，言语中透露出低调与谦逊。

随后，陈炯军镇长接过了话题："共同富裕理论方面你们是专家，我们在实践中的一些做法不见得有很高的高度，只是一些实践探索，我们趁此机会向各位也汇报一下。

"现在，浙江都在高质量发展建设共同富裕示范区，按我的理解，现在有两个中心工作，一个是共同富裕，一个是数字化。落实到我们区县层面、乡镇层面其实是蛮简单的一条思路：强村富民促发展。问题是怎么去促发展？怎么样将有关工作落实下去？其实镇村两级最根本的思路就是提升村级集体经济收入。

"谈论共同富裕，我的个人理解是怎样将农村基层当中共富的问题给解决。尽管城市也存在这个问题，但这个问题的聚焦性肯定在农村。就基层而言，我们经常说的村级集体经济的收入，更多是建立一个造血的机制。这么多年来，我们各届政府在提高村级集体经济收入方面还是做了很多工作。不是说现在才做，是这么多年来一直在做，包括我们以前推行的强村公司，而我们碰到一个什么问题呢？就是原来有些措施没有从根本上解决问题，或者说有，但是这个造血的机制不是很顺畅。我们村里、乡镇一个很现实的问题是什么呢？现在，我们绍兴五星 3A 建设也好，环境卫生方面的工作推进也好，其实村庄的运行成本是比较高的。这是一个很现实、很客观的问题。像我们区县层面会有各种各样的补助，但是从实质上来说，我们这个村庄的运行压力还是蛮大的。环境卫生等各方面的维护、相应的支出，跟我们的收入放在一起，就会捉襟见肘，村庄入不敷出的现象还是客观存在的。

“我是区农业农村局的，原来是区财政局的，这几年财政投入很大，投入下去效果是很明显的。近几年农村的面貌变化还是非常大的，包括前几年的小城镇建设、污水收纳治理，但是后续的运行维护压力很大。在这个背景下，我们想以我们永和镇为例来推进镇域的兴村共富工作。永和不大，8 个村，8 个村中富的村、平均的村、相对落后的村，我们都有。几个村中，4 个村的收入已经达到 100 万元，还有 4 个村，一个村是 80 多万元，一个是 70 多万元，还有 2 个村去年是不到 50 万元。从上虞层面来说，或从绍兴层面来说，收入不均衡现象非常明显，这样一来，富的村运行没有问题，穷的村可能到年中就没有钱了。我们在考虑用怎样的方法，让全镇的所有农村集体经济有一个突破口。其中的一个重要举措是谋划一个具体的项目，并使之成为解决这个问题的突破口，这只是一个突破口，不是说一个项目下去，我就一劳永逸了。但至少我这个项目下去有一个质的提升，所以就回到我这个全域增收的项目。

“所谓全域增收，就是我整个镇的 8 个村全部参与进来，这个项目的坐落地在青峰村，就是我们叶村长的这个村。为什么选择这个村？因为做一个项目不外乎一些资源要素：土地、钱，这是最基本的，而土地就在这个村，为什么在这个村？因为它有一块未加利用的空旷地，面积是 20 亩左右，闲置在那里。我们整个永和镇毗邻余姚市，按照我们绍兴的说法叫联甬桥头堡。宁波余姚到我们永和这边，开车大概只需要 15 分钟，非常方便。宁波经济的发展水平是高于我们上虞这边的，所以它有一个溢出效应，最直观的一点就是地价，宁波那边是 200 多万元一亩，我们这边是 140 多万元一亩。所以，这个区位优势相当明显，比方说余姚梁弄的区位优势还不如我们青峰村，因为余姚从余梁走线下高速要经过我们永和，也就是说高速是余姚的，经过我永和，再到余姚，也就是我们的区位优势其实比余姚自己还要好。因此，我们这块地有先天优势，我只要把这块地变成了厂房或工厂需要的资源，马上有人会来联系。

“因此，我们觉得这块土地是可以做文章的。去年区长来调研，我们就向领导汇报并获得支持后着力推进，总投资 3500 万元，有可能实际超出一点点，当时匡算是这个数，采用了一个区、镇、村、企四级联动的运作模式。具体而言，这是什么概念呢？

"第一，资金的筹措问题。刚才土地的问题解决掉了，那么从资金筹措的角度我再去争取，区里有对村级物业的支持政策，向区里汇报后争取到了750万元的补助，其实是不多的，我们也是希望借助少量的财政资金来撬动这项工程。

"第二，我们有国企——新农村国投公司，是国土局下面的分公司，该公司从支持乡村振兴和共同富裕的角度投入资金1000万元。剩下的资金镇村自筹，每个村我们设想出100万—200万元，假如每个村出100万元，8个村就是800万元，剩下的我这里来兜底。这个方案我们还在进一步完善，有可能让村里多出一点，我镇里少出一点，不管怎样，我镇里会兜底，以确保此项目能顺利进行下去。当然，有的村有钱，有的村没钱，没钱的怎么办？跟区里的农商银行对接，以最优惠的利率，从金融端解决部分村缺少现金流的问题。接下去有一个股权架构的问题，我做这个项目，本身就是为了增加村集体经济收入，我们签一个框架协议，什么概念？新农村公司来扶持我们，促进我们共同富裕，尽量将收益往村级去倾斜。前几年我们区、镇、公司的投入都是算在村的股份，也就是钱都是让他们去分。

"这次我们镇来兜底，下一步，我希望村里有自己的创收收益渠道，来置换我这个钱，比如一开始我镇里垫付了800万元，下一步如果你村里有钱了，可以来置换，把股权拿走。这里带来一个问题，村里怎么创收？刚才谢委员讲到，有几个政策可以点到点予以支持，其中之一是土地整理资助项目，为了鼓励乡镇将零碎的土地整理盘活，区里有相应的财政激励，基本上是每亩30万—40万元，上次区长来调研时，讲到如果因此项目申请区里的财政支持，我们奖励翻倍。尽管由于政策操作层面的原因，这一点不一定能实现，但至少说明了区领导对我们工作思路的支持和认可，不管是翻倍还是不翻倍，总归这块还是有收益的。

"第三，关于村级资产的盘活。我们乡镇在做了，所有村级不动产，可以用来出租的也好，用来交易的也好，有关产权，以前不可能予以办证的，现在区里统一给办。有关资产计入区新农村公司，通过计入的资产，不同政策返利给不同乡镇，比如3%、6%、9%，这个钱给到乡镇，相当于给乡镇新的财政资金来源。我们原来有这个想法，把这个政策延伸到村级层面，为什么有此想法？近几年财政层面对我们乡镇的投入还是很大的，简单地说，造了很多房子、路、桥什么的，其实这些东西我们都没有体现在账上。按照正常流程来说，这个其实应该做财务决算，把这些东西都入账。然而，事实上，不光是我们绍兴，其他地方都差不多，这么多钱投下去，工程做了，实际上等于很多的财政资金、国有资产流失了，没有进账。我们也在想怎样将这些资产规范化，将其入账。这里有权证的都好说，问题是村里有很多项目往往是没有权证的，我们设想通过第三方评估来出具形式上的凭证，能够从公司层面将其入账，这个相当于将原来游离于账外的资产，明细化、账面化，再把这个资产注入到国有企业当中，国企的账面资产有增值，就可以进行相应的资本运作、资源利用。我们将镇里的资源、村里的资源利用起来后，再从国企得到返还的资金。这是一种思路，村里通过增收的渠道，将各种资金拿下来，再用这个资金来置换原来镇里垫资的部分。这样尽可能将我这个项目所有股本的收益全部让渡给村里。”

陈炯军副镇长30多岁的年纪，看起来非常年轻，朝气蓬勃，而且，他对乡镇农业、农村、农民的有关情况非常了解。他担任过区财政局的预算局局长，后来到区农业农村局履职，现在又被组织部下派到永和镇支援农业农村工作。我们一到永和镇，有关干部就向我们介绍，永和镇那个在全区都有一定知名度的镇域共富项目的筹划和推进主要是陈副镇长在负责。现在，我们面对面地听陈副镇长介绍镇域共富青峰创业园项目，发现他介绍的思路非常清晰，而且很有思考性和前瞻性，实为农村基层不可多得的青年优秀干部。邓小平同志曾经强调，要重视二十几岁、三十几岁的年轻人。① 这对我们今天的干部培养工作仍然是一个重要的指引。

“从项目本身的角度来看，我们也进行了一些创新”

陈炯军副镇长说过，上次上虞区的区长来调研时，表态说如果因该镇

① 邓小平文选（第1卷）［M］. 北京：人民出版社，1994：291.

级全域共富项目申请区里的财政支持，区政府的奖励翻倍。可见，上虞区政府领导是很认可该全域共富项目的。调研发现，除了该项目很好地贯彻了兴村共富的理念，从项目本身的角度来看，该项目也进行了不少创新。

"区镇村企四级联动也好，我刚才介绍的村里的资金来源也好，该项目的探索创新，其实渗透在多个方面。此外，我们还总结了一个三次的分配体系，这跟现在聚焦的共同富裕是紧密相关的。

"第一层，我这个企业招进来后，需要劳动力就业，这个就是所谓的一次分配。如此肯定能带动村民的一些就业，我们初步预估至少新增 100 个工作岗位，实际上肯定是不止的。

"第二次分配是我们这个项目的分红。我们初步测算一下，大概一年有 350 万元左右的租金收入，按照我们的投入，大概是 10% 的收益率，这个收益率应该说还是可以的。从整个上虞层面来说，每个村大约能增加 20 万元的收入，这个对我们 8 个行政村村级集体经济收入的提升还是比较明显的。我刚才提到的 80 多万元的村可以直接冲到 100 万元去了，收入在 50 万元以下的村做了这个项目以后也能达到 60 万—80 万元的样子，这个效果还是很明显的。由于这个项目所在地在青峰村，那么这个项目单独向它租，租金 15 万元一年，这是这个村额外的租金收入，这是第二次分配。

"还有第三次分配，是什么概念呢？我这个项目，叫'青峰创业园'，实施后，入驻创业园的企业，我们会要求它拿出一部分收益，成立一个共享基金，来反哺村庄的民生项目以及基础设施投入。说共同富裕是时髦一些，实际上是套在共同富裕的大帽子下做这个事情。我们希望通过这个事情来探索三次分配，这也是效益好的企业反哺社会的一种形式。"

在陈副镇长的话语中，通过该全域共富项目推进三次分配的理念和具体落实思路勾勒得非常清晰。的确，共同富裕的推进是一个系统工程，仅指望某一个方面的谋划落实就采摘到共同富裕成熟的果子是不现实的。更多时候，我们还得多管齐下、压实压细，多方发力才能夯实共同富裕的基础和平台。就此而言，永和镇党委和政府共同富裕进路中的系统性、全域性理念无疑是值得肯定的。

调研获悉，现在，永和镇的全域共富"青峰产业园"项目具体由永和镇人大主席钟国松在牵头实施，目前已经开工。作为永和镇倾力打造的主要共富项目，该镇党委和政府希望通过这个项目切实为8村增收助力。

“从多年实践来看，村级创收受到不少约束。出租物业尽管是老生常谈，但是从延续性来说也好，收益的有效性来说也好，还是一种比较有现实效果的方式，因为毕竟租金有一定的增长机制。当然，这个大环境要好。好在我们永和镇有地域优势，可能山区里面的乡镇，房子造起来后不一定能租出去，这方面我们占一点区位优势，这个是我们总的在推的一个项目。”钟国松主席说。

“另外我补充一点，我们希望通过青峰村这里的项目来展示新的模式。比如村里出一块地，物业镇级改造，通过租金，让村级享受红利。总之，我们是想尽办法盘活资源，然后让村集体去享受这个收益，以此来实现我镇强村富民的目标。”陈副镇长继续充满激情地阐释他的多级联动、全域共富理念。

“这个项目确实很有特色，也充分体现了全域共富的理念。”我赞同说：“我一开始也是关注永和的全域共富项目，后来了解了一下，永和除了全域增收，在很多方面均有好的做法，所以我们决定把调查研究压轴的一站放在此。重点想听听我们永和是怎样开展全域增收共富项目的建设及其后期运行的，听了陈镇长的介绍后，我们脑子里更加清楚了。这一点很感谢我们的陈镇长，因为这一块也是你在重点运作，所以，有些东西你也是讲得很细。另外一点，我们永和镇的村不多，8个村，有时候，村少点、小点文章也好做一点，刚才镇长介绍的思路很清晰。”

“问一个问题，陈副镇长刚才讲到的全域共富项目，它的土地本身是青峰村的，是镇里出面向青峰村租来的，所以青峰村有共富资金、土地租金两笔钱可以享受。另外的收入是否平摊？”我问永和镇的在座干部。

“不是，是按股份，我们有上限和下限，让8个村都有份额可以享受，因为效益划得来，都会去想办法的。”永和镇委的谢迪尉委员说。

“我们另外每年拿出50万元来奖励各村综合工作的推进情况，第一名和第八名的差距还是比较大的，主要是激励各村，避免吃大锅饭。”钟国松主席说。

“这个好，起到一种引领效应。又要促进共富，又要奖励先进、督促后进，发挥先进村的引领效应。还有几位领导今天在百忙之中也过来了，是否也围绕镇域共富项目来说一说，钟主席，顾主任，你们看如何？"我将座谈接力棒递给了那几位还没有正式发言的同志。

"好的，"钟国松主席说："我们镇里关于全域共富项目组织了专班，前期建设由陈副镇长负责，工程建设由我负责，到明年六七月份能够做好，接下去是空间布局和招商，由管工业的张副镇长负责。

"永和有明显的地理优势，这个就相当于永和镇插在余姚市里面。我们青峰村到余姚市区只要 10 分钟就够了，到上虞百官城区倒是要 30 分钟，所以我们这边的生活和工作都是靠近余姚的，而我们这个项目的位置则更靠近余姚，一墙之隔就是余姚，这两年余姚产业和经济发展比我们上虞要好，而且它对土地和厂房的需求量比较大，所以余姚的地价明显高于上虞。一些企业主说，在永和买块地，地买好了，厂房建好了，结果价格还是余姚买块地贵。所以我们这里房子建好了不愁没人租，只是价格高低的问题。

"现在，我们镇长和书记也在跟余姚的企业特别是上市企业对接，最好是余姚的上市企业将创业园整体租赁走，因为进来的项目和产业都要经过审核，由他们来做，这一块我们就不要管了，而且，这样的话，整体的收益也相对比较长远一些。如果我们自己来经营，就要投入大量的管理成本，可能一些管理也不一定跟得上。还有，可能在效益方面断断续续、零零碎碎，而且有好多的风险，包括环保风险。如果大的企业来租，它本身的管理模式比较规范，它会用自己的一套管理模式来管理创业园，那我们就轻松多了。"钟国松主席讲得非常实在。

"顾主任，你能否也从农业办层面给我们讲一讲永和镇的共富思路？"我注意到了在座的非常年轻的农业办主任顾科杰。

"好的，我们这里基本上靠种双季稻和其他粮食为主，"顾主任说，"上虞对粮食种植的保护还是很好的，扶持力度也是很大，问题是农业还是靠天吃饭。天气好，台风少来一点，收成就好些。如果老是来台风，天气不好，收成就差一些。现在，老百姓走兴村共富之路，除了一些好的物业项目，另外方面也不太容易拓展。如果要让大型的农业公司来这边吃进土地，得搞规模生产才行，像我们这边的小农、中农，要增收还是比较困难的。我们镇存在的一个问题是以前没有做品牌化、统一宣传等工作，所以，农产品的名气不是很大，像四季鲜果也好、水稻也好，一般来上虞的人想不到我们这边。”

“确实如此，这个风水宝地，可能被遗忘。我还想冒昧问一下我们的叶村长，青峰村每年的村集体收入大概是多少?”在座的青峰村党总支副书记叶世明一直在静静地听我们讲话，作为基层的农村一线干部，我相信他对自己村的经济发展和村民收入情况肯定是知根知底的，于是就向他提了个我所关心的问题。

“超过100万元，去年是110万元，我们这里的地理优势还是比较明显的，因为这里基本上都是工业园区，这些企业基本上还是余姚的，余姚的一些企业家在我们的工业园区入户，而刚才说的项目则更加靠近余姚，区位优势更加明显。这个项目确实比较理想，希望以后我们的党委、政府多为我们搭建这样的项目建设平台。现在，我们天时地利人和都有了。”青峰村的叶世明副书记高兴地说。

“这个项目的造血功能的确比较强。”钟国松主席说。

青峰村的叶副书记又向我们介绍，他们村里有一个小区，叫锦绣四明，那个小区的容积率只有0.538，它建得比较早，是2003年开始建的，里面住的都是余姚人，上市公司老板就有17个，余姚市委常委就有5个，村民都说这里是风水宝地。

的确，永和靠近余姚的地理优势如果加以充分利用，不管是对于壮大村级集体经济，还是增加村民群众的收入，都有实实在在的好处。而现在，令人可喜的是，永和镇党委和政府正在上虞区委、区政府的支持下，全力发挥毗邻宁波余姚的地理优势和资源优势。特别是现在“青峰创业园”这个全域共富项目的推出，对整个永和镇的村域乃至镇域共富确实是立竿见影的。

“此外，永和镇还有个优势是村比较少，所以蛋糕一分还是比较大的，有几个镇下面村有好几十个，蛋糕一分就比较小了。

“我们就此项目向上级汇报时，也是充分考虑到产业集聚的作用，我们现在正在谋划打通各种资源要素，为产业的进一步集聚夯实基础。”镇党委谢迪尉委员介绍说。

的确，永和镇盘子不大，适合搞精细化管理和精致化操作。另外，永和镇的区位优势的确比较显著，余姚本地很多地方还不如永和镇到余姚产业集聚区方便。所以，余姚本地人到这里不管是办企业还是过日子，都是有百利而无一弊。这也是一些村镇在增收布局中所不具有的地理优势。

"当然，仅靠这个项目是远远不够的，接下去我们更要打好组合拳。"永和镇的干部们最后强调说。

结束了和永和镇村有关干部的座谈会后，团队在永和镇人大主席钟国松、镇党委谢迪尉委员等干部的陪同下，来到了离镇政府不远的"青峰创业园"，这也是刚才我们与永和镇村干部重点探讨的镇村多级联动的全域共富项目。

"我们这里有二十亩地，我们规划是这边建一号厂房、二号厂房，这边还有一个综合楼，那边是三号厂房，加上旧的房子装修，一共是21000多平方米。这个护栏旁边就是余姚啦，从宁波余姚高速一下来，我们青峰村是第一站，前面那边就是宁波，一墙之隔。原来这边也是厂房，土地流转以后，我们村里将它回收过来了，我们开展了些政策性工作，现在已经在打桩，工期10个月，到明年六月份搞好，我们已经在同步招商，物业搞好，招商估计也差不多可以了。区里面要求比较高，领导盯着，我们这边也是，我一直盯着。"钟国松主席向我们介绍说。

看得出来，作为该项目具体实施的分管负责人，钟国松已经将它的具体落实和推进作为自身工作的重中之重。

"确实，这也是整个上虞比较典型的镇级全域共富项目，所以这既是永和的样板，也是上虞的样板。"我说。中国地大村多，乡村基层情况千差万别，因此，全国各地农村在推进强村富民工作时需要结合本地实际情况，可以重点推进村域、镇域、县域、市域乃至省域的全域共富。永和镇的"青峰村创业园"镇域共富思路清晰，效果明显，无疑是浙东镇域共富的一个典型和样板。

钟国松主席继续向我们介绍："这个项目的具体方位和优势，来了之后就知道了，它就在宁波和余姚旁边。这边厂房物业很多，你看，余姚那边也是有个物业厂房，它是30000平方米，我们这个是20000平方米，那边是私人开发的，我们这边是镇上在争取区里支持的背景下利用政策红利开发的。

“那边高楼旁边就是锦绣四明小区，其实那个高楼也是，但是绝大部分是别墅，高楼是没人买，本地人不要，余姚人也不要。这个小区旁边还有一个新开发的叠排小区，大多数房子也是给余姚人买走了，在这里买房子对余姚人来说有价格优势和区位优势。”

我们一边在现场考察，一边讨论该项目的示范和典型意义。团队认为，永和镇在上虞区的方位，相当于浙江省在全国的方位。浙江省不大，但是人均产值等系列指数领跑全国各省。同样，永和镇也不大，但搞好了、搞精致了，也可以成为全区的典型和样板。以永和镇“青峰创业园”全域共富项目为例，搞好以后，村均增加26万元，这对于提升各村的收入是立竿见影的。

这时，在一旁陪同考察的谢迪尉委员介绍说：“其实，我们各村小物业也有，但是我们选了这个，是具有代表性的。这个不仅大而且已经动工了，其他的还是在论证方案阶段，这个已经在进场，施工也看得到了。”

“这边高速下来5分钟不到就抵达了，我们这个项目除了厂房还有一幢综合楼，主要是宿舍和会议室等。这里环境也很好，有山有水有人家。这里地势高，去年台风来的时候，其他很多地方被淹了，这里没有被淹，因为这里地势高。”钟国松主席补充说。

钟国松主席继续向我们介绍：“我们这里还是有些点可以看看的，包括麻岙湖那边、四明湖那边都可以看看的。当然，仅靠这个项目是远远不够的，接下来，其实我们更多的是准备打一套组合拳。我们永和本身也不大，所以我们一开始提的就是全域共富的概念，这个项目是8村联建的一个主项目，其他相关项目我们也在推，项目是一个突破口。”

“另外还有几个层面，一是农村美丽乡村建设的深化和基础设施的提升，无论是乡村农文旅融合，还是乡村研学游，不管你做什么，村容村貌或者说是基础设施的提升，这个是最根本的。所以，近几年我们永和镇乡村基础设施的提升投入是很大的。比如，近期我们一个基础设施提升项目拟投入3亿元，近期投入2亿元，已经到位6000万元，我们8个村的基础设施镇里都在推，这个基础设施建设分几个方面，其中一块是美丽乡村建设。二是水系，不知道你们刚才过来时有没有注意到姚江？从完整意义而言，这个叫浙东运河，网上可查，历史是很悠久的，我们是浙东古运河的一段，具体叫'浙东古运河文化带永和段'乡村振兴建设项目。今年在推进专项支持水利建设，我们就往这方面去靠。我的理解是水路打通后，各条河道的灌溉也好，水系的打通也好，功能的提升也好，可以做很多文章。对生态，对老百姓的生产、生活，对后续的发展都有很大的帮助。三是数字永和，现在正在提数字化，数字农业也好，数字政府也好，永和镇各个方面都有相应的项目在推进。"在钟国松主席的介绍中，文化永和、生态永和、数字永和的蓝图已经跃然纸上、可感可及。

永和有两种颜色，一种是红色，一种是绿色

在永和调研的座谈会上，陈炯军副镇长等领导讲到永和的两种颜色，给我们留下了特别深刻的印象。所谓永和的两种颜色，具体而言，一种是红色，一种是绿色。

永和的红色资源比较丰富，由于靠近宁波余姚梁弄，余姚新四军四明山根据地就在永和这一带。永和镇就坐落在四明山脚下，永和人在家里望出去就是四明山。

"我们这里就是以前浙东打游击的地方，所以我们的红色资源是很丰富的，包括大家说到的何云。何云是跟左权齐名的，左权是武，何云是文，是新华社的主要创建者。5 月举行纪念活动的时候，新华社浙江分社社长也来了。这里计划造一个故居，打造成一个全省新闻战线的党建基地，以后新闻媒体什么的都可以来搞党建。我们还有一个新闻研学基地，我们希望通过乡村振兴来带动镇级、村级层面的客流量。

"还有一个是绿色，我们叫稻香永和，为什么叫稻香永和？我们永和有 1.67 万亩的耕地，是传统的粮食生产地，而且我们种的是双季稻，承担着一个粮食安全的责任。我们去年创建了一个省级农业特色强镇，这个也是省级荣誉，省里还给我们一定的奖励。我们这里主打的就是粮食和水果。我们正在做的是通过这个产业的升华和深化、农业和二、三次产业的融合、产业的延伸和发展、项目的串连来提高农民的收入。因为最终要落实到农民的收入、村级集体经济的收入。那么，农民的收入怎样来提升呢？我们重点聚焦他所从事的主产业。因为永和其实是一个传统的农业产

区，老百姓的收入除了打工经商的，剩下的就是传统的种植业。就种植业而言，水稻本身的收益可能是有限的，实际上就是靠国家的补贴挣钱，所以也挣不了几个钱。我们的想法是在提升品质、提升附加值上做文章，通过加工业的发展、延伸农产品的发掘、电商等新农人的带动，带来老百姓的增收。当然永和的水果也是种得蛮不错的，可以通过水果的种植带动农民的增收。

“现在，我们还在弄麻岙湖的一个旅游项目，麻岙湖翻过山就是四明湖，我们称之为小四明湖。麻岙湖有得天独厚的优势，在山坳里，我们准备搞一个集运动、野餐、亲子、露营于一体的基地，包括研学。我们准备打四张研学品牌：一是红色研学，利用特色革命文化资源；二是农事研学，水稻种植业，我们有此资源；三是运动研学，我刚才提到的麻岙湖就是一个运动基地；四是酒文化研学，旁边有一个酒厂，我们希望通过研学带动村集体经济收入。只要能有人进来，就能带动产品的销售和增收。”

面对我们这支来自绍兴的强村富民调研团队，陈炯军副镇长推心置腹，胸有成竹，侃侃而谈。特别是对于红色永和、绿色永和的谋划和布局，讲得非常清晰和系统。对于永和镇正在谋划和推进的四张研学品牌，陈炯军副镇长也是信手拈来，如数家珍。

谢迪尉委员紧接着向我们介绍打造“稻香永和”和“绿色永和”的具体思路：“我们下一步想进一步打造稻香永和，将粮食生产提升上去。现在我们永和镇的水稻还是没有足够的名气，人家不知道我们永和镇还产稻谷，我们下一步就是要将稻香永和的牌子竖起来。我们永和粮食种植就有1.2万亩，而且是上虞唯一的双季稻产地，说明我们永和镇的农民还是比较勤劳的。

“我们现在还有一篇文章在做，那就是农文旅的综合性发展。农业方面，刚才我们顾主任也说了，我们重点放在加强农业综合设施建设，提高农业抵御自然灾害风险的能力，提升农业的产量和质量方面。特别是在打造农业产品的品牌方面，我们以前曾经放了一段时间，现在又重新提起来了。我们今年在重点策划设施农业，核心内容是做大做强水果产业。我们很多水果的品质是不错的，如樱桃，就一个农庄的樱桃产量，今年比去年已经翻了一番，我们上虞的采购量增加了30%，品质是完全不一样的。

"第二块是农业的产出和产业链的延伸。我们这里的很多产品品质很好，但是没有统一的外形包装、设计、标准。今年开始，我们注重推进统一的农产品外包装设计，以后都是以'稻香永和'的名义推出去，不同类的产品加上不同类的后缀，如四季鲜果什么的，今年一直在谋划。

"农文旅游这一块，我们注重绿色，因为我们这里的森林覆盖率很高，我们这里的空气质量在上虞算好的，全市基本上可以排在第二位，这里有山有水有好空气。同时，我们有红色资源，我们永和有29位革命烈士，在上虞排名第二，丰惠第一，因为丰惠以前是县城，人口又多，我们基数这么少，有这么多红色资源还是挺不错的，像何云是建国300位烈士之一。现在，我们还在打造商贸综合体，余姚市的人去四明山过周末或者到我们这里过周末是很方便的，到我们这里参观红色、感受绿色，还是很有收获的。此外，我们永和还有些小农特色产品。我们这里还有麻岙湖，翻过山就是四明湖，麻岙湖三面环山，环境非常优美。四明湖是水资源保护地，开发是受诸多限制的。尽管如此，还是有很多建筑春风吹又生，一旦上面管控严格，又基本上销声匿迹。而我们这里的麻岙湖不是水资源保护地，建设和开发更加方便。"谢委员向我们介绍说。

的确，一个小小的永和镇，就拥有这么多的烈士，实属难得。将自己镇域厚实的红色文化发掘好，将革命烈士的精神弘扬好，对于永和镇来说，既是一种机遇，也是一种责任。

"为什么我们这边的农产品有些优势？因为我们这里的工业基本上都集中到一片，我们这里的水从山上下来之后流到运河，中间这一段经过企业的很少。我们内河的水流经之地基本上没有工业方面的污染，所以，我们这边的农产品质量还是蛮好的，永和稻谷还上过中央电视台。就是中间曾经沉寂了一段时间，现在，我们要将这个品牌重新打造起来。"谢迪尉委员信心满满地说。

的确，我也很赞同永和镇几位领导的思路和做法。永和的发展，还得走综合发展之路。首先，有关产品要打出知名度，通过电视、网络媒体将稻香永和牌子打出来。品牌的打造还是要花点精力、投点资金下去。其次，永和这么小的一个镇，拥有的革命烈士在全上虞区排名第二，其实是非常稀缺的红色文化资源。到四明山看看，呼吸一下新鲜空气，瞻仰一下烈士风采，是很不错的行程安排。况且，这里还拥有一大片水稻，所以旅游资源还是很丰富的，加上青峰村那边的创业园一建，商业综合体一搞，确实是可以做篇大文章的。

“我们原来的书记走了以后，新来的书记发展思路非常清晰，而且上级推出了很多政策，所以我们就抓紧推进，各方面的思路日渐清晰。这个项目谋划得比较早，早在去年三四月份就已经动手，今年又写进了政府的工作报告。”谢迪尉委员与钟国松主席告诉我们。看得出，现在永和镇的班子很有干劲，也很团结。

我们青峰村是桥头堡中的桥头堡

在永和镇调研，我们感受永和虽然是一个小镇，其实人气还是很旺的。另外，我们感到永和与宁波余姚的交流的确非常多，这体现在永和人流涌动的店铺经济，体现在地处永和却有很多余姚人入住的小区，体现在很多在隔壁余姚打工的永和人等。

“我们现在还在打造区域商贸中心，因为到了节假日和周末，余姚人都往这边来了。我以前一直在应急管理局，是2020年过来的，那时这里还没有上规模的饭店，只有小饭店。我们这边车流量很大，还可以搞路铺经济，我们这里的四季鲜果优势也很明显。现在，想到四季鲜果，大家都往丁宅、岭南方向去了。其实，在我们永和镇，他们有的我们都有，他们没有的我们也有。比如八月瓜，除了永和镇，我们上虞其他地方好像是没有的。所以，我们想通过发展路铺经济，将一部分客人截留下来，在我们这里消费。我们现在正在筹划这件事，快的话，2022年底该有结果。空间布局已经差不多了，现在主要在推进拆迁和补偿等有关事宜。等到这个商贸综合体完工以后，加上‘青峰创业园’的建造，我们这里生活生产的便利性就更加突出了。这样，我们这里的环境也好了，商贸经济也开始发展了。我们的青峰村实际上就是桥头堡的桥头堡。整个永和镇的新居民，70%—80%都在青峰村。”钟国松主席说。

青峰村的叶副书记显然很认可钟国松主席的话，他说：“我们青峰村的特点是外来人员居住比较多，占到我们全村人口的一半，本地人1000多人，加上外来人员2000多人。

"所以，我们的整体规划是让经济和人口都慢慢地在这儿集聚、盘活，原来的布局理念是永和镇这个地方并不适合多元产业的发展，好像神经末梢一样。现在的布局就完全不一样了，我们书记和镇长的基本思路就是盘活低效用地，三桥村也在跟二三十户村民商谈宅基地复耕等有关事宜，这样建设用地指标就有了，有利于我们更合理、更科学地规划土地资源。因为手中有资源，干活才有底气。"镇党委谢迪尉委员说，看得出，几位镇村干部的思想和观点非常一致。

这时，军人出身的镇人大主席钟国松又快人快语地参与了交流："我2004年部队转业，一开始到安全局，后来到这里来，当时我感觉这个永和就是穷乡僻壤，感觉很偏。那时候从城区到这里路也没有这么好，基本上要1个小时，路不好，交通不便，就导致信息比较闭塞，这边的老百姓靠近余姚，但是又融不进余姚，这就是永和当时的区位特点。而现在，我们是充分利用永和镇的地理优势，将余姚的产业和项目优势引进来。他们那边有溢出效应，我们再挑一挑、拣一拣，我们还在谋求将余姚产业链的前端或后端放到我们永和来，这样对我们整个永和镇的工业提升档次还是很有帮助的。因为现在我们小乡镇要吸引大的公司确实很困难，你的配套劣势摆在那里，所以，我们现在最好的办法，就是利用距离余姚15分钟的这样一个交通圈优势，向他们寻求资源的共享。上次区委书记来调研，提出要将永和镇定位为紧贴余姚发展，要跟着余姚发展，而不是追着上虞发展。因为上虞的辐射到永和已经很弱了，而永和镇恰恰离余姚比较近，而余姚的一些产业又恰恰是永和可以共享的。"

"对，"我觉得上虞区和永和镇干部针对永和的发展思路拿捏得非常精准。"今天的永和镇一方面享受上虞的政策红利，另一方面也享受余姚的经济红利、人口红利。这无疑是有利于永和的良性发展的。"我肯定说。

"是的，房产销售就是一个很好的例子。"钟国松主席说："像锦绣四明，住的90%都是余姚人，包括现在正在开发的另一个小区，来购房的也基本上是余姚人，本地人几乎是没有的。因为这里有地理优势，到城区买房，一个是价格贵，一个是交通不便。在这里买房，价格便宜，而且离城区又很近，十多分钟就到，上班非常方便。"不经意间，钟国松主席就将永和镇“上虞角落头，余姚隔壁头”的区位优势总结得非常透彻。

调研札记

永和调研，时间不长，收获不小。一开始是该镇富有特色的区、镇、村、企四级联动的全域共富项目吸引了我们，使我们决定将乡镇调研的最后一站放在那里。到了永和后，我们进一步发现永和的兴村共富思路远不止打造一个全域共富项目，在系统性思维、全局性思维、整体性思维的引领下，永和镇将弘扬兴村共富的传统优势与发掘强村富民的时代优势有机结合起来，因地制宜，借势借力，统筹兼顾，描绘出一幅栩栩如生的强村富民的永和画卷。

到什么山上唱什么歌，兴村共富须因地制宜，这是我们调研永和后获得的深刻感受。永和的地理位置非常独特，从永和到上虞百官需要半小时，而到余姚市中心只需 10 分钟。一方面身在上虞却难以汲取来自上虞的辐射能量，另一方面不属于余姚却只跟余姚中心相隔一步之遥。迈入新时代以来，永和镇党委和政府从自身独特的地理位置出发，全力做好“上虞角落头、余姚隔壁头”的兴村共富文章，终于获得磅礴的强村富民支撑力。

推进新时代乡村强村富民工作需要坚持从实际出发，同时，必须坚持问题导向。“问题是时代的声音，回答并指导解决问题是理论的根本任务。”① 具体到永和镇，让远离上虞区中心的永和搭上上虞兴村共富的“高铁”，是镇党委和政府的执政追求之一。永和镇全域共富项目的顺利推进，揭示了落实强村富民工作必须有全局性视野。作为一项系统性、全局性的工作，兴村共富不能只靠单兵作战，而是要借助多方力量，协调作战，统筹安排，全面推进。永和镇强村富民工作之所以能打开新的局面，成为上虞区镇域兴村共富的典型案例，正是由多方力量的协同作战促成的。

首先，永和镇充分依托了上虞区委和政府的力量。上虞区在绍兴城乡一体化发展方面是名列前茅的，其农村村民的人均年收入增长速度处在绍

---

① 习近平．高举中国特色社会主义伟大旗帜 为全面建设社会主义现代化国家而团结奋斗[J]．求是，2022（21）：20.

兴前列。然而，就上虞区域而言，2021 年，虽然农村常住居民人均可支配收入增幅高于城镇 1.1 个百分点，居全市第一，但城乡收入比居全市第四。因此，如何切实有效地推进上虞区域兴村共富工作，加快城乡一体化发展的速度，是上虞区委和政府工作的重中之重。而正是在这一关键问题上，永和镇充分发挥自己的区位优势，结合自身实际，提出兴建镇级全域共富物业项目，切实提升镇辖各村经营性集体经济收入的思路，并且利用区领导来永和镇调研的机会，就上述工作思路向区委领导作了详细汇报，最终得到区领导的充分肯定和全力支持。

其次，永和镇在强村富民工作中注重发挥镇域有关企业的力量，特别是注重发挥拟入驻新建镇域共富项目——“青峰创业园”内有关企业对永和镇兴村共富工作的支持作用。通过发动企业设立“兴村共富”基金等方式，让有关企业成为永和镇兴村共富工作的重要参与者和支持者。

再次，永和镇注重发挥镇域所辖各村自身在强村富民工作推进中的内生性力量。从根本上而言，农村的建设和发展还得靠广大农民群众自己，任何等、靠、要思想只会助长有关村庄在强村富民工作中的惰性思维，最终影响自己的内生性发展，阻碍农业、农村、农民在乡村振兴进程中的再出发。在这方面，永和镇的宣传发动工作做得扎实、细致、有效，镇党委书记、镇长与其他班子成员反复沟通，达成共识。他们在筹划构建落实镇域共富物业项目时始终与各村保持充分有效的沟通，所以，各村也充分认识到镇党委和政府着力推进的共富物业项目与自己村庄强村富民推进工作的正相关关系，进而对镇党委和政府启动的该项工作全力配合和支持。

最后，永和镇党委和政府自身在镇域兴村共富物业项目的统筹推进中始终处在核心和灵魂的地位。镇党委和政府注重上情下达与下情上达的工作，借势借力，注重发挥上级党委和政府的支持力量、项目入驻企业的协助力量、所辖各村致力于共同富裕的内生性力量，最终使镇域共富物业项目成功落地。

以上就是调研团队所梳理的奋力打造区、镇、村、企四级联动全域共富项目的“永和经验”或“永和模式”。

九

区委宣传部会议室：一场关于“兴村共富”的头脑风暴

座谈会概述

2022 年 8 月的夏天，针对上虞区八乡镇（街道）强村富民问题的调研进行得紧凑而有序，通过深入乡镇（街道）与农村基层乡村干部、村民面对面沟通，团队各位成员对上虞区强村富民有关问题有了更加切身的感受和认识。为了协助我们从宏观层面对此问题有一个更好的把握和思考，2022 年 8 月 19 日上午，上虞区社科联的王赛君副主席特地在上虞区委宣传部会议室为我们安排了一场由上虞区强村富民有关部门领导与调研团队参加的座谈会。

参加会议的部门主要有区委宣传部、区委改革办、区发展改革局、区农业农村局、区财政局、区文广旅游局、区自然资源和规划分局、区社科联等单位分管领导。为了开好座谈会，提高有关交流的质量，上虞区社科联已经在会前发给有关参会同志交流的提纲，希望有关交流主要围绕以下问题和重点展开：

一是上虞区在推进强村富民、共同富裕方面的工作理念、主要制度、重要举措以及当前的工作重心。二是上虞区围绕乡村振兴所开展的农村综合改革情况、主要举措。三是上虞区为推动强村富民工作所开展的经济塑形、文化铸魂的工作理念、主要举措、存在的问题。四是上虞区在农业、农村、农产品等方面的宣传举措、当前工作重心、存在的问题。五是上虞区在农业、文化、旅游结合方面的工作理念、主要制度、重要举措以及当前的工作重心。六是上虞区在闲置农房激活方面的有关规划、主要举措及经验心得。七是上虞区在涉农综合产权交易平台建设、宅基地租赁等方面的探索实践、有关经验、存在的问题。八是上虞区在土地盘整，特别是在大块土地流转、改善农村人居环境方面的主要举措、取得的成效、当前工作重心。九是上虞区、镇、村三级在壮大村级集体经济方面的主要举措、取得的成效、存在的问题、当前工作重心。十是上虞区、镇、村三级在扩中提低、增加农民收入等工作方面，进行了哪些有益探索，存在什么突出问题。例如，党建如何统领强村富民工作，如何发挥基层力量的积极性、主动性等。十一是上虞区部分先进乡镇（街道）、村（社区）在强村富民、共同富裕等核心命题上，进行了哪些有益探索，形成了哪些标志性成果、模式、经验，存在什么问题。

强村富民，我们探索中形成了哪些特点和亮点?

2022 年 8 月 19 日上午 9 点 30 分，绍兴市“社科赋能共同富裕行动”课题调研座谈会在上虞区委宣传部 1224 会议室准时召开，上虞区社科联副主席王赛君主持该次座谈会。

“各位领导，欢迎大家参加今天的绍兴市‘社科赋能共同富裕行动’课题调研座谈会，”区社科联主席王赛君首先发言，“裘教授、马教授在上虞分院任教多年，对上虞有深厚的感情，陈主任去年在百官街道挂过职，大家都是上虞的老朋友，所以大家不用太拘束，想到什么随便聊。”王赛君副主席说。

王赛君副主席讲得没错，我与妻子马芹芬女士在 1999 年暑期随着嵊县师范学校与上虞师范学校的合并，从嵊州迁到上虞工作和生活，2000 年，上虞师范学校升格为绍兴文理学院上虞分院。我与妻子则在 2012 年秋季从上虞分院分别调入绍兴文理学院法学院、绍兴文理学院元培学院。我与妻子在上虞整整生活了13年，确实将上虞当成了自己的第二故乡，踏遍了上虞的山山水水，走遍了大街小巷，也结识了很多朋友。因此，在绍兴市社科联发起“社科赋能共同富裕”调研行动时，我与团队很高兴地申报了调研项目，最终承接了上虞区强村富民调研任务。

来自上虞区改革办数字化专班的小丁首先发言：“各位老师，我主要是负责数字化改革专班这方面的工作，从我们改革办或者从数字化改革层面来讲，主要是负责全区的数字化改革的一个统筹。现在数字化改革的应用也比较多，有56个省级试点，我们梳理了一下，跟我们共富相关的应用，主要有这么几个：针对老年群体的有‘浙里康养’智慧养老综合应用系统；有一个未来乡村的‘邻里救’，也是主要针对老年人的；养老服务建设场景主要是建成区、镇、村三级互联互通、资源共享、标准统一的养老服务平台，对养老模式进行一个全覆盖的监管，确保关于老年人的养老服务达到一定的水准，以促进这个产业的发展。

“未来乡村社区的‘邻里救’，主要是通过邻里的互助，通过邻里帮、结对帮，打造一些特殊的群体互助组织，比如残疾人、年纪很大的、有特殊需求的，进行一个长期的结对。这里涉及两种模式，一种是临时的、偶尔的帮助，一种是长期的、结对性的帮助，通过这两种模式相结合，来进行一个邻里之间的互助，来打造一个未来救助多元化应用场景，建立普惠制的清单、救助名单等，确保有所需，有所供，有需求的我们尽量予以兜底服务。

“针对‘一老一小’中的‘一小’，主要是教育，核心是简化入园、入学的手续。现在，在很多的情况下，双职工家庭的小孩子其实是没有人管的。所以，学校里的晚上学习班、外面的托幼班、辅导班，我个人觉得是承担了一部分家庭管理和帮教的职能，帮助家长看看孩子，提高教育水平。还有亲子阅读，未来的教育发展趋势是阅读所占比重越来越大，越来越重要，很多时候到底学了多少、学得怎么样，家长其实顾不上太多。说实话，我现在每天到家也很迟，我老婆是护士，小孩其实也没时间管，我父母其实也管不住他的读书，教育班里面有阅读情景和阅读测试，其实是帮助小孩提高阅读水平，所以这是从‘一老一小’维度进行帮助。针对其他一些特殊人群，针对残疾人，我们有‘乐虞助残’，是全省的一个针对残疾人帮扶的提升共享项目，省残联甚至是中国残联都非常认可这个项目，重点聚焦残疾人的主动感知和精神治理、服务保障以及残疾人信息共享。我们的努力目标是，通过这样一个应用，尽量解决残疾人经常遇到的一些事项，帮助拓展助残的方法。”小丁的介绍很具体，也很清晰。

“‘乐虞助残’，是区残联在统筹负责的吧?”我问道。

“对!”小丁回答说，“区改革办负责全区层面的统筹支持，由区领导直接牵头。退役军人的生活质量也是政府层面非常关注的一个问题，我们有一个拥军指数数字化的场景，对于他们的生活情况密切关注，不能让解放军流血又流泪。对于他们生活的关心和情况的掌握是工作的重中之重。

“e行先锋，是针对新就业群体的一个数字化系统，如快递员、外卖员、网约车司机、网络直播等。支部要建在连上，出现新的就业群体，我们的党建是要延伸过去的。通过党建引领，帮助他们解决现实中的一些问题。党员战斗力的发挥，对于新就业群体的团结也好，提升发展也好，都有相当大的意义。这个项目主要由区委组织部在牵头。

“我们数字化的推进工作在乡村还有一些项目，各位教授可能都去看过了，如东澄村，还有丁宅乡的丁宅村，他们其实都是属于未来乡村建设的一个方向。就岭南乡东澄村而言，主要是发展旅游业。丁宅乡在做好旅游的同时还重点推进了‘丁宅民声’的应用。在最新推出的应用中，针对老年人有类似手机那样的东西，但是只有两个按键，一个是红色的，对接志愿者，将自己的需求跟志愿者说，导入到系统后派单，安排人员去服务；还有一个按键，是绿色的，是呼叫子女的，解决了老年人不怎么会用电子设备的问题。现在人工智能越高级，其实对老年人是越不友好的，他们需要简单和直接，一个按键按一下找到相关的人是最重要的，接下去的事儿就交给相关的团队或政府去做，他们只要能将自己的需求说出来就好。服务团队那边，像理发团队、家电团队都是有的，他们的志愿者团队也是建设得非常强大的，也是政府在投资，跟供销社在合作。

“还有，像谢塘那边的黄花梨，一个努力方向是通过数字化手段，提升农业发展集约化水平，此外，他们也在打造相关的IP。数字化建设对上虞的发展确实是起到很大的作用，我们的目标是尽量将这些能用的资源都利用起来，通过旅游富民、卫生打扫、美丽乡村建设、特色鲜果产业，尽量从多方面、多维度提升农村物质生活和精神生活。"

小丁作为改革办数字化专班的专职工作人员，他的介绍其实已经融合了上虞区如何通过数字化建设推进强村富民的系统性、全局性工作，其中涉及民政、农业农村、组织、宣传、残联等诸多部门的协力共建。听了小丁的汇报后，结合我们在上虞八乡镇的实地调研，我们深深感受到数字化建设已经成为上虞区推进兴村共富工作的一个抓手和特色，通过数字化赋能，上虞区的强村富民工作进一步凸显出系统性、智能性、协同性、前瞻性。

兴村共富，我们今天还需突破哪些痛点和难点？

在座谈会上，上虞乡村旅游资源的发掘与利用成为大家关注与讨论的焦点问题。事实上，自从2005年时任浙江省委书记习近平同志提出"绿水青山就是金山银山"理论以来，上虞区委、区政府一直在推进绿水青山向金山银山的转化工作。现在，近20年过去了，一方面，上虞在发展乡村旅游、增加农民收入方面已经初显成效；另一方面，伴随着"成长的烦恼"，上虞在"两山理论"的践行进程中尚有诸多痛点和难点需要应对和破解。

"实事求是地说，我们上虞旅游资源不算很丰富，和旁边的地级市也差不了太多，文化资源除了孝德和青瓷，其他能看的也不多，现在很多上海和杭州过来的游客，他们待一天，不住宿不吃饭，看完了就走了。上次去岭南，当地有这种反映，很多人来了，只留下垃圾，不消费，增收这一块有没有一些创新的点可以去挖掘？"我们团队的陈怡伶首先提出一个问题。

"没有办法，这个也是上虞与周边地区发展旅游的一个通病。你说旅游现在哪个地方好呢？好的地方不太有的。新昌大佛寺我们去了三四次，如果没有其他客人来，我们也不会去的。"文广旅游局的郑局长说。

"我觉得我们的旅游有个问题，就是没有网红大IP，所以需要打造能引导客人消费的，最好能吸引孩子消费的大项目。"陈怡伶建议说。

"这个有难度！"郑局长说："像你说的项目，说实在话，一是很难引进，二是能耗也高的，要很多的土地、很多的投入。你投入那么多，万一到时候没生意，一下子就亏了。以前来谈的人很多的，如邵逸夫团队曾说想开发旅游的场馆，但是基本上不现实，因为人气不够。你可以想象一下，如果上虞办一个‘迪士尼’会有多少人流量呢？杭州办一个和上虞办一个要相差很多！而且‘迪士尼’和‘肯德基’一样，他会有一份调研的，他会到你这个小地方来办这个东西吗？”郑局长反问道。

新时代的强村富民工作具有系统性、全局性，我们不仅需要物质富有，而且需要精神富有，而我们在上虞八乡镇的调研表明，在上虞区，部分村庄尚没有做到物质文明与精神文明两条腿走路。那么，上虞区委和区政府准备如何处理这个问题呢？这正是我们所关心的。

“调查研究中，我们发现这里一些农村文化礼堂的运行有板有眼，特别是道墟街道等地的样板礼堂，但是我们也发现一些文化礼堂建设比较空。诸位在座的部门领导怎么看？”我一边思考，一边提问。

“这是一个客观现象，因为文化礼堂建好之后，能不能将它用起来是一个关键的问题，像道墟、小越等，就比较好。就道墟而言，一是文化底蕴厚，二是当地有许多文化活动爱好者，所以活动开展得较好。但也有些礼堂，设施不是很好，有关的人才也比较少，确实存在问题。所以我们也一直在思考，能不能建设文化联盟，几个村或相关区组成文艺联盟，让村与村之间有交流，镇与镇之间也有交流。

“有礼堂和没有礼堂还是有区别的。没有礼堂，当地人可能就只能在屋里打打牌、打打麻将。有了这个场地之后，就能够在里面写写字、唱唱歌、跳跳舞，其他的群众也会受到这种感染。”

听了我的问题后，区委宣传部的小唐回应说。

接着，区发展改革局的沈局长就自己分管的强村富民工作中的难点与痛点问题作了重点分析：

“目前，从整体情况来看，乡镇一些问题主要还是集中在五个方面。第一个是人口，人比较少，尤其是虞南这块，整个上虞说实话人口也不多，也就 80 万人口。乡镇尤其是虞南的乡镇就特别少，岭南可能没有几千人，陈溪乡可能更少，常住人口 3000 多人，下管 4000 多人。虞南与虞北乡镇 20—59 岁人口，虞北乡镇是 3.7 万人，虞南只有 8000 人，8000 人里面大多在丰惠和章镇。大专和本科以上学历的人口，虞北是5577人，虞南只有700多人。所以，从这些数字上来看，其实我们南北的差距是比较大的。尤其是虞南乡镇，其人口中劳动力比较少，没有人，你说怎么发展？这个就比较难。

“第二个问题是土地资源比较少。所有的项目，说实话，哪怕是铺路造桥也好，都需要土地资源。从资金上来说，上虞的财政其实还可以，至少从全省来看是这样，全市来看也还不错。但是，从乡镇来说，制约更多的可能是土地资源。我们这段时间其实跟乡镇也在交流，发现普遍存在有项目但没有土地的问题。这里有整体土地资源比较紧缺的背景，另外可能更多的情况是，土地资源给了一些涉及经济发展的更大项目，另外一些剩下的土地资源可能更倾斜于保障道路建设等一些基础性的东西，这样的话，一些乡镇要上项目可能就比较难了，有些项目可能要等三四年才能得到土地资源，这个确实也是现实情况。从省里来看，正常情况下，每年也就800—1000亩的‘戴帽’土地，而且这里面连农村宅基地也放进去了，农村交通路网也放进去了，另外总还得考虑一些产业的发展，是不是？上虞毕竟还是以工业为主，我区工业方面每年有这么多项目进来，也是要支持发展的，所以，现在省里是通过重大项目的申报来审批土地，但是乡镇一级肯定不会有诸如此类的重大项目，所以，这个问题怎么办？我们的做法是有关政策向虞南山区等乡镇倾斜，哪怕是资源再有限，也要定向地挤出一些土地，支持其发展。

“第三个是产业问题，我区乡镇中第一产业、第二产业、第三产业的发展还是不够均衡。从第二产业角度讲，我们重点是开发区平台，现状就在这里，第一产业可能各个乡镇都有，但是它占比太小，带动能力太弱了。好的猕猴桃七八元钱一斤，一亩地3000斤，能达到2.4万元左右，这是按照今年的情况。葡萄可能还稍微低一点，1.5万元左右，有些可能还更低。还有一种是量较少，如樱桃等产品。整体看看还好，但是到家家户户去看就没有多少产量了，就是这么一个情况。所以，第一产业的种植包括粮食种植，我们的产量在省里是数一数二的，这个名次已经连续保持了9年，但是这个粮食种植不是说有多少利润，这个主要是靠大户的补贴，所以这个产量其实也非常不容易，但是总体来说，第一产业的带动效应并不明显。我们一直在做传统产业的改造提升，把一些污染严重的产能淘汰掉，低、小、散的也淘汰掉，环境整治是越来越好了，但随之而来的是某些产业的空心化问题，比如道墟原来的化工产业都集聚到杭州湾那边去了，那么现在道墟的空心化问题怎么来补充？我的产业怎样得到可持续发展？这个其实是个很大的问题。

“第三产业，上虞一直想做，但是说实话，这几年上虞的第三产业发展进度不是特别快，上虞的重头戏还是在第二产业上，第三产业的发展特别是服务业的发展近几年来不是特别明显，而且第三产业的重点其实也是在城区这块，围绕城区做一些生产性服务业，包括科技服务、金融服务等。旅游是依托了曹娥江度假区，这是上虞的全域旅游。但总体来说，正如一些领导所言，我们的旅游不成气候，其实单个点去看是可以的，也有亮点，但是在串珠成链这方面，没有达到较好的效果。比如我们常说的过夜经济，怎样让游客留下来住一晚上，需要思考和推进。还有，如何集聚人气，我们也在思考。现在我们鼓励三孩，只要你结婚登记，男女双方有一方是未婚的，就给你发 1000 元钱。这个是从人口角度推动地方经济和社会发展。

“乡镇上的产业目前还不足以支撑当地经济的发展。没有产业，老百姓就没有就业。你住在岭南，到杭州湾去上班的可能性就不大。你如果真的去杭州湾开发区上班，你可能就不回岭南了，就住在城北了，这就势必导致岭南的人越来越少。所以，没有产业的发展，人是留不住的，哪怕是人现在去了，没有产业的加持也要慢慢流失掉的，就是这么个情况。

“宅基地改革和乡村建设，我认为这个主要是为了资源整合，同时也是市场化改革加集体经济的探索，这个相当于直接从农民增收的角度做文章，但是目前这方面都是样板性的东西，农民自我可持续性造血的功能到底有没有？这个很重要，说实话，我可以前期给你投入，给你配备设施，但是我不可能将这个政策性扶持的包袱背一辈子。前段时间，我们对于未来乡村建设进行了督查，现在确实打造得很漂亮，但是它后期的维护成本怎么解决？相当于我现在将你弄好了，但是以后长效的管理机制呢？我们需要健全完善农村人居环境的长效管理机制。这个未来肯定是比较重大的东西，我觉得是可以去突破的。比如说，我们现在提出要消灭无物业的小区，为什么要消灭无物业小区？对于小区的日常管理来说，有物业和无物业还是完全不一样的，这是城镇里正在推的。但是，这个在农村里怎么弄？这里面就涉及日常管理机制的问题。比如，环境卫生方面，现在是采取乡镇补贴一部分的办法，这个机制到底能不能长效？我觉得可以再探讨一下。

“第四个是标准地改革和农业双强的问题。这个更多是从产业的角度，特别是从第一产业发展的角度来着眼的，这个可能是区农业农村局的同志更专业一点。

“第五个是数字化改革赋能强村富民的问题。这个应该是综合性的，涉及好多的应用，通过数字赋能来做好保障。

“以上是省里在重点推进的五个方面。我们自己区里，也有几块内容。强村富民，我们今年做了一个实施方案，这个到时可以发给你们整体上作为参考，这个方案相对而言覆盖面比较大，到时候可以参考一下。

“我们在重点推的另外一块是‘山海协作’，这可能是我们重点的一块工作任务，我们可能围绕‘山海协作’做一个行动计划，再加一个政策来实现整体的‘山海协作’的推进，包括一些乡镇和乡镇的结对、乡镇和部门的结对、乡村和重点企业特别是和重点优势企业的结对以及跟一些区里的平台的结对，哪怕是一些外面的资源到时候也可以通过结对导入进来，比如省里一直在推的一些中央和部委的国企，需要时我们也可以联系。

“还有一块是低收入人群，针对困难群众的帮扶也是一个重点，接地的过程怎样来设计？这个可能民政这一块有一些好的做法，如关爱扶助等方面。”

沈局长快人快语，用了不长的时间，就从发改局的维度将上虞在强村富民进程中需要解决的问题与存在的痛点、难点讲得头头是道。

这时，区农业农村局的陈局长补充说：“另外需要关注的是村集体经济增收问题，现在村级集体的增收确实比较困难，因为现在农村集体基本上没有资源。山林田地都已经分到农户了，不像江苏那边集体控制得比较牢，还是以集体经济为主。我们这边其实以农户分散经营、个体经济为主。这么多年以来，村级集体资源基本上是没有的。所以，就村级集体的增收而言，自我造血功能的增强十分困难。山林资源已经到农户了，集体再去调用是十分困难的，这个现状是存在的。

“而且，现在又凸显一个新问题，现在农村在推进标准地建设，如果你高标准土地建过去，想增加一条机耕路，实际上是不能的，有严格限制，老路在的，你硬化还可以，老路没有的，尽管是用于农业方面的，但还是严格控制，相当于造一条机耕路也要占补平，这样一来高标准农田建设就更加难以推进。而且，现在省里的高标准农田建设，原先做过一个项目，现在不能做了，这个其实也是不符合农业产业化发展要求的。我们的意见是，既然高标准农田建设成块面积要大，所有的灌溉设施要配套，不是说原先是低标准的，现在改造成高标准农田，只需要造一条路就行了，那么这方面的政策确实需要做些调适。

“现在上虞的工业比较强，但是在农业生产的粮食这一块，还有很多潜力可以挖，假如粮食价格能够提升一下，对粮食增产的影响还是比较明显的。

“再一个就是城乡一体化的问题。现在城乡一体化包括户籍制度改革其实已经相当成熟了，包括农民的一些权益也都保障下来了，哪怕户口迁出来了也不用十分担心村里的权益受影响。但是，现状还是原先的问题，那就是城乡二元结构倾向还是比较明显，包括户口，原先居民户口是很吃香的，但是现在可以迁了农民却不肯迁了。刚才说到，陈溪乡的户籍人口10000人，但是实际常住人口只有三四千人，其实好多人不是说临时出来的，而是长期都已经在外面了。”

陈局长不愧是区农业农村局的干部，其在交流发言中所谈及的村级集体经济增收问题、高标准农田建设中的政策性约束问题、城乡二元结构对城乡一体化的影响问题等，都是实实在在关涉农村村民共同富裕与村集体经济收入增长的痛点和难点。

如何打造一个含金量更高的区域共富示范地？

通过上虞区八乡镇强村富民调研，我们的总体感受是，无论在区委、区政府层面，还是在乡镇街道层面，都对该项工作倾注了大量的精力、投入了不菲的财力。一份心血一份成绩，我们认为，上虞区乡镇兴村共富的总体水平，不论是在绍兴还是在浙江省都是名列前茅的。当然，兴村共富，没有终点，只有起点；没有最好，只有更好！在上虞八乡镇调研，我们欣喜地看到，除了聚焦强村富民目标，在物质富裕方面接续发力，上虞各级党组织和政府有关部门正在大力推进精神文化层面的富裕。在2022年8月19日的座谈会上，不少干部围绕上虞乡镇街道的精神富裕问题坦诚发言。

文广旅游局郑局长告诉我们：“文化方面，我们重点在推非物质文化遗产工作，如孝德文化传承生态保护区，将全区的非遗项目、非遗资源进行统筹，打造孝德小镇，更好地促进非遗的传承。省厅在推进非遗传播的数字化改革，通过线上线下的平台打造，将非遗传承人的基本情况、产品、活动通过线上线下同时推进。

“我们还想借助区内国有企业的销售平台，将四季鲜果和非遗保护建设结合起来，文旅集团有文创销售平台，我们都将其整合在一起了，以进一步带动非遗传承，助力共同富裕。这是文化产业化的第一块工作。

“第二块工作是研学游的拓展，我们正致力于推进保护非遗传承的研学游活动。绍兴文旅局正在打造研学游这一块，在全省处在领先地位。上虞也在推进非遗传承和研学游活动，越窑青瓷是我们的特色，瓷源小镇已经建设得差不多了，可以吸引大量的绍兴中小学生团队来搞一些青瓷的研学游活动。上虞向阳旅行社搞了一个虞南基地，将一些非遗因素结合进去，如剪纸、青瓷作品等，这一块是非遗工作。

“第三块是文化下乡，一是纯粹组织民营团队去各乡镇文化场所开展文化惠民演出，负责送戏下乡，每年有350场左右。二是培训，培训老师到各个文化场所，包括一些基础好的村，培训一些文艺团队。像道墟街道这一块就做得比较好，王委员在做宣传委员，道墟结合文化站每周搞一些培训活动，如书法、打击乐器、铜管乐队等，这方面老百姓的获得感比较强，参与度也比较高。

“第四块是文化精品的创作，去年推出了‘浙江这边的年轻人’越剧大戏，今年又进行改造提升，参加中国越剧戏曲节，作为五台戏之一。2022年8月11日在新昌大剧院进行了首演，新昌那边的群众还是很喜欢看的，票价定在120元左右，结果是一票难求。文化精品创作，我们上虞一直在投入，创作了一些很好的作品，包括这次绍兴市纪检委在我们这里搞‘清白泉’纪念活动，我们都是本土的一些节目。此外，我们组织了与共同富裕相关的文化活动，前些时间在艺术馆搞了共同富裕的作品篆刻展，我们鲁书记专门抽时间去看了展览。我们还跟乡镇、村庄、企业联系，搞一系列共同富裕的文化活动。

“旅游方面主要侧重于景区村的创建，上虞也就这么几个景区点，而且从全省的情况来看，要创5A级景区，可能性是微乎其微。因为近几年省内成功创建5A级景区的只有临海古城，新昌大佛寺喊了十来年，到现在为止，也创不下来。现在要求越来越高，要求是封闭式的景区，这一点我们都做不到。包括我们现在的4A级景区——覆卮山景区，要封闭起来，难度真的很大。所以关键是景区村的创建，很多人并不是冲着你有很有名的人文景观或者自然景观才来的，而是想抛弃城区工作的烦恼，来换换新鲜的空气。我们跟新昌没法比，但是我们有自己的定位。我们跟柯桥也不能比，因为柯桥民营资本投入比较多。我们的投入也在逐步提升，曹娥江景观带每年的投入达3.5亿元。

“大的项目我们都在统筹推进，包括瓷源小镇的打造、孝德小镇的打造。虽然我们上虞旅游的优势资源不多，但是在投入上还是比较多的。再过几年，有些成果就可以体现出来，孝德小镇的历史文化景区正在打造，瓷源小镇跟景德镇陶瓷大学合作的大项目也在落地。以后，景德镇陶瓷大学的学生过来，有1000多张床位的研学基地，形势还是乐观的。

“旅游业态的培育这一块，上虞的品牌搞得不错，如鲜果之旅、章镇樱花节等。其实，那边的樱花开后一开始并不是一个景点，园林老板种的樱花盛开后，大家口口相传，争相观看，自然而然就成了一个景点，成为网红打卡地。当地政府已经将周围环境打造好，包括停车场等基本设施做好后，又发动当地老百姓将一些特色时令产品如笋干、水果、自家的一些农副产品展示出来，效果比较好。从旅游的角度来看，我们的定位还是上海和杭州，但杭州过来的游客比较少。杭州人有个特点，喜欢往嘉兴、湖州跑，跑到绍兴的不多。所以，绍兴市旅游局也一直在进行整体性资源布局，将几个县区都串起来。现在，有些业态主要在依托唐诗之路的建设。

“还有一块是旅游商品的开发，其实岭南也好，下管也好，还是需要打造自己的特色旅游产品。但这个商品开发也有难度，如果质量保证，则很有可能数量上不去，如果数量上去了，则不一定能保证质量。总体而言，这几年活动开展得较多，但要扎扎实实带动农产品的销售，还是存在一定的瓶颈。目前还是呈现出松散性，缺少统一的品牌，往往等你想大量采购的时候就断了货，这是一个通病，我要讲的就这些。”郑局长如数家珍，娓娓道来。

“有个问题想跟郑局长沟通一下，”我问郑局长：“在美丽乡村建设调研考察中，很多村反映，美丽乡村建设在建设时上面拨款比较充沛，但建成后事实上每年都要做打理杂草等维护、保养工作，他们感到资金不够。不知我们有否考虑过，除了建设，另外每年给予一定的资金用于维护保养?”

“这个分两块，一块是我们的财政能够持续投入，第二块还是要提升自我造血功能。我自己也在乡村待过，一年下来，收入多少，支出多少，要有个统筹。支出多少其实是比较固定的，像刚才说的杂草打理，这些要在支出中算进去，看一年要花多少钱，一般都是乡镇一级解决的。但是，要在这一块持续投入是有难度的，不可能每年还给你固定的项目配套支出资金，但是基本维护应该是可以的。如岭南乡，打个比方，有 8 个村，每年要用多少钱，村里要有估算，到后来确实有困难的，乡镇帮他们解决一下，所以基本维护应该是可以的。

“其实，根据项目的多少，我们有每年 3000 万元的养护资金下拨的，不够部分由乡镇村里自行解决。”郑局长告诉我们。

“这里涉及两个方面，一方面是上面支持，另一方面是增加自身的造血功能，恐怕这是关键，还是要加强自身内部的统筹。”我插话说。

“是的，自身的努力是根本，投入后取得相应的收益是关键，”郑局长回应：“上海人来岭南，它其实是一条线上的一个点，因为门票是免费的，老年团什么的确实可能是没有什么消费，但是我觉得像这种团其实也不会给我们当地带来多大的效益。真正来上虞消费的，一般是来住民宿、吃土家菜，因为上虞的旅游跟周边比起来也没有特别的优势，也就几个节点，油菜花季节去岭南，但是岭南的接待能力是有限的。村里是这样说，但是这帮人真来了以后，吃和住往往在丰惠、章镇或者在上虞的宾馆，不可能一下子全部体现在岭南。去岭南乡但不消费，对刚才你说的老年团是很正常的，有些旅行社还倒贴老年人五斤鸡蛋什么的，但到后来往往会滋生出较多的消费纠纷，我们还是坚持我们的原则，打造我们的一些精品景点。如好的民宿，我们一些好的民宿如墨韵居、雪花潭、牧歌、三个月亮，影响都比较大，上海和杭州人都跑过来。我们还是要坚持做这些，而且还是要坚持做文化，所以上虞在全力打造孝德小镇，努力将孝德小镇打造成文化高地。我们新建的博物馆也在那边，曹娥江也在精修，以后一些好的文化高地都放到那里去。以后我们就是文化加持，因为旅游资源我们比不过新昌，也比不过诸暨，唯一我们可以比的就是嵊州，嵊州现在也在全力打造越剧小镇。”郑局长说道。

这时，区委宣传部的小唐也就此问题谈了自己部门的工作思路：“我们现在正在大力打造文化金名片，这是我们宣传部在牵头的。此外，我们还排定了 18 个重点指标体系和 48 个重点项目，其中有 19 个项目是今年要完成的，总体的进展也是比较顺利。刚才提到的瓷源小镇、孝德小镇、一些集会我们这边就不重复讲了。跟我们区委宣传部工作相关度比较高的，包括跟强村富民贴合度比较高的，就是文化阵地建设，特别是文化礼堂建设。这个在 2013 年由浙江省委宣传部提出之后，到 2021 年我们已基本上实现全覆盖。现在，我们五星级的文化礼堂一共有 26 家，四星级的文化礼堂一共有 38 家，三星级的文化礼堂一共有 40 家。其中小越街道的倪梁村文化礼堂是省级特色书香文化礼堂，丁宅乡的丁宅村是省级特色墨香文化试点礼堂。2022 年文化礼堂的示范乡镇也有 4 个，分别是道墟、崧厦、小越和上浦。现在，还有一个数字文化建设的要求，我们是贯通了市里的绍兴数字文化礼堂的建设要求。原来的文化礼堂主要是硬件建设，现在要朝着数字化方向去建设。现在有数字礼堂的概念，以前的文化礼堂只能去实地看，现在是可以连线直播，在上虞可以看到新昌嵊州的文化礼堂的活动，打通后都可以供村里的老百姓观看。

“另外是文化品牌活动，我们有一个‘娥江颂’的群众文化月，从 2017 年开始，每年在搞。各村各个社区从乡镇推荐节目上来，有初赛和决赛，评选出来之后还会有一个大型的展演活动。

“2022 年是上虞古县建成 1200 周年，我们在 11 月左右会有一个大型的纪念活动。按照区领导的意见，打算和乡贤大会结合在一起，是2022年一场大型的活动。还有一场我们在重点准备的活动是2023年谢晋100周年诞辰，因为谢晋是谢塘人，所以是明年一个重点项目。”区委宣传部小唐说。

“我们昨天去丰惠，那里是革命文化重镇，我们上虞在糅合革命文化、传统文化、新时代中国特色社会主义文化方面，特别是在体系建构方面有没有好的案例？”我们团队的季静教授问。

“上虞一直在打造孝德文化基地，原来的定位是将孝德文化作为主体文化，再将其他的像东山文化、红色文化、春晖文化融合进去。我们的目标是打造皓月当空、众星春晖的文化星空。你刚才提到的革命文化和红色文化，丰惠那边其实资源是比较多的，像叶天底什么的都有，革命文化更多是机关教育和廉政教育，包括学生方面的相关教育比较多一些。区纪委还在牵头搞清廉文化，提出了清廉文化三年行动计划。他们也曾提出能否搞一个点线成串、覆盖全域的线路，我们也有这方面的考虑。

“说实话，我也去余姚的青山村等很多村庄调研过，我总的感觉是，很多样板村主要还是依靠政府的大规模投入，这在本质上是不可持续的。其实有两种模式，一种是政府大规模投入，效果当然是很好，但带来的问题是可推广、可复制性不强。打造一个点是可以的，但以后的造血功能如何去实现？五四村是五四宪法的发源地，毛主席也曾提及，市级党政机关去调研，发展起来一个研学产业，但是这个东西要很好地发展，其实还是要立足于群众的需求，比如说吸引小孩子，去看一看，学习一下五四宪法的精神，所以要真正有特点，才能够吸引到年轻人。像青山村，我认为它做得好其实是花了大本钱，假如没有企业的团队过去，肯定是做不了的。所以，从目前好的村庄来看，其运行一定要有一个强大的团队，很多山区的乡村大部分也差不多。所以，怎样让一个乡村可持续地脱颖而出，我觉得是一个值得考虑的问题。

“一是你得有文化积淀，这个东西别人就夺不走，二是一直要与时俱进，想到一些别人没有想到的点，比如，跟游戏产业相结合，跟大学里面的一些课题相结合，所以要与时俱进，不能故步自封。现在的一个现象是一个地方有所创新，马上同质化一大片，只有保持不停地进步或者拿出你独有的东西，才能在未来乡村建设过程中，在共富道路上走得更远，基本上就是这么一点想法。”区委宣传部的小唐回应说。

“讲得好!”我由衷地说，“一村一品，一镇一策，确实非常重要。成为样板村确实很好，但样板村是如何造就的，里面是否有可持续发展的机制和自身的内生性的特点，是需要特别重视的问题。所以，这里面村村、村企的帮扶很重要，因为不少村自身的积淀还是有限的，靠强村大村的介入和帮扶，靠企业的介入和帮扶，效果可能就不一样。”

“各位在讨论强村富民工作时可能会关注到城乡一体化问题。”区发展改革局的沈局长说：“常住人口的城镇化率到一定时候就上不去了。对上虞来说，城镇化率不是越高越好，可能到75%就是一个较好的区间。你再往上走，可能农村就没有人了。城镇化率太低，经济发展又会出现问题，所以，这个还是可以作为研究性课题。像上虞这种小城市，到底多少的城镇化率是比较合适的？值得探讨。”从沈局长的话语中不难看出，这是一位很善于谋划、很善于思考的干部。

座谈札记

安排在区委宣传部会议室的这场座谈会开得既紧凑又充实，区社科联王赛君副主席对本次会议精心准备、细致组织、周全安排，参会的各部门领导与有关同志用心准备、真诚交流、积极发言，原定2个小时的会议，由于大家的踊跃参与、坦诚相待，结果持续了3个小时。

讨论和研究新时代中国乡村振兴战略，首先需要搞清楚“作为中国基层社会的乡土社会究竟是个什么样的社会”[①] 这个问题。在座谈会上，与会各位干部与调研团队成员立足自身对乡村基层社会的认识和了解，围绕强村富民这个核心问题，既有思想的分享，也有意见的商榷；既有和风细雨的探讨，也有不同观点的争鸣。因此，堪称一场兴村共富的“头脑风暴”。

参与这场区政府的兴村共富座谈会，我自身的收获和感触良多，特别

① 费孝通．乡土中国［M］．北京：生活·读书·新知三联书店，1985：2.

是对于以下问题有了更深的思考。

一是在强村富民进路中加快建立“文化联盟”的问题。

农村的共同富裕不仅是物质层面的共同富裕，而且包括精神文化层面的共同富裕。关于这一点，实务界与理论界早已达成共识。那么在实际工作中，到底应该将哪方面作为振兴乡村的抓手？是先夯实物质富裕的基础，还是先开启精神共富的进程？我认为还得具体情况具体分析，到什么山上唱什么歌，不能搞“一刀切”。通常情况下，我们还是主张物质共富与精神共富齐头并进。21世纪初，时任浙江省委书记习近平同志主政浙江时，采取的就是物质富裕和精神富裕两手抓的根本思路。一方面在经济发展方面提出了“腾笼换鸟”“凤凰涅槃”“绿水青山就是金山银山”等著名理论，推动浙江经济高质量发展方面走在全国前列。另一方面，习近平同志在深入调查研究基础上，要求浙江各地加快文化精神层面的建设。对于绍兴，习近平同志先后提出弘扬“胆剑精神”、发掘大禹文化、传承越剧艺术等一系列指导性意见。所以，今天，我们在全力推进浙江省域高质量发展建设共同富裕示范区的时候，必须将物质富裕与精神富裕有机结合起来。上虞区在强村富民进程中也非常注重物质富有与精神富有的协同推进。但是，我们在调查中发现，上虞区各地农村在精神文化建设进程中的水平是参差不齐的。如何解决这个问题？我们认为，上虞区在实践中创新性地提出建立“文化联盟”的思路是非常值得提倡和分享的。一些文化建设搞得好的乡镇街道可以通过线上与线下各种途径将自己的经验和资源分享给这方面相对较弱的乡镇街道。村与村之间也可以通过“村级文化联盟”的建设让文化建设层面的强村与弱村之间互相合作、结对帮扶，最终实现加快整个县域乃至市域、省域精神共富速度的目标。

二是乡镇经济结构调整后如何消除产业“空心化”的问题。

2017年党的十九大提出了以“产业兴旺、生活富裕、生态宜居、乡风文明、治理有效”为核心内涵的乡村振兴战略。不难看出，在乡村振兴战略的推进过程中，产业兴旺是根本和基础。在本次强村富民上虞区八乡镇调研中，我们对这一点也有深刻的感受。以上虞区道墟街道为例，本来，那里是上虞化工企业的集聚地，龙盛化工、闰土化工等企业的产值和市场占有率不要说在绍兴，就是在全国都有相当重要的地位。

迈入21世纪以来，国家加强了人与环境友好理念下的产业结构调整和升级换代。根据上级统一规划和布局，道墟街道的化工企业产地陆续从镇域搬迁到滨海的杭州湾精细化工园区，原来在道墟上班、住宿、生活、消费的大量化工企业员工也随之去了滨海新区。如此一来，道墟街道一下子从生产忙碌、人丁兴旺、消费旺盛的工业名镇变成了人口稀少、店铺冷落、产业“空心化”的普通乡镇。尽管不少化工企业出于关心家乡建设和发展等考虑，在将生产基地按照上级要求迁往杭州湾化工园区的情况下，还是将仓储基地、销售基地等设施尽可能留在道墟街道，但是，产业、商业、人口等的衰减还是肉眼可见的。

在上虞区委宣传部会议室召开的职能部门强村富民工作座谈会上，上虞区发改局的沈局长等多位干部谈到“腾笼换鸟”“凤凰涅槃”背景下某些乡镇（街道）产业的空心化问题。我们认为，要解决此问题，一方面，上级党组织和有关政府部门需要着眼于整体发展视野和系统推进思维，做好部分乡镇产业结构调整后新产业的布局和培育工作，从资源、资金、政策等诸多方面强化其转型过程中的内生性发展能力，减少转型期的阵痛。另一方面，作为有关乡镇（街道），必须发挥自己在产业升级换代进程中的主观能动性，鞋子穿在身上合不合脚自己是最清楚的，自己乡镇有哪些可以利用的资源和禀赋，所在乡镇的干部和群众是最知根知底的。所以，有关干部和群众必须克服“等靠要”思想，充分发挥自己的主观能动性，通过新产业的布局和新经济的构建，重新开启产业兴旺的新进程。

三是兴村共富进程中如何加快“三产”的穿珠引线问题。

在“强村富民”区政府职能部门干部座谈会上，有多位同志说到上虞农村旅游服务产业乃至整个上虞的旅游服务产业，均存在整体性不够强的问题。如区发展改革局的沈局长指出，这几年来上虞的第三产业发展进度不是特别快，上虞的重头戏还是在第二产业上，第三产业的发展特别是服务业的发展近几年来不是特别明显。总体来说，上虞的全域旅游包括乡村旅游还不成气候。尽管单个点去看是可以的，也有亮点，但是在串珠成链这方面，没有达到较好的效果。可以说，上虞第三产业的主要问题就是没有将区域旅游服务资源很好地串起来。尽管上虞的四季鲜果知名度很高，包括上海等地都有很多人过来；但是，正如座谈会上几位同志所言，这么多人过来是因为在上海的上虞人很多，有相当多的客流量实际上是上虞的乡贤带过来的，假如没有这些乡贤的带动，情况可能就会明显不一样。

通过上虞八乡镇强村富民调研，我们对沈局长的话感同身受。尽管上虞已经在整体上确立了“虞北新都市，虞南大花园”的发展框架，上虞北边滨海的盖北、崧厦、沥海、道墟、曹娥、百官、东关、驿亭、小越、永和等乡镇（街道）重点发展工商业，南部靠山的丰惠、汤浦、章镇、下管、陈溪、岭南、丁宅等乡镇（街道）则将发展重点放在农文旅方面。但是，上虞不管是在整个行政区域，还是在重点发展农文旅业态的虞南各乡镇，实际上都需要将优质文旅资源更好地串连起来。

比如，我们在汤浦镇调研时，陶雨晴副镇长等领导重点向我们介绍了坐落在该镇舜岸村的霞光楼、徐光宪祖居等典型文旅资源，而我们最想了解的其实是汤浦镇关于发展该镇全域旅游的设想和具体思路。在岭南乡，青山村的叶炳南书记等有关干部向我们感叹该乡的优质旅游资源利用率太低，全年365天中充分利用的不足60天；向我们感叹很多游客去那边游玩往往来去匆匆，除了留下一堆垃圾外，没有让当地民宿和农家乐等业态挣到多少钱。而我们最想了解的其实是当地政府和基层干部在打通和共享山上的岭南、山下的丰惠、章镇乃至百官城区的文旅资源方面有否作出深度思考和具体规划。在丰惠镇，有关领导感叹农业大镇日子难过、村级集体经济收入提升难度大，而我们最渴望听到的是如何将该镇作为上虞古县城的厚重历史文旅资源发掘好、弘扬好，如何将上虞烈士最多的大镇的红色文化挖掘好、传承好、利用好。

所以，下一步，我们认为上虞区域文旅资源的利用需要更加注重走整体化、系统化、全域化的推进道路，在资产和资源的利用方面要加大改革和创新的力度。邓小平同志曾经说过，我们的改革和开放是从经济方面开始的，首先又是从农村开始的。① 今天，农业农村的产业再出发同样离不开改革的深化和创新的升级。令我们感到欣喜的是，我们发现区文广旅游局等有关部门已经从推进上虞全域旅游维度统筹建设上虞瓷源小镇、孝德小镇、e游小镇等；区发改局也准备在建设用地审批等方面向虞南山区倾

① 邓小平文选（第3卷）［M］. 北京：人民出版社，1993：237.

斜。我们相信，在上虞各部门的系统谋划和全面推进下，上虞全域文旅资源“串珠成线”的蓝图将会在不久后呈现在大家面前。

当然，上虞区域农村的强村富民之路仅关注第三产业的发展是远远不够的。必须看到，今天的中国农村在全面振兴道路上尚有诸多挑战和障碍，最突出的障碍是“经济发展方式依然粗放，投资率偏高，消费率畸低，全要素生产率相对维持在较低的水平”。[1] 在新形势下统筹第一、第二、第三产业的发展，立足科技创新和生产升级，做好“腾笼换鸟”和“凤凰涅槃”工作，着力推进面向乡村振兴的各项产业的高质量发展，才是我们所需要的乡村建设思路。

① 谢春涛．历史的轨迹：中国共产党为什么能？[M]．北京：新世界出版社，2012：290.

尾　声

不知不觉间，针对上虞区八乡镇强村富民的调研与思考已经接近尾声。本次调研课题的承接以及课题研究的开展，对于笔者而言，无疑值得珍惜。作为一个人文社会科学工作者，多年来，我的思考和研究多倾向于单打独斗，尽管在申报一些课题和项目时，根据惯例，在征得有关同事和同仁同意后将他们的名字列入课题参与者名单。但是，回顾课题申报、开展、结题全过程，与课题成员之间的沟通与合作并不密切。

两年前，我校新到任的校长提出了加强“有组织的科研”的要求。反思自己历年来的科研开展情况，离“有组织的科研”还是有相当大的距离。我存在的这个问题，据我所知，恐怕也不是我个人的问题，事实上，有很多同仁在开展人文社会科学项目研究时也经常存在这种情况。作为一位高校教学和科研工作者，多年来，我的教学与科研工作基本上是在有限场域打转。特别是科研方面的工作，尽管作为高校教师，客观上承担了人才培养、科学研究、社会服务、文化传承等方面的一些任务，但本人所进行的多项课题研究基本上呈现出书斋型、象牙塔型的特征。说句不好听的话，相当部分科研项目的开展存在闭门造车之嫌。

然而，本次科研工作的开展，却比较明显地呈现出有组织的特质。

首先，该课题的承接本身就是响应绍兴市委宣传部、市社科联号召的结果。自从 2022 年 6 月市社科联发布“社科赋能共同富裕”首批招标项目以来，笔者组织有关成员踊跃申报。在科研组的用心准备与市社科联有关领导的大力支持下，成功入列“绍兴市社科赋能共同富裕行动”调研专家团队，成为奔赴绍兴各地开展“社科赋能共同富裕”行动的十支专家团队之一，本团队承接了上虞区“聚力强村富民，提速赋能共同富裕”对策研究项目。

为了完成本次调研课题，笔者邀请了多位在乡村基层治理和建设方面有长期观察和思考的同志参与本研究。其中，有带领学生多次获得省市级大学生“乡村振兴”比赛奖项的孙东芳博士，有对于乡土精神谱系研究颇有造诣的季静教授，有对绍兴本土文化情有独钟、曾多次完成省市级相关科研项目的马芹芬副教授，有深耕乡村治理和建设研究多年，所撰写论文曾获绍兴市“智库论坛”一等奖的陈怡伶、田胡杰老师。课题组成员的组成也呈现出多元性、丰富性、跨校性，有绍兴文理学院、绍兴市委党校、诸暨市委党校等多所相关高校和党校系统的同志加盟本项目研究。大家在调研课题开展前充分讨论、精心组织，课题进行中坦诚沟通、积极参与，课题成果撰写时群策群力、集思广益，这就使我们所承接的“社科赋能共同富裕”课题自始至终均呈现出高度的组织性。

其次，本次项目研究呈现出鲜明的为社会服务的性质。2021 年 5 月 20 日，《中共中央 国务院关于支持浙江高质量发展建设共同富裕示范区的意见》发布以后，绍兴市在浙江省支持下全力打造高质量发展建设共同富裕示范区市域范例。这可谓是使命光荣、责任重大、任务艰巨。如何让绍兴市部分经济和社会发展相对滞后的农村地区加快发展和建设的步伐？如何加快绍兴市域的城乡发展一体化建设？如何让区位优势、发展基础、拥有资源相对薄弱的有关乡村干部和群众踔厉奋发，搭上绍兴市共同富裕的班车？其中，有很多情况需要调查，有很多问题需要研究。

基于此背景，2022 年 5 月，绍兴市社科联在充分征求各县区共同富裕征途中所需解决问题的基础上，推出了首批 10 项调研招标课题。因此，本课题组承接相关课题，既是基于有关问题思考和研究的志趣，也是绍兴社科人责任意识和研究使命的流露。正如本人作为团队专家代表在绍兴市社科赋能共同富裕行动启动仪式上所言：我们希望通过本次课题调研，深切了解有关地区在共同富裕进程中的经验和成绩，了解存在的问题和挑战，寻求解决问题的思路和对策，扎扎实实地将研究论文写在绍兴乡村大地上！

我们是这样说的，也是努力这样做的。在绍兴市社科联与上虞区社科联领导的大力支持下，从2022年暑假开始，我们冒着酷暑，顶着烈日，走村串户，访民问计，通过召开一系列座谈会、考察各地强村富民实际情况、发放各地兴村共富进展情况调研问卷、访谈基层干部与村民群众对兴村共富的看法和意见，终于获得了大量的一手资料和数据，顺利完成了调研报告《提升十个“度”，打造“强村富民”区域示范地——上虞“聚力强村富民 赋能共同富裕”八乡镇调研报告》，有关课题研究成果获得上虞区委、区政府有关部门的充分肯定，获得绍兴市副市长、上虞区委书记鲁霞光同志的肯定性批示。

坦率地讲，由于本课题组负责人与有关成员平时主要从事政治学、社会学、文化学有关研究，因此，在开始承接本课题研究任务时，我们还是颇感压力的。因为，本课题重点在于总结上虞区农村强村富民的特点和经验、剖析存在的问题和挑战、寻求破题的思路和对策。其中涉及经济学、管理学、统筹学等多方面的知识。因此，能否保质保量地完成本项课题研究任务，其实我们心里还是较为忐忑的。好在我们对本次项目调研倾注了十二分的热情，投入了十二分的精力，彰显了十二分的团结，最后终于克服种种困难，顺利完成了课题研究任务。绍兴市社科联与浙江省社科联有关网站、媒体还对本团队扎实调研的有关情况做了专题报道，给了我们很大的鼓励，让我们更加坚定了将课题做好的决心。

对于像笔者这类习惯于校园内从事教学与科研的“学院派”高校教师而言，本次响应市社科联号召，负责“社科赋能共同富裕”调研课题研究，不仅是一次普通科研任务的承接，更是一次难得的学习机会。习近平同志主政浙江时坚持一把手亲自抓“三农”工作，与“三农”结下了不解之缘，对“三农”工作有着深厚的感情与深刻的理解。① 努力与基层群众打成一片，这正是我们这些搞“三农”理论研究的人需要认真学习和努力践行的。

---

① 中央党校采访实录编辑室．习近平在浙江（下）［M］．北京：中共中央党校出版社，2021：108.

平时在学校里，尽管我们也经常结合文献学习与同仁、学生探讨高质量发展建设共同富裕示范区的有关问题，然而，实践是检验真理的唯一标准，本次加盟绍兴市委宣传部、市社科联“社科赋能共同富裕”调研行动，从一定意义上说，可谓是本调研团队从“书斋型”研究向“社会服务型”研究转型的一种努力。正如绍兴宋代诗人陆游所言，“纸上得来终觉浅，绝知此事要躬行”，有关思路到底可不可行？有关理论到底站不站得住脚跟？还得通过调查研究去证实。在本次调研过程中，我们既是研究者，也是学习者，调研团队虚心向群众和基层干部请教，问计于民，力求让自己的认识和观点更接地气。

在本次调研过程中，我们深入乡村基层，与干部和群众推心置腹，肝胆相照，共同探讨强村富民的思路和对策。在同基层干部和群众交流时，我们常常发现不少优秀基层干部关于强村富民、兴村共富的理解和观点比我们深刻得多、丰富得多！真可谓高手在民间、智慧在实干。所以，我们深深感到，真正的探索和研究强村富民、兴村共富的专家实际上在农村基层，特别是那些扎根基层的农村优秀党支部书记、乡镇街道分管农业农村的优秀干部，因为他们长期在基层第一线负责村庄发展的整体设计和所在乡镇街道农业农村发展的整体谋划，所以他们关于强村富民的观点往往很接地气，很具有实操性。当然，尺有所短，寸有所长，如何从整体视域推进乡村振兴战略？如何从全局层面落实强村富民举措？高校和科研院所的理论工作者同样有其优势和特长。所以，通过本次社科赋能共同富裕调研行动，我们更加知己知彼，也激发了在接续的课题研究中进一步加强“学院派”与“实务派”合作的动力。

林毅夫先生曾说过，中华民族伟大复兴的内涵不仅是人均收入水平提高到发达国家的水平，而且，也应该包括根据中国的实践所提出的理论、思想能贡献于人类对人文和社会发展本质的认识和改造。① 作为一个理论工作者，每次读到林毅夫先生的这句话，一种社会责任感总是油然而生。尽管我们聚焦上虞八乡镇强村富民的调研结果不一定对上虞全域具有普适性，更不必说对整个绍兴市乃至对浙江省域了。然而，正如费孝通先生在

① 林毅夫．中国经济专题（第二版）［M］．北京：北京大学出版社，2012：3.

撰写《江村经济》时所言，这种小范围的深入实地的调查，对当前中国经济问题宏观的研究是一种必要的补充。① 我们同样希望本团队针对上虞八乡镇的调研对于厘清更大范围的兴村共富思路有一定的参考价值。

参加本次社科赋能共同富裕调研行动，我与团队的其他成员有诸多感慨。

我们总的感受是，强村富民是一项非常不容易的工作。实际上，中国的改革开放从20世纪80年代进行到今天，正如习近平总书记所言，能够改的都已经改掉了，容易放的都已经放开了，最后剩下的都是些难改、难放的“硬骨头”。实事求是地说，浙江省农村的经济发展和社会建设有着较为扎实的基础，义乌小商品市场的勃兴、各区域块状经济的萌发、在省域经济发展中占据半壁江山的民营经济，无一不显示着浙江省在改革开放进程中勇立潮头的特质。浙江省作为全国范围改革开放的先行地，其经济发展的基础和速度在全国省域中名列前茅。特别是20年前，习近平同志担任浙江省委书记，主政浙江经济和社会发展以来，在深入调研基础上，提出了契合浙江省情、统率浙江发展全局的“八八战略”，使浙江省的经济和社会发展的均衡性在全国首屈一指，其城乡一体化的发展态势在全国范围内也是广受肯定，这也是党中央和国务院在2021年5月将浙江省列为高质量发展建设共同富裕示范区的重要原因。

然而，调查研究发现，哪怕像绍兴市上虞区这样城乡一体化推进速度比较快的县域，强村富民仍是一项比较艰巨的工作。这既表现在“民富村穷”，村民经济收入的提升与村级集体经营性收入的提升没有做到两条腿走路；也表现在经济和社会发展中镇与镇、村与村之间发展的不平衡。根据上虞区发展改革局提供的数据，2022年上半年，上虞区实现地区生产总值564.5亿元，增长3.2%，居全市第三；实现财政总收入89.4亿元，其中一般公共预算收入61.4亿元；城镇、农村常住居民人均可支配收入分别达42351元、24535元，分别增长3.6%、6.3%，城乡收入比1.73。客观地说，上虞区农村居民人均可支配收入的增长速度还是比较快的。

尽管如此，上虞区农村在全域走向共同富裕方面还是面临着艰巨的任

① 费孝通.江村经济——中国农民的生活［M］.北京：商务印书馆，2001：20.

务。其在强村富民方面也尚存在诸多有待于解决的问题。城乡一体化发展不协调、虞南与虞北发展差距大等问题特别明显。这首先表现在人口支撑的短板问题，2021 年，虞北地区吸纳了全区近 80% 的适龄劳动力，虞南 11 个乡镇中，除了永和镇人口流入、流出基本持平外，其他 10 个乡镇的常住人口数量普遍低于户籍人口数量。虞南振兴所需的“乡村人才”严重短缺，懂技术、懂市场、懂农业的实用型人才“引不来”也“留不住”。其次表现在产业发展不平衡。与虞北新兴产业集群、大企业和大平台集聚的产业格局相比，虞南主要以机械设备、轻工纺织等行业为主，11 个乡镇的块状经济普遍存在创新能力弱、竞争优势不明显、盈利空间较小等问题。

列宁指出，发展似乎是在重复以往的阶段，但它是以另一种方式重复，是在更高的基础上的重复，发展是按所谓螺旋式，而不是按直线式进行的。[①] 上虞区在高质量发展建设共同富裕示范区的征途中可谓既任重道远，又前途光明。令我们感到高兴的是，上虞全区上下正在全神贯注地推进全域强村富民，本团队在上虞调查研究期间，上到上虞区委书记鲁霞光同志，下到村社基层的干部与普通群众，均对兴村共富展现出饱满的热情和只争朝夕的干劲。在上虞区委宣传部会议室召开的由区委、区政府各职能部门参与的座谈会上，诸位干部推进兴村共富的思路活跃，特别是区发改局等部门的同志更是提出了壮大村级集体经济、推进乡村产业振兴、加强美丽乡村建设、提升惠农服务效能、深化改革赋能发展、党建统领基层治理等多项切实可行的强村富民思路。我们相信，办法总比困难多，只要具体问题具体分析，因地制宜，精准发力，以人为本，久久为功，上虞区域共同富裕示范地的成功创建肯定是指日可待的。

从更宏观的视野考察，上虞区强村富民的生动实践实际上是新时代中国人民奋力实现中华民族伟大复兴的一个缩影，这是一场接力跑，要一棒一棒跑下去。“一切早已开始，一切远未结束。”[②]

---

① 列宁选集（第 2 卷）［M］. 北京：人民出版社，1995：423.

② 本书编写组. 中国共产党简史［M］. 北京：人民出版社、中共党史出版社，2021：527.

参考文献

1. 习近平谈治国理政（第四卷）［M］. 北京：外文出版社，2022.

2. 习近平. 高举中国特色社会主义伟大旗帜 为全面建设社会主义现代化国家而团结奋斗——在中国共产党第二十次全国代表大会上的报告［M］. 北京：人民出版社，2022.

3. 马克思恩格斯选集（第1—4卷）［M］. 北京：人民出版社，1995.

4. 列宁选集（第1—4卷）［M］. 北京：人民出版社，1995.

5. 毛泽东选集（第1—4卷）［M］. 北京：人民出版社，1991.

6. 邓小平文选（第1—4卷）［M］. 北京：人民出版社，1994.

7. 中央党校采访实录编辑室. 习近平在浙江（上、下）［M］. 北京：中共中央党校出版社，2021.

8. 本书编写组. 干在实处 勇立潮头——习近平浙江足迹［M］. 杭州：浙江人民出版社，2022.

9. 本书编写组. 中国共产党简史［M］. 北京：人民出版社、中共党史出版社，2021.

10. 谢春涛. 历史的轨迹：中国共产党为什么能？［M］. 北京：新世界出版社，2012.

11. 费孝通. 乡土中国［M］. 北京：生活·读书·新知三联书店，1985.

12. 费孝通. 江村经济——中国农民的生活［M］. 北京：商务印书馆，2001.

13. ［美］黄宗智. 华北的小农经济与社会变迁［M］. 北京：中华书局，2000.

14. 黄仁宇．现代中国的历程［M］．北京：中华书局，2011.

15. 梁漱溟．乡村建设理论［M］．上海：上海人民出版社，2011.

16. 孙达人．中国农民变迁论——试探我国历史发展周期［M］．北京：中央编译出版社，1996.

17. 秦晖．传统十论：本土社会的制度、文化及其变革［M］．太原：山西人民出版社，2019.

18. 林毅夫．中国经济专题（第二版）［M］．北京：北京大学出版社，2012.

19. 曹锦清．黄河边的中国——一个学者对乡村社会的观察与思考［M］．上海：上海文艺出版社，2000.

20. 陈旭麓．近代中国社会的新陈代谢［M］．北京：中国人民大学出版社，2012.

21. 段治文．浙江精神与浙江发展［M］．杭州：浙江大学出版社，2017.

22. 萧楼．夏村社会：中国“江南”农村的日常生活和社会结构（1976—2006）［M］．北京：生活·读书·新知三联书店，2010.

23. 贺雪峰．新乡土中国［M］．桂林：广西师范大学出版社，2003.

24. 张祥浩．王守仁评传［M］．南京：南京大学出版社，1997.

25. 毛丹．中国农村公共领域的生长——政治社会学视野里的村民自治诸问题［M］．北京：中国社会科学出版社，2006.

附录

附录1　提升十个“度”，打造“强村富民”区域示范地[1]
——上虞“聚力强村富民 赋能共同富裕”八乡镇调研报告

绍兴文理学院裘斌调研团队

农民增收是一项系统工程，2022年8月以来，本调研团队响应市委号召，承接“聚力强村富民，提速赋能共同富裕对策研究（上虞区）”调研课题，重点调研了小越、盖北、崧厦、道墟、汤浦、岭南、丰惠、永和共八乡镇（街道）及下辖村庄，力图通过“解剖麻雀”，探寻与上虞区相契合的兴村共富思路。

一、“兴村共富，虞你同行”：上虞区“强村富民”生动实践与探索

1. 注重强村富民的党建引领，注重兴村共富的系统性和整体性

永和镇贯彻党建统领下区域共富理念，着力打造青峰创业园全域增收

① 本调研报告于2022年11月呈送绍兴市社科联与上虞区社科联后，刊发在《上虞区高质量发展推动共同富裕工作专报》2023年第1期，并获得绍兴市副市长、上虞区委书记鲁霞光同志肯定性批示。

共富项目。盖北镇探索党建联建模式，着力下好数字农业、规范指导、统筹协作三步棋。汤浦镇舜岸村在党建统领下按照“一个定位四条路”系统规划振兴路，定位“光宪故里，精美小村”，扎实走好文旅经济之路、共同富裕之路、和谐舜岸之路、乡贤助力之路。

2. 将区位优势转化为富民优势，扎实推进强村富民工程提档升级

盖北镇紧邻杭州湾精细化工园区，是国家级开发区和人口集聚区。其中，珠海村本地人1400多人，新村民3000多人，在镇政府领导下，珠海村瞄准市场，和其他村庄积极推进“一村一幢楼”建设，2021年物业租金收入达150万元。道墟扎实推进村庄精神富有建设工程，上虞18个五星级文化礼堂中道墟占三分之一。

3. 以共建、共治、共享为主旨，基层善治积极助力全域共富

小越街道倪梁村老年食堂每餐仅需3元钱，这是全区第一个常态化运作的老年食堂，也是老人有序参与村庄事务的重要公共空间。崧厦街道潘韩村着力向“一老一小”提供丰富多彩的精神食粮，村里建有主要服务于“一老一小”的常态化运作书院。盖北镇创建“葡天盖地”品牌、以精细精致精心的基层善治推动全域共富。

4. 乡贤治村、助村、哺村：乡贤群体成为兴村共富的强力支撑

松厦街道潘韩村以“三师三员”为代表的乡贤回村受到村民百姓的赞赏和欢迎。该村矛盾调解中心的调解人员，由老书记、老教师、乡镇老干部、老妇女主任等乡贤组成，在村里威望高，讲话灵，心肠热，实现了“小事不出村”。该村还由文化乡贤助力，编撰潘韩村志，留住村庄的根。在丰惠镇祝家庄村，党建引领下的乡贤组织对村庄建设发挥了绵绵不绝的推动作用，由乡贤联谊会等组织捐助的村庄建设基金每年近100万元。

5. 乡村基层文化建设正成为支撑上虞区兴村共富的软实力

“和孝”文化在上虞乡村结出硕果。道墟街道在基层文化建设方面有措施、有成效、有特色。该街道由专职的文化站站长统抓文化工作，思路清晰，举措得力，街道和各村协同推进。以道墟街道称海村为例，该村是浙江省文化示范村、省五星文化礼堂获得者，村文化礼堂的设施和设备在街道中不算最好，但文化活动、文化服务却做得很好。

二、上虞“强村富民、兴村共富”工作中需要关注的若干问题

1. 村庄缺乏年轻化、专业化的干部，缺乏爱农村、懂农业的“新农人”

干部队伍整体力量偏弱，对优秀干部的激励保障制度有待完善。部分乡村干部因循守旧，缺乏对兴村共富的前瞻性考虑，对村务工作的数字化、信息化存在畏难心理和抵触情绪。新农人明显不足，成为制约产业发展的瓶颈。盖北葡农不断减少，葡农平均年龄已近60岁。在岭南乡青山村，65岁可谓是年轻人，该乡在籍人口10200人，当地常住人口在4000人左右，全乡人口的60%不住在岭南，人口老龄化严重。

2. 部分干部和群众在强村富民工作中存在“等靠要”思想，主动性和积极性不足

一些村干部对上级政策性补助的依赖程度比较高，从而荒废了自身“造血功能”。相对于大费周折地探寻村级集体经营性收入的增长，争取上级政府补助资金的方式要容易得多。在客观困难面前，部分干部和群众存在“等靠要”心理，依靠自身艰苦奋斗和主动作为改变村庄面貌、抢抓村庄发展机遇的优良传统和奋斗精神明显不足。

3. 村集体经济缺乏新的增长点，缺乏策划，缺乏可持续发展的潜力

相当数量的村集体经济收入主要依靠资产出租的经营性收入、资产发包的上缴收入。村集体资产重“分”不重“统”，掌握的资源分散，难以找到新的经济增长点，村集体经济发展被动。村集体经济缺乏统筹和长远规划，增收举措同质化现象较为严重。虞南乡镇村庄经营的产业缺少创新能力、品牌意识和协同理念，“各自为战”，无法产生“叠加效应”。

4. 部分农产品销售过于依赖头部企业，产品销售链的建设亟待加强

目前盖北葡萄和上虞其他乡镇的四季鲜果类产品销售主要依托订单农

业，过于依赖“明康汇”，销售端渠道不够多元化，订单价格被头部企业掌控。依赖程度提高以后，议价权就容易被“明康汇”掌握。举个例子，如“明康汇”报出的今日葡萄收购价为每斤 5.8 元，农户就很难有沟通和协商的话语权。一旦“明康汇”的收购价下跌，随之而来的是整个收货链价格的下跌，最终受损的是农户的利益。

5. 部分村庄数字化建设水平低，难以支撑强村富民工作发展需要

一些村庄干部没有认识到数字化建设是新形势下强村富民工作的客观需要，对上级下达的数字化建设任务存在抵触心理。一些干部对上级布置的数字化建设工作思想上不够重视，工作主动性和积极性不足，以被动应付为主。对于上级布置的数字化工作任务在完成中存在短斤缺两现象。

6. 村级文化发展和民生保障存在短板，文化产品内生性不足

乡镇统编后专职文化员队伍编制减少，专职基层文化工作人员稀缺。物质富裕和精神富有没有齐头并进。村级基层文化服务存在短板，从文化礼堂的运营情况来看，仍以“自上而下”送文化为主，村庄内生的文化活动少见。以文化建设工作名列前茅的道墟街道为例，目前 21 个行政村中，只有 5 个村庄能够自己组织活动，“种文化”能力亟待加强。教育、医疗、养老等民生保障资源城乡差距较大。

三、提升十个“度”，切实打造“强村富民”区域示范案例的建议

1. 注重党建引领下强村富民工作的系统性和前瞻性，提升兴村共富工作的高度

兴村共富是一项系统性工程，需要干部积极引领。建议健全完善乡村干部的激励保障与考核督导制度，让乡村留得住人、做得成事。建议各乡镇（街道）系统制订集体增效、农民增收、生态增绿的倍增计划。兴村共富也需要村民群众的理解和支持。村党组织要提高站位、提升格局，切实增进村庄的和谐稳定。要重视架构党建引领服务链，为农户和企业提供更快更好的服务，夯实强村富民的组织保障。

2. 各级党组织和政府部门要扎实推进强村富民工作，加大兴村共富工作的力度

建议全面实施新时代美丽乡村和全域共富建设行动，建议各乡镇（街道）进一步加大农业“双强”、红十字会、文明实践等强村富民工作的支持力度，以期取得更好的效果。建议通过农机补贴等方式大力支持农户推行机械化。对于村集体经济增收实践探索，政府要加强引领和支持，让富民典型案例从“盆景”变成“风景”。

3. 精心策划，优化“北都市南花园”格局设计，提升兴村共富工作的气度

上虞北部靠海，南部多山，强村富民宜整体规划，积极推进“北都市南花园”发展战略。虞北的盖北、小越、松厦、沥海等乡镇要利用好人口红利和区位优势。虞南的岭南、下管、陈溪、丁宅、汤浦等乡镇要发挥好自然资源优势和人文历史资源优势。积极践行“绿水青山就是金山银山”理念，专业化打造精品民宿，打造“今在上虞”周边游品牌，设计融农文旅于一体、使人流连忘返的研学休闲套餐。用文化软实力助力虞南大花园建设，推动优秀传统文化创新性发展和创造性转化。

4. 一镇一策，一乡一品，一村一案，提升兴村共富工作的灵活度

如何结合村情推进共富？小越街道倪梁村书记倪建君说：“工贸小越，经济发达，不可能与岭南一样走主要搞乡村旅游这样的发展思路。”岭南乡青山村书记叶炳荣则说：“我们的山水含金量高，定要把这篇文章做好做大。”所以，虞南要走区域特色强村富民路，不能人家搞“一村一幢楼”我也一刀切，而要因地制宜谋划产业振兴，着力打造绿水青山、全区域全时段游人如织的虞南发展样板。同时通过创新驱动和人才引进，大力推进虞南产业升级换代和品牌建设，提升产品的附加值、竞争力、御险力。

5. 坚定不移推进农业“双强”，鼓励“新农人”城归创业，提升第一产业的创新度

对于农户机械强农、科技强农的努力，政府要积极扶持，以进一步激发农户投身农业“双强”的积极性。针对部分乡镇人口不足和农户年龄老化问题，既要创造条件，加大扶持，鼓励“新农人”城归，也可考虑引进规模化程度较高的农业企业，或者直接流转土地，将企业放下去。同时，建议在加强与“明康汇”合作基础上多引进一些商超和大型生鲜平台，拓宽做强上虞农产品的销售链。

6. 增进“山海”协作，推进强村富民联建共享，提升兴村共富工作的宽度

建议规划先行，一张蓝图绘到底。对于兴村共富难度较大的虞南乡镇，建议与虞北乡镇加强山海协作，通过“一村一幢楼”等飞地项目，加强区域联建。各乡镇（街道）宜将辖下各村资源充分盘整利用，盘活农村闲置土地，把全域山水林田湖系统划分为生产、生活、生态三个空间，从整体性、全局性层面做好产业规划、城镇规划、生态功能区规划。建议毗邻村“抱团取暖”，乡镇全面统筹，资金多村筹措，项目共同开发，获利协商分成，促进共同增收。

7. 加强数字化和网络化建设，了解村民群众所思所想，提高强村富民工作的精准度

当前，基层数字化建设的碎片化问题需引起重视，存在数字信息多头上报、重复累赘、缺乏整体化问题，大家各自为战，干部压力较大。建议数字化系统“减肥”或者整合，避免出现人被数字控制问题。同时，乡村数字化建设不宜一刀切，各乡镇应该根据实际情况因地制宜。数字化程度高的乡镇应当强化其数字特色，用数字技术助力乡村农业开发、乡村治理、民生服务等工作，帮助数字化程度较弱的邻村邻镇；对于数字化程度相对弱的乡镇，宜在加快数字化建设的同时，允许在过渡期同时采用传统办公方式，灵活运用各种方式增加百姓收入，减少百姓负担。

8. 加大对传统特色产业的扶持，发展“专精特新”强村富民之路，拓宽兴村共富工作的厚度

建议加大对特色富民产业的支持力度。今年上半年，崧厦街道农村居民的年收入是5万余元，城镇居民的年收入是7万余元，同时农村人均收入增长速度要快于城镇。崧厦在强村富民路上的良好态势跟其产业特性有紧密关联。崧厦伞业在区域共富中功不可没。调查发现，现今崧厦伞业正结合文化“双创”，不断采用新材料、新科技。崧厦伞业，与其说是低小散，不如说是精小新。建议将“非遗”保护和传统特色产业扶持结合起来。

9. 做好第三次分配，奠定兴村共富的群众基础，提升乡村基本单元建设美誉度

调研表明，村庄的第三次分配做得越好，老百姓的幸福感就越强。崧厦街道潘韩村将集体收入的大部分用于建设“一老一小”公益设施，村里和谐指数良好，近几年均为零上访。永和镇在落实全域共富青峰项目时精心构建三次分配体系。项目落地后，企业为村民提供的就业岗位及其增加的收入为第一次分配；项目运作后的分红助力村集体经济增收为第二次分配；项目实施后政府拟动员入驻企业成立共享基金反哺村庄民生项目为第三次分配。丰惠镇干部们制定“一户一策一干部”方案，确保困难群众悉数融进兴村共富队伍。建议总结此类三次分配典型案例并在全区宣传推广。

10. 推进党建引领下乡贤文化为核心的文化品牌建设，提升兴村共富工作的温度

建议大力倡导上虞乡贤文化之乡“富了不忘乡亲、有钱出钱有力出力”的新乡贤精神。道墟街道称海村为60周岁以上的老人每年发放160元慰问金，老人们常说干部比儿子还亲，这得益于该村厚实的乡贤文化基金。现在，村级文化礼堂在本区已经实现全覆盖，村干部素质也有明显提高。建议向道墟街道学习，遴选年轻村干部培训文化管理队伍。对于基层文化建设工作，既要尽力而为，又要量力而行，坚持物质富裕和精神富有“比翼双飞”。（调研团队成员：裘斌、季静、孙东芳、马芹芬、陈怡伶、田胡杰，执笔：裘斌）

附录2　打造新时代共同富裕示范地应关注的若干维度①

裘　斌

习近平总书记在党的二十大报告中指出，共同富裕是中国特色社会主义的本质要求，也是一个长期的历史过程。以上论断深刻揭示了实现共同富裕不仅是基本经济问题，而且是关系到党的执政基础的重大政治问题。当前，我国发展不平衡不充分的问题仍然突出，这就更加要求我们以推动共同富裕为重要抓手，以改革创新为根本动力，以解决地区差距、城乡差距、收入差距为主攻方向，从多个维度发力，构建推动共同富裕的体制机制。

一、共同富裕是党的第二个百年奋斗目标的核心任务

1. 共同富裕是新时代中国特色社会主义的本质

早在20世纪90年代，邓小平同志就关于社会主义的本质问题作出了精辟的论断：什么叫社会主义？社会主义就是解放生产力，发展生产力，消灭剥削，消除两极分化，最终走向共同富裕。上述论断深刻揭示了社会主义的本质是让全体人民都过上好日子，可见共同富裕是社会主义本质问题，是建设新时代中国特色社会主义的题中应有之义。

① 本文刊发在绍兴市社科联主办的《绍兴学刊》2023年第1期。

2. 共同富裕是党的第二个百年奋斗目标的核心

习近平总书记在中国共产党成立一百周年庆典上郑重宣告，中国已经完成脱贫攻坚重任、全面建成小康社会的第一个百年奋斗目标，紧接着将朝着全面建设社会主义现代化国家的第二个百年奋斗目标努力。党的二十大给中国特色社会主义现代化一个新的称谓，那就是中国式现代化。党的二十大报告指出，中国式现代化是全体人民共同富裕的现代化。因此，我们只有着力促进全体人民共同富裕，才能抓住党的第二个百年奋斗目标的核心。

3. 共同富裕是中华民族伟大复兴的经济基石

早在2012年党的十八大，习近平同志担任中共中央总书记伊始，就在率领全体中央政治局常委同志参观中国博物馆复兴之路展览时指出，实现中华民族的伟大复兴是当今时代我们共同的中国梦。中华民族的伟大复兴是一项系统工程，其本质要求是：坚持中国共产党领导，坚持中国特色社会主义，实现高质量发展，发展全过程人民民主，丰富人民精神世界，实现全体人民共同富裕，促进人与自然和谐共生，推动构建人类命运共同体。可见，实现中华民族伟大复兴，需要夯实共同富裕这一经济基石。

二、打造新时代共同富裕示范地应关注的若干维度

习近平总书记在党的二十大报告中指出，近五年来，我们始终坚持以人民为中心的发展思想，在幼有所育、学有所教、劳有所得、病有所医、老有所养、住有所居、弱有所扶上持续用力，人民生活全方位改善。中国已经建成世界上规模最大的教育体系、社会保障体系、医疗卫生体系，教育普及水平实现历史性跨越。人民群众获得感、幸福感、安全感更加充实、更有保障、更可持续，共同富裕取得新成效。然而，就我市而言，尽管各方面发展态势喜人，打造共同富裕示范地仍是一项需要久久为功的系统工程。当前，打造新时代共同富裕示范地应关注以下6个维度。

1. 加强党建引领，提升共同富裕工作的高度

习近平总书记在党的二十大报告中指出，我们要实现好、维护好、发展好最广大人民根本利益，紧紧抓住人民最关心最直接最现实的利益问题，坚持尽力而为、量力而行，深入群众、深入基层，采取更多惠民生、暖民心举措，着力解决好人民群众急难愁盼问题，健全基本公共服务体系，提高公共服务水平，增强均衡性和可及性，扎实推进共同富裕。从上述话语中，不难看出党中央对共同富裕的重视，不难体味共同富裕在党的工作中的分量。所以，加强党建引领，提升共同富裕工作的高度，实际上已经成为新时代党的一项中心工作。

加强党建引领，提升共同富裕工作的高度，要求各级党组织深刻领会和忠实贯彻执行党中央关于共同富裕的有关工作部署精神，从中国共产党的宗旨出发，领会当下推进共同富裕是全心全意为人民服务的具体体现，从两个百年奋斗目标出发，理解当下做好共同富裕工作是全面建设社会主义现代化国家的核心任务。只有提高做好共同富裕工作的站位，才能全身心地投入到有关工作中，加强和人民群众的血肉联系，提升老百姓的获得感。

各级党组织要特别关注党建引领下共同富裕工作推进的整体性。因为共同富裕是一项系统性工程，需要干部积极引领。目前，一些地区的部分干部在推进共同富裕的有关工作时对推进区域经济的增长点和突破点把握不够，对于共同富裕工作缺乏统筹策划，区域经济缺乏可持续发展的潜力。在农村基层调查中，我们发现，部分地区农村集体经济收入主要依靠资产出租的经营性收入、资产发包的上缴收入。村集体资产重“分”不重“统”，掌握的资源分散，难以找到新的经济增长点，村集体经济发展被动。村集体经济缺乏统筹和长远规划，增收举措同质化现象较为严重。一些乡镇村庄经营的产业缺少创新能力、品牌意识和协同理念，“各自为战”，无法产生“叠加效应”。

加强共同富裕工作的党建引领，需要将加强共同富裕的系统性和整体性作为一项重点工作来抓。不少地方党组织在这方面作出了有益的探索，有的党组织切实贯彻党建统领下区域共富理念，着力打造整体性视野下的全域增收共富项目。有的党组织不断探索共同富裕工作的党建联建模式，着力做好统筹协作各个环节的工作。有的乡村基层党组织按照自身资源特色和发展禀赋系统规划共同富裕振兴路，扎实走好农文旅融合发展之路、共同富裕之路、和谐乡村之路、乡贤助力之路。当前，为了切实加强党建引领下共同富裕的推进工作，建议健全完善基层干部的激励保障与考核督导制度，让基层留得住人、做得成事。建议有关基层党组织系统制定集体增效、百姓增收、生态增绿的倍增计划。共同富裕工作需要基层民众的理解和支持。基层党组织要提高站位、提升格局，切实增进村落社区的和谐稳定。要重视构建聚焦共同富裕的党建引领服务链，为群众和企业提供更快更好的服务，夯实共同富裕的组织保障。

2. 聚焦全域共富，加大共同富裕工作的力度

所谓聚焦全域共富，加大共同富裕工作的力度，是指在落实共同富裕工作的时候，要树立全域共富的工作理念和行动视野。什么叫共同富裕？其中，“共同”两字是关键。它要求我们在落实具体工作时要避免碎片化的工作思路，要着眼于所有地区的富裕，无论是平原还是山区，无论是城镇还是乡村，无论是沿海还是内陆，无论是第一产业还是第二、第三产业，都要统筹到共同富裕这盘大棋中。不能顾此失彼、焦头烂额，不能头痛医头、脚痛医脚，不能冷热失衡、带有私人价值偏好，有关工作不能虎头蛇尾，更不能有头无尾。总之，只有抓住了共同富裕中的“共同”这两个关键字，才能切实理解聚焦全域共富的重要性，切实加大共同富裕工作的力度。

聚焦全域共富，是加大共同富裕工作力度的必然要求。聚焦全域共富，需要各级党组织和基层广大干部对自己所在地区的发展情况、面临的问题和破解的思路有清晰的把握，需要基层党组织、广大基层干部和群众在共同富裕工作中充分发挥自身的主动性和积极性，从整体和全域着眼推进共同富裕有关工作。当下，部分干部在推进共同富裕有关工作中存在“等靠要”思想，主动性、积极性不足。一些基层干部对上级政策性补助的依赖程度比较高，从而荒废了自身“造血功能”。他们觉得相较于大费周折地探寻基层集体和百姓收入的增长，争取上级政府补助资金的方式要容易得多。在客观困难面前，部分干部和群众存在“等靠要”心理，依靠自身艰苦奋斗和主动作为改变地区面貌、抢抓区域发展机遇的优良传统和奋斗精神明显不足。

基层党组织和广大党员干部要切实投身到全域共富建设行动中去，建议各街道、乡镇进一步加大对全域共富工作的支持力度，以期取得更好的效果。对于一些地区的集体经济增收实践探索，政府要加强引领和支持，让富民典型案例从点状“盆景”变成全域“风景”。在推进全域共富进程中，基层党组织要充分利用各方面、各阶层、各群体的力量，集思广益，夯实共同富裕的人力资源支撑。近年来，我市一些地区以“三师三员”为代表的乡贤回村受到村民百姓的赞赏和欢迎。一些乡村地区文化乡贤积极助力村建，编撰村志，留住村根。党建引领下的基层社会组织积极捐助村庄建设资金，对村庄建设发挥了绵绵不绝的推动作用，进一步推动了全域共富工作的落细、落小、落实。

3. 加强联建共享，提升共同富裕工作的宽度

共同富裕工作着眼于全体人民群众，要求在共同富裕路上“不让一个老乡掉队”。这就要求各级党组织和广大干部在具体实践中要加强联建共享，切实提升共同富裕工作的宽度。所谓“联建”，是指有关地区、有关产业、有关经济体、有关组织在共同富裕路上要注意协同作战、互帮互助。所谓“共享”，是指各阶层、各群体、各地区在共同富裕路上共同分享成果，风雨同舟，苦乐与共。

调研表明，在共同富裕路上，是否能够切实加强联建共享，直接关系到有关工作的成效。一些地区由于拥有不同的资源禀赋特色，只有加强联建，才能更好地推进共同发展。如我市一些山区和沿海地区协作，前者为后者提供人力资源和山区特色农林产品，后者为前者提供产品市场和助力发展平台，双方共同投资，利益共享，切实提升了双方的获得感和富裕指数。又如我市一些村庄专注于推进第三次分配，老百姓的幸福感越来越强。习近平总书记在党的二十大报告中指出，要完善分配制度。分配制度是促进共同富裕的基础性制度。要坚持按劳分配为主体、多种分配方式并存，构建初次分配、再分配、第三次分配协调配套的制度体系。我市一些村庄将集体收入的很大一部分用于建设“一老一小”公益设施，村里和谐指数良好，近几年均为零上访。一些乡镇在落实全域共富项目时精心构建三次分配体系。项目落地后，企业为村民提供的就业岗位及其增加的收入为第一次分配；项目运作后的分红助力村集体经济增收为第二次分配；项目实施后政府拟动员入驻企业成立共享基金反哺村庄民生项目为第三次分配。我市部分乡镇基层干部在推进共同富裕过程中制订“一户一策一干部”方案，确保困难群众悉数融进兴村共富队伍。以上这些均是推进共同富裕路上联建共享的典型案例，值得在全市宣传推广。

加强联建共享，提升共同富裕工作的宽度，需要规划先行，一张蓝图绘到底。对于共富难度较大的山区内陆乡镇，建议与沿海发达乡镇进一步加强山海协作，通过“一村一幢楼”等飞地项目，加强区域联建。各乡镇（街道）宜将辖下各村资源充分盘整利用，盘活集体闲置土地资源，把全域山水林田湖系统划分为生产、生活、生态三个空间，从整体性、全局性层面做好产业规划、城镇规划、生态功能区规划。建议毗邻村社“抱团取暖”，乡镇（街道）全面统筹，资金多村筹措，项目共同开发，获利协商分成，促进共同增收。在联建共享进程中，应注重大力缩小城乡区域发展差距，实现公共服务优质共享。推进城乡区域基本公共服务更加普惠、均等、可及，推动义务教育优质均衡发展，深化县域医共体和城市医联体建设，完善住房市场体系和住房保障体系。进一步做好第三次分配，奠定兴村兴社共同富裕的群众基础，提升村社基本单元建设美誉度。建议进一步深化收入分配制度改革，多渠道增加城乡居民收入。优化政府、企业、居民之间的分配格局，支持企业通过提质增效拓展从业人员增收空间，合理提高劳动报酬及其在初次分配中的比重。

4. 聚焦“专精特新”，拓宽共同富裕工作的厚度

在共同富裕道路上聚焦“专精特新”，就是要求各地发掘和梳理自身的资源禀赋和资产潜力，在此基础上瞄准“专精特新”多个维度发力。“专”，要求各地在共同富裕道路上走专业化、集成化、规模化之路，提升产出的效益；“精”，要求我们在共同富裕道路上以质取胜，精益求精，提升产品的美誉度，提升产品的无形产值，让基层民众获得更大的收益；

"特"，要求各地在共同富裕进程中不人云亦云，不邯郸学步，不走低层次模仿同质化之路，而是要充分开发自身特有的资源，要将资源优势转化为经济和社会发展优势；"新"，要求各地在共同富裕进程中抓住创新这一灵魂，与时俱进，在产业发展和产品开发中融进新理念、新技术、新思路。

现在，我市不少农村地区开拓创新，在推进"专精特新"方面成绩斐然，极大地拓宽了共同富裕工作的厚度。但是，也有部分基层地区的干部和群众需要在推进"专精特新"方面再加把劲。推进"专精特新"，人是关键，然而，我们在调研中发现部分基层地区缺乏推进"专精特新"的人力资源保障。部分村庄缺乏年轻化、专业化的干部，干部队伍整体力量偏弱，部分乡村干部因循守旧，缺乏对共同富裕工作的前瞻性思考，对基层村社工作的数字化、信息化存在畏难心理和抵触情绪。部分村庄缺乏爱农村、懂农业的"新农人"。新农人的明显不足，成为制约产业发展的瓶颈。一些传统优势种植业地区务农人员不断减少，一些农村地区务农人员的平均年龄已近 60 岁。在我市部分内陆山村，65 岁可谓是年轻人，某山区乡在籍人口 10200 人，当地常住人口在 4000 人左右，全乡人口的 60% 不住在本地，人口老龄化严重。

因此，聚焦"专精特新"，拓宽共同富裕工作的厚度，培育和引进优秀人力资源是重中之重。要不断完善对优秀干部的激励保障制度，提升社区专职工作人员的工作待遇，激励他们留在农村、服务农村、发展农村。要大力培育和引进"新农人"，鼓励"新农人"城归创业，提升第一产业的创新度。同时要加大对特色富民产业的支持力度。通过聚焦"专精特新"，让共同富裕推进工作提质增效。调查研究表明，当下我市不少块状经济集聚的乡镇街道在强村兴社富民进程中呈现出良好发展态势，区域及周边村社居民依托参与块状经济产业链获得良好的增收效益，一些块状经济产业结合文化"双创"，不断采用新材料、新科技，在提质增效中进一步夯实了共同富裕的基石。

新形势下，还要注重在宏观层面提高发展质量和效益，夯实共同富裕的物质基础。要以提升自主创新能力为支撑，推动农村一、二、三次产业融合发展，夯实共同富裕产业基础。坚定不移推进农业"双强"，对于农户机械强农、科技强农的努力，政府有关部门要积极扶持，以进一步激发农户投身农业“双强”的积极性。针对部分乡镇人口不足和农户老龄化问题，既要创造条件，加大扶持，鼓励“新农人”城归，也可考虑引进规模化程度较高的农业企业，通过流转土地，进一步加强村企和社企合作。

5. 加强村社文化建设，提升共同富裕工作的温度

所谓村社文化，是指具有村落社区自身辨识度，集彰显自身发展历史的传统文化、中国特色社会主义新文化、人类视野的开放性文化于一体的基层特色文化。今天我们建设的共同富裕是全方位、多层面、整体性的共同富裕，它既包含了物质富裕，也包含了精神富裕，如果说物质富裕是基层村社共同富裕的骨架，那么精神富裕可以看成是村社共同富裕的灵魂。因此，我们既要加强以经济建设为中心的物质层面的共同富裕工作，做好实功；也要加强以村社文化建设为抓手的精神层面的共同富裕工作，做好虚功。虚实相映，齐抓并举，让基层共同富裕工作既有力度也有温度。

现在，部分基层地区的村社文化建设和发展尚存在较为明显的短板，文化产品内生性不足。特别是乡镇统编后专职文化员队伍编制减少，专职基层文化工作人员短缺。部分地区的物质富裕和精神富有没有齐头并进。村社基层文化服务存在短板，从文化礼堂的运营情况来看，仍以“自上而下”送文化为主，村社内生的文化活动少见。以文化建设工作在所在地区名列前茅的我市某街道为例，目前二十几个行政村中，只有少数几个村庄能够自己组织活动，不少村社自身“种文化”能力亟待加强。

在调查研究中，我们也欣喜地看到，在我市不少地区，村社基层文化建设正成为支撑该地区兴村兴社共同富裕的软实力。例如，某街道在基层文化建设方面有措施、有成效、有特色。该街道由专职的文化站站长统抓文化工作，思路清晰，举措得力，街道和各村协同推进。该街道的一个村是浙江省文化示范村、省五星文化礼堂获得者，村文化礼堂的设施设备在街道中不算最好，但文化活动、文化服务却做得有声有色。我市部分地区在推进村社文化建设时大力弘扬“富了不忘乡亲、有钱出钱、有力出力”的新乡贤精神。我市某村坚持数十年如一日为60周岁以上的老人每年发放160元慰问金，老人们常说干部比儿子还亲，这得益于该村厚实的乡贤文化基金。现在，村级文化礼堂在我市已经实现全覆盖，村干部素质也有明显提高。建议向先进乡镇和街道学习，遴选年轻村社干部培训村社文化管理队伍。对于基层文化建设工作，既要尽力而为，又要量力而行，坚持物质富裕和精神富有“比翼双飞”。

6. 加强数字化建设，提高共同富裕工作的精度

当下，数字化建设已经成为全面建设中国特色现代化国家的重要支撑，习近平同志在党的二十大报告中指出，新形势下要推动现代服务业同先进制造业、现代农业深度融合。加快发展物联网，建设高效顺畅的流通体系，降低物流成本。加快发展数字经济，促进数字经济和实体经济深度融合，打造具有国际竞争力的数字产业集群。优化基础设施布局、结构、功能和系统集成，构建现代化基础设施体系。我们从习近平同志的上述论断中不难看出数字化建设在经济和社会发展中的分量。同样，我们打造新时代共同富裕地，也需要数字化建设作为重要支撑。

调研发现，现在我市基层部分村社数字化建设水平有待提升，难以支撑强村兴社富民工作发展需要。一些村庄社区干部没有认识到数字化建设是新形势下强村富民工作的客观需要，对上级下达的数字化建设任务存在一定的畏难情绪和抵触心理。一些干部对上级布置的数字化建设工作思想上不够重视，工作主动性和积极性不足，以被动应付为主。对于上级布置的数字化工作任务在完成中存在短斤缺两现象。存在数字信息多头上报、重复累赘、缺乏整体化等问题，不同岗位干部各自为战，干部工作没有形成合力，压力较大。

当前，基层数字化建设的碎片化问题需引起重视，建议有关部门对面向基层的数字化系统进行一定的“减肥”和整合，避免出现人被数字化建设牵着鼻子走的问题。同时，基层村社数字化建设不宜一刀切，各乡镇街道应该根据实际情况因地制宜。数字化程度高的乡镇与街道应当强化其数字特色，用数字技术助力乡村农业开发、乡村治理、民生服务等工作，帮助数字化程度较弱的邻村邻镇；对于数字化程度相对弱的乡镇和街道，宜在加快数字化建设的同时，允许在过渡期同时采用传统办公方式，灵活运用各种方式增加百姓收入，减少百姓负担。

三、统筹兼顾，因地制宜，凝练特色，打造共同富裕市域范例

习近平总书记在党的二十大报告中指出，到二〇三五年，我国发展的总体目标之一是人民生活更加幸福美好，居民人均可支配收入再上新台阶，中等收入群体比重明显提高，基本公共服务实现均等化，农村基本具备现代生活条件，社会保持长期稳定，人的全面发展、全体人民共同富裕取得更为明显的实质性进展。习近平总书记的上述论断表明，无论是到21世纪中叶的第二个百年奋斗目标，还是到二〇三五年的阶段性奋斗目标，推进全体人民的共同富裕均是其重要组成部分。自从二〇二一年党中央赋予浙江省打造高质量发展建设共同富裕示范区光荣任务以来，我市积极响应，提出了将本市打造成共同富裕市域范例的目标。我们认为，要达到这一目标，除了需要关注上述的若干维度，还需要在统筹兼顾、因地制宜、凝练特色方面作出更大的努力。

首先，要更加注重因地制宜，将我市各地资源优势转化为富民优势，扎实推进共同富裕工程提档升级。我市一些乡镇街道紧邻杭州湾精细化工园区等国家级开发区，可以进一步发挥区位优势，将自身打造成高质量的人口集聚区。积极主动做好外来员工及其家属的服务工作，在党建引领下，积极推进“一村一幢楼”等物业建设。我市一些乡镇街道为历史悠久的文化重镇，对于这些乡镇街道而言，需要充分发掘自身的历史文化资源优势，扎实推进村社精神富有建设工程，将自身打造成“两富两美”的区域示范地。我市一些乡镇街道在基层治理方面有厚实的积淀和创新性的思路，对于这些乡镇来说，需要倍加重视推进基层善治工作，要以共建、共治、共享为主旨，依托基层善治积极助力全域共富。

其次，要更加注重统筹兼顾，精心策划，优化共同富裕宏观格局设计，提升共同富裕工作的气度。我市一些乡镇地处山区，虽然在交通、人口、工业等方面存在一定的发展短板，但是也拥有绿水青山等沿海平原乡镇所不具备的特色资源优势。习近平同志在党的二十大报告中指出，中国式现代化是人与自然和谐共生的现代化。我们需要坚持可持续发展，坚持节约优先、保护优先、自然恢复为主的方针，像保护眼睛一样保护自然和

生态环境，坚定不移走生产发展、生活富裕、生态良好的文明发展道路，实现中华民族永续发展。对于上述乡镇而言，认真学习领会习近平总书记的精辟论述，将绿山青山切实转化为金山银山，无疑是一条颇具前景的可持续发展之路。而靠近沿海经济开发区的乡镇则要进一步利用好人口红利和区位优势，为全市的共同富裕贡献更多的经验和思路。

最后，要更加注重凝练特色，一镇一策，一乡一品，一村一案，提升共同富裕工作的创新指数。如何结合村情社情推进共富？地处我市工贸小镇的某村级党支部负责人说："工贸小镇，经济发达，不可能与山区乡镇一样走主要搞乡村旅游这样的发展道路。"村庄坐落在我市内陆山区的某村书记则说："我们的山水含金量高，定要把这篇文章做好做大。"所以，各地要走区域特色强村兴社富民路，不能人家搞"一村一幢楼"我也一刀切，而要因地制宜谋划产业振兴，着力打造充分发挥本地资源和区位优势的共同富裕推进样板。各地要通过创新驱动和人才引进，大力推进产业升级换代和品牌建设，提升产品的附加值、竞争力、御险力。让共同富裕在人无我有、人有我优的特色加持和资源保障下拥有更强劲的内生性发展优势。

附录3　上虞区八乡镇“聚力强村富民，提速赋能共同富裕”问卷调查与数据分析

2022年夏天，笔者负责的绍兴文理学院研究团队承接绍兴市“社科赋能共同富裕”调研课题，前往上虞区开展“聚力强村富民，提速赋能共同富裕”对策研究。在绍兴市社科联的大力支持与上虞区社科联的大力配合下，本团队对小越街道、盖北镇、崧厦街道、道墟街道、汤浦镇、岭南乡、丰惠镇、永和镇等八乡镇（街道）通过召开座谈会、开展田野访谈、考察强村富民有关设施等方式展开深入调查研究。与此同时，为了获得更详实、更客观的量化数据，我们还通过问卷星系统向上述八乡镇下辖的倪梁村、珠海村、潘韩村、称海村、舜岸村、青山村、祝家庄村、青峰村等有关乡村干部与村民发放了“聚力强村富民，提速赋能共同富裕”调查问卷。最后共回收有效问卷467份，有关数据统计情况如下。同时，我们还对有关数据进行了一定的分析和说明。

1. 您所在村庄是：________村。[填空题]

分析说明：有关问卷向上述各村发放后，祝家庄村干部和村民共填写问卷156份，倪梁村干部和村民共填写问卷148份，潘韩村干部和村民共填写问卷76份，称海村干部和村民共填写问卷38份，青峰村干部和村民共填写问卷22份，青山村干部和村民共填写问卷12份，珠海村干部和村民共填写问卷15份。

有关问卷的回收数量也在一定程度上反映出各村的动员能力与数字化推广水平。祝家庄村党总支书记倪相伟对村庄的数字化建设工作展现出积极的态度；倪梁村是全国文明村，在“倪梁舞台”数字化礼堂等村庄的数字化建设方面达到很高的水平；潘韩村的公共文化建设在崧厦街道首屈一指，这些情况在本问卷的填写与提交数量上也得到一定程度的反映。

2. 您的年龄是：［单选题］

选项	小计	比例
10—20 岁	4	0.86%
21—30 岁	63	13.49%
31—40 岁	104	22.27%
41—50 岁	131	28.05%
51—60 岁	130	27.84%
61—70 岁	30	6.42%
大于 70 岁	5	1.07%
本题有效填写人次	467	

分析说明：从填写情况可以看出，41 岁至 50 岁的干部和村民填写占

比为28.05%，51岁至60岁的干部和村民填写占比为27.84%，31岁至40岁的干部和村民填写占比为22.27%，21—30岁的干部和村民填写占比为13.49%。其中，41—60岁的干部和村民填写占比达到55.89%，这从一个侧面真实地反映出村庄常住人口的老龄化问题比较明显。而30岁以下的干部和村民填写占比仅为14.35%，说明村庄里的年轻人流失较为严重。从某种意义上，可谓新农人兴则农村兴，新农村强则农业强。如何鼓励、支持、引进懂农业、爱农村的新农人，引领他们投身上虞区强村富民建设，是一个值得认真思考的课题。

3. 您的性别是：[单选题]

选项	小计	比例
男	228	48.82%
女	239	51.18%
本题有效填写人次	467	

分析说明：从填写情况可见，男性和女性的填写占比基本持平，从一个侧面反映出现在上虞农村地区常住人口中，男女的性别比例比较均衡。而女性干部和村民的填写占比高于男性干部和村民2.36个百分点，说明现在上虞农村常住人口中，很可能女性村民比例高于男性村民。在有关文献中，不少研究者认为现在留守农村的主要为妇女、老人、儿童，戏称之为“389061”部队。从本调查呈现的数据样本看，在上虞农村地区并不存在这种情况。

4. 您的居住地位于［单选题］

选项	小计	比例
农村	379	81.16%
城镇	88	18.84%
本题有效填写人次	467	

分析说明：从填写情况可见，填表的干部和村民中，居住地在农村的占比为 81.16%，占到填表者的绝大部分；而居住地在城镇的仅为 18.84%。可见，绝大部分填写问卷的干部和村民常住农村。我们在上虞八乡镇农村的实地调查发现，现在，该区域农村的建设，无论在硬件设施方面还是在文化氛围的营造方面，比起城镇来并不逊色。在生态环境建设方面，随着浙江省“千万工程”的深入推进，农村呈现出城镇所无法比拟的优势。所以，很多农村干部和村民尽管有可能在城镇拥有商品房，但还是选择将主要居住地安顿在农村。

5. 请问你对强村富民、共同富裕战略是否了解？［单选题］

选项	小计	比例
完全了解	163	34.9%
基本了解	190	40.69%
了解一些	86	18.42%
不太了解	28	6%
本题有效填写人次	467	

分析说明：从填写情况可见，填表的干部和村民中，对政府层面正在力推的“强村富民、共同富裕”战略表示完全了解与基本了解的人数在受调查人数中的占比为 75.59%。可见，对于这项党和政府大力宣传和积极推进的旨在加快新时代中国特色社会主义现代化建设的国家战略，绝大多数干部和村民群众比较了解甚至是相当了解。这对于加快城乡一体化、调动广大农村干部和村民群众投身兴村共富行动的积极性是大有裨益的。然而，也有 6% 的受调查干部和村民明确表示对此项工作不太了解，这需要引起有关方面重视。强村富民、兴村共富是涵盖整个国家、整个乡村地区的乡村振兴战略，需要每一位干部和村民群众都积极参与其中。基于此，进一步加强国家“强村富民、共同富裕”战略宣传，在此项工作的推进中“不让一个老乡掉队”，应成为一项基础性的工作目标。

6. 请问您认为现在的乡村与前几年相比变化大吗？［单选题］

选项	小计	比例
非常大，很惊喜	285	61.03%
比较大，有变化	153	32.76%
一般，没什么变化	22	4.71%
没有什么感觉	7	1.5%
本题有效填写人次	467	

分析说明：从填写情况可见，填表的干部和村民中，认为现在的乡村与前几年相比变化比较大、有变化的人数占到受调查总人数的32.76%，而认为现在的乡村与前几年相比变化非常大，很惊喜的人数更是占到受调查总人数的61.03%，两者相加的总人数则占到受访总人数的93.79%。这是非常可观的一个数字。这也充分说明，自从2003年习近平同志主政浙江时提出“八八战略”以来，浙江省的干部和群众一张蓝图绘到底，久久为功，通过“千万工程”“两山理论”等乡村建设行动的深入推进以及乡村振兴战略的扎实实施，绍兴市上虞区乡村的建设面貌在原先较好的基础上又有了显著的提升，团队重点调研的上虞八乡镇的基层民众的获得感明显增强。

7. 请问您觉得这些年乡村变化最大的是哪些地方呢？［多选题］

选项	小计	比例
硬件设施不断完善，交通更加便利了	382	81.8%
乡村环境卫生更加干净整齐美丽了	414	88.65%
村里娱乐设施完善了，文化活动增加了，生活快乐	314	67.24%
村里经济发展了，村民收入增加了	227	48.61%
村民社会保障、医疗保障、养老保障等不断完善，村民更加安居乐业了	300	64.24%

续表

选项	小计	比例
村庄变美了，很多人到村里参观游玩，提高了知名度	260	55.67%
本题有效填写人次	467	

分析说明：从填写情况可见，填表的干部和村民中，大家普遍对乡村的硬件设施建设、乡村环境卫生、文化娱乐设施、农村社会保障、美丽乡村建设的成效持肯定和认可的态度。对上述诸方面建设成绩表示肯定和赞许的人数占受访人数的60%以上。可见，在受调查的上虞八乡镇，近年来党和政府大力推进的乡村振兴战略与实实在在的乡村建设行动已经取得明显成效。

不过，值得关注的是，相比较而言，受访者对村庄软硬件建设的评价较高，而对村庄经济发展和村民收入增加持肯定态度的受访人数只占总受访人数的48.61%。我们认为，这个问题充分反映了上虞八乡镇受访民众对进一步推进村庄经济发展与村民群众收入增加怀有迫切的期望。在这方面，各级党组织和政府有关部门的工作尚有较大的提升空间。2022年8月19日，在上虞区委宣传部会议室举行的各职能部门强村富民座谈会上，不少干部认为推进乡村产业振兴是强村富民的重点工作，应该说有关部门和干部的工作思路是清晰的，也是接地气的。

8. 请问你觉得这些年的乡村变化对你的生活有影响吗？［单选题］

选项	小计	比例
非常大，现在生活很幸福快乐	262	56.1%
还可以，挺不错的	160	34.26%
一般，基本没有什么影响	45	9.64%
本题有效填写人次	467	

分析说明：从填写情况可见，一方面，填表的干部和村民中，认为这些年的乡村变化对自己的生活影响较大或非常大，现在生活很不错甚至很

幸福快乐的人数占到总受访人数的90.36%。这是非常不错的一个数字，这也说明党和政府大力推进的乡村振兴、强村富民、兴村共富工作获得基层干部和村民群众的充分认可，基层干部和群众的生活幸福指数有了实实在在的提升。

另一方面，尚有9.64%的受访干部和群众认为这些年的乡村变化对自己的生活影响一般，甚至基本没有什么影响。差不多十分之一的受访者持有这样的观点，还是需要引起有关部门和干部的充分重视。我们现在力推的强村富民工作是以村民群众为中心的乡村振兴重点工作，工作做得好不好，基层干部和群众是最有发言权的。所以，有关部门和干部要进一步保持和基层人民群众的密切联系，在强村富民工作中多听民众呼声，切实解决基层民众急难愁盼的问题。

9. 您认为现在乡村哪些方面需要大力改善［多选题］

选项	小计	比例
绿化	227	48.61%
医疗	307	65.74%
乡村文化教育	255	54.6%
基础设施	247	52.89%
我有更好的想法	19	4.07%
本题有效填写人次	467	

分析说明：从填写情况可见，填表的干部和村民认为乡村需要大力改善的方面有很多，其中呼声最为高涨与强烈的为农村医疗、乡村文化教育这两个方面。在上述方面呼吁大力改善的民众，分别占到受访总人数的65.74%、54.6%。实事求是地说，这个调研结果也在我们调研团队的意料之中。在我们调研的第一站——上虞区小越街道及其下辖的倪梁村，当地街道及村庄的基层干部和民众普遍反映现在乡村老百姓存在看病难、抓药难的问题。

倪梁村党总支书记倪建君多次提到，现在，由于政府有关部门加强了对乡村基层医疗的统一管理，原先的很多村级农村医疗合作机构被撤并掉了。鉴于人手短缺以及资源紧张等多种原因，新的村级医疗公共机构迟迟没有落地。以前，村里的老百姓看点病、抓点药，在村里的医疗所就能搞定，现在却不得不跑到街道上去。这对那些手脚不便的老年村民非常不方便。

认为乡村文化教育需要大力改善的干部和民众占到总受访人数的54.6%，这也是一个值得关注的数字。在我们调研的岭南乡中心小学，2021年秋季招收的一年级新生只有4个孩子，师生比明显失调。这从一个侧面反映了现在城乡公共教育文化资源的不均衡，说明了很多山村父母为了让孩子接受更好的教育，宁肯背井离乡到城区买房、租房，供孩子在城区读书，也不愿让孩子留在乡下读书，“输在起跑线上”。鉴于此，我们认为，现阶段只有进一步消除城乡公共服务的二元结构现状，才能切实推进城乡发展一体化。

10. 您对强村富民、共同富裕有什么期望？［多选题］

选项	小计	比例
提高农村生活水平	409	87.58%
增加村民收入	375	80.3%
弘扬乡村文化	275	58.89%
缩小村民之间、乡村之间的差距	238	50.96%
我有更好的想法	13	2.78%
本题有效填写人次	467	

分析说明：从填写情况可见，填表的上虞八乡镇农村干部和村民中，受访的基层干部和基层民众对“强村富民、共同富裕”期盼最强烈的是提高农村生活水平、增加村民收入，这两项分别占到受访干部和民众的87.58%、80.3%。强村富民、共同富裕战略的实施，归根结底要靠乡村产

业的振兴。只有产业振兴了，村民收入才能增加，乡村人口才能集聚，乡村消费才能提升，乡村基层才能在整体上激发出更强的生命力和活力。

11. 您认为阻碍强村富民、共同富裕战略实施的因素有哪些？［多选题］

选项	小计	比例
宣传、组织、指导的力度不够	250	53.53%
交通条件差	97	20.77%
文化教育水平不高	265	56.75%
村民不重视	247	52.89%
其他	56	11.99%
本题有效填写人次	467	

分析说明：从填写情况可见，填表的干部和村民按从高到低的占比顺序排列，认为阻碍强村富民、共同富裕战略实施的因素前三位分别为：文化教育水平不高（56.75%），宣传、组织、指导的力度不够（53.53%），村民不重视（52.89%）。其中多达56.75%的受访者将文化教育水平不高列为阻碍强村富民、共同富裕战略实施的首要因素。

这一调研数据值得引起我们有关部门和干部的重视。在奋力打赢脱贫攻坚战时，党和政府在深入调查研究基础上创造性地提出“扶贫先扶志”“扶贫先扶智”的工作思路，最终取得良好的扶贫成效。在强村富民、全面建设中国式现代化过程中，我们同样需要将提升乡村基层干部和村民群众的文化水平作为重中之重，注重培根铸魂，让乡村基层干部和群众的文化素质提升成为乡村全面振兴的内在支撑。

12. 您认为国家对农村经济发展的重视程度怎样？［单选题］

选项	小计	比例
很高	281	60.17%

续表

选项	小计	比例
高	129	27.62%
一般	47	10.06%
不够重视	10	2.14%
本题有效填写人次	467	

分析说明：从填写情况可见，填表的干部和村民中，认为国家对农村经济发展的重视程度很高与高的人数占到受访总人数的87.79%。可见，在我们重点调研的上虞区八乡镇中，绝大多数农村基层干部和群众充分肯定国家对农村经济发展的重视程度。这一点，我们在上虞调研期间也很有感触，从农村基层村干部到乡镇领导，再到上虞区委、区政府涉及“三农”的职能部门干部，大家都在言谈中表现出对乡村振兴的高度关注和认真思考。在强村富民乃至乡村振兴战略推进中，干部是关键因素。现在，各级党组织和广大干部对强村富民工作的投入和注重，无疑是这项工作良性推进的重要保障。

13. 您认为阻碍乡村和村民发展的因素有哪些？［多选题］

选项	小计	比例
耕地利用效益不高	214	45.82%
农村教育较为滞后	198	42.4%
农产品市场活力不足	200	42.83%
农业先进设施和技术未能普及，部分地区农业生产技术落后	184	39.4%
农村地区人才流失严重，缺乏人才流入	286	61.24%
自然资源相对匮乏	158	33.83%

续表

选项	小计	比例
请填入您认为的其他原因	17	3.64%
本题有效填写人次	467	

分析说明：从填写情况可见，填表的干部和村民中，高达 61.24% 的受访者认为农村地区人才流失严重、缺乏人才流入是阻碍乡村和村民发展的首要因素。这一点我们也深以为然。生产力的发展取决于生产工具和劳动者这两个核心要素。其中，最为根本的是劳动者。我们针对上虞八乡镇强村富民的调研也表明，虞北农村的发展之所以与虞南农村的发展差距明显，这里面最为关键的是虞南农村发展的人力资源支撑明显不足。关于这一点，下表的统计数据已经非常清晰，很能说明问题。

项目＼区域	虞北各镇街	虞南各乡镇
20—59 岁平均人数	37435	8684
大专及本科学历平均人数	5577	723
硕士及以上平均数	320	19

（表格提供：上虞区发展改革局，2022 年 8 月）

14. 您认为下列哪些举措能够推进共同富裕、显著提高农村村民生活质量？［多选题］

选项	小计	比例
完善农业贷款等农村融资手段，拓展农产品市场	254	54.39%
完善农村教育，对农村劳动力进行精准化的培训	333	71.31%
普及先进、智慧的农业生产工具和技术	238	50.96%
采取更多吸引农业人才的政策	273	58.46%

续表

选项	小计	比例
加大扶贫济困、灾害救助力度	204	43.68%
鼓励农民兼职，多元经营，完善相关制度	283	60.6%
请填入您主张的其他因素	14	3%
本题有效填写人次	467	

分析说明：从填写情况可见，填表的干部和村民中，71.31%的受调查者认为完善农村教育，对农村劳动力进行精准化的培训能够推进共同富裕、显著提高农村村民生活质量；60.6%的受访者认为需要鼓励农民兼职，多元经营，完善相关制度；58.46%的受访者认为需要采取更多吸引农业人才的政策；54.39%的受访者认为需要完善农业贷款等农村融资手段，拓展农产品市场。来自上虞八乡镇农村基层的这一调查结果值得我们重视。

现在，上虞全区农村正在全面实施农业"双强行动"。其中，不管是实施科技强农行动，提升农业科技创新能力，还是普及优质高产、生态高效的绿色生产技术模式，都需要拥有较高素养的新型农民的支撑。所以，我们认为，上虞区在推进强村富民实施战略中，需要将培训新农人、吸引更多的农业人才作为一项重要工作。只有拥有较高素质的新型农民，才能更好地统筹农村地区一、二、三次产业发展，才能积极拓展和深化农村多元化经营。

15. 在强村富民、共同富裕战略提出后，您对哪一个目标比较感兴趣？[单选题]

选项	小计	比例
产业兴旺	87	18.63%
生态宜居	167	35.76%
乡风文明	62	13.28%

续表

选项	小计	比例
治理有效	24	5.14%
生活富裕	127	27.19%
本题有效填写人次	467	

分析说明：从填写情况可见，填表的干部和村民中，在强村富民、共同富裕战略提出后，对生态宜居这一目标比较感兴趣的占受调查者的35.76%。这也从一个侧面说明习近平总书记和党中央提出的新时代“绿水青山就是金山银山”理论是顺应广大农村基层民众呼声的。我们本次重点调研的上虞八乡镇农村基层干部和村民也将生态宜居视为自己最值得珍惜、最感兴趣的乡村优质资源。

调研发现，很多农民尽管由于小孩就学或自身发展需要将自己的户口迁到城镇，但还是希望保留在农村的宅基地甚至耕地的使用权。一些农村基层干部尽管在城镇拥有房产，但还是将主要栖居地放在农村。一方面是为了开展工作需要，另一方面也是因为农村优质的生态资源对他们构成了强大的吸引力。

16. 您愿意支持乡村集体经济增加、村级产品宣传和提升、旅游业推介或其他一些村级公共事业吗？［单选题］

选项	小计	比例
非常愿意	281	60.17%
愿意	162	34.69%
一般般	23	4.93%
不愿意	1	0.21%
本题有效填写人次	467	

分析说明：从填写情况可见，填表的干部和村民中，高达94.86%的

受调查者表示愿意甚至是非常愿意支持乡村集体经济增加、村级产品宣传和提升、旅游业推介或其他一些村级公共事业。这说明绝大多数的村民群众深谙村级集体经济的发展和村级公共事业的提升与自身的生活、生产的密切关系。

在革命战争年代，我党总结出密切联系群众、理论联系实际、批评与自我批评这三大优良作风。同样，在新时代全面建设中国式现代化这一伟大实践进程中，我们必须将新时代“枫桥经验”坚持好、发展好，以人民为中心，依靠群众、发动群众、服务群众，才能将强村富民工作不断推向前进。

17. 您认为如何才能让各类人才到乡村从事乡村经济发展？［多选题］

选项	小计	比例
出台相关政策，加大对返乡人才的补贴支持力度	346	74.09%
大力建设乡村基础设施，提高乡村生活水平	321	68.74%
拓展乡村工作人员的发展空间	264	56.53%
提高村民对新农人的重视和支持程度	254	54.39%
本题有效填写人次	467	

分析说明：从填写情况可见，为了让各类人才到乡村从事乡村经济发展，填表的干部和村民中，74.09%的受调查者赞成出台相关政策，加大对返乡人才的补贴支持力度；68.74%的受访者赞成大力建设乡村基础设施，提高乡村生活水平。目前，上虞区发改局等有关部门已经在加强农村公共服务方面不断谋篇布局，并从建立城乡公共资源均衡配置机制、构建涵盖学前教育与义务教育的教育共同体、完善城乡基本医疗保险制度、健全农村普惠型养老体系等方面持续发力。

应该说，上虞区委、区政府及其相关工作部门的兴村共富工作思路和行动方向是非常清晰的。另外，我们建议重点考虑如何进一步健全和完善相关政策，统筹全区的力量和资源，加大对优秀返乡人才和引进人才的支持和补贴力度，让这些优秀人才来到农村后留得住、住得下、过得好、发展快。

18. 您对强村富民、共同富裕还有什么实质性建议或意见？［填空题］

分析说明：从填写情况可见，接受问卷调查的基层干部和村民，针对强村富民、共同富裕这一调查主题，最为关注的关键词按从高到低的频次排列分别为“建设”“农村”“村民”“发展”“富民”“强村”“领导”。

新时代的农村是奋力走向乡村振兴的农村，是大力推进城乡一体化的农村，是需要调动干部和群众两个积极性的农村，是需要将强村富民作为核心工作的农村，只有党建统领、以人为本、统筹兼顾、久久为功，才能最终实现新时代中国农村的高质量发展，进而厚植中国式现代化的城乡均衡发展根基。

后　　记

本书稿的撰写，源于2022年夏天笔者牵头承接的一项绍兴市“社科赋能共同富裕”调研课题。2021年5月《中共中央 国务院关于支持浙江高质量发展建设共同富裕示范区的意见》发布以后，绍兴市社科联为配合市委、市政府高质量发展建设共同富裕示范地市域范例的中心工作，推出首批社科赋能共同富裕调研行动。绍兴市社科联诸位领导非常重视本次调研行动，专门在2022年7月21日上午举行了绍兴市“社科赋能共同富裕”行动启动仪式，笔者有幸作为“绍兴市社科赋能共同富裕行动”调研专家团队负责人代表在启动仪式上发言。

调研行动正式启动后，市社科联专门安排了市社会科学院李建兴副院长陪同本团队前往上虞开展“聚力强村富民，提速赋能共同富裕”对策研究。上虞区社科联领导也非常重视本团队的调研行动，社科联副主席王赛君女士与章鑫科长全程陪同本次调研，我们调研所涉及的小越街道及其下辖的倪梁村、盖北镇及其下辖的珠海村、崧厦街道及其下辖的潘韩村、道墟街道及其下辖的称海村、汤浦镇及其下辖的舜岸村、岭南乡及其下辖的青山村、丰惠镇及其下辖的西湖村和祝家庄村、永和镇及其下辖的青峰村等八乡镇（街道）及其所辖村庄的有关负责同志热情接待和全力配合。

调研的最后一站，在区委宣传部会议室举行的“社科赋能共同富裕行动”课题调研座谈会上，区委宣传部、区委改革办、区发改局、区农业农村局、区财政局、区文广旅游局、区自然资源和规划分局、区社科联等部门有关分管领导和干部积极参与发言。所有这些，都为本团队开展“社科赋能共同富裕行动”课题调研夯实了基础。限于篇幅，上述有关同志的姓名在此不一一列举，笔者谨在此向各位领导、同仁表示由衷的感谢！

在本次调研行动中，绍兴文理学院的孙东芳博士、季静教授、马芹芬女士、绍兴市委党校的陈怡伶老师、诸暨市委党校的田胡杰老师应笔者邀请一起参与了本次课题研究。本次课题实地调研时间主要安排在2022年夏天，天逢酷暑，烈日炎炎，然而，各位课题组成员却风雨无阻，全程参与，集思广益，群策群力，最终使本课题研究任务顺利完成，有关研究成果获得绍兴市副市长、上虞区委书记鲁霞光同志的肯定性批示。

本次聚焦上虞农村的“聚力强村富民，提速赋能共同富裕”调研行动让调研团队收获满满。在调研中，我们一边学习，一边思考，感触良多。尽管笔者牵头的本调研团队已经按要求及时提交了课题调研报告，然而，我们还是觉得单单一个调研报告无法传递团队关于本次调研的更多想法和思考。于是，笔者索性决定在该次调研的基础上撰写一部能容纳更多内涵的书稿，这就是本书的由来。

调查研究是我们党的传家宝。党的十八大以来，以习近平同志为核心的党中央高度重视调查研究工作。习近平总书记强调指出，调查研究是谋事之基、成事之道，没有调查就没有发言权，没有调查就没有决策权；正确的决策离不开调查研究，正确的贯彻落实同样也离不开调查研究；调查研究是获得真知灼见的源头活水，是做好工作的基本功；要在全党大兴调查研究之风。习近平总书记这些重要指示，深刻阐明了调查研究的极端重要性，为全党大兴调查研究、做好各项工作提供了根本遵循。在2023年3月，中共中央办公厅印发了《关于在全党大兴调查研究的工作方案》，并发出通知，要求各地区各部门结合实际认真贯彻落实。

吴毅先生在从事田野研究时要求自己与农民心灵相通，“以农民的眼光看待农村，逐渐成为我给自己的农村研究所定下的一条规矩。”① 在一定意义上，本书的撰写也是我们响应习近平总书记和党中央大兴调查研究之风、贴近农业、农村、农民的一种努力尝试。“没有调查研究就没有发言权”，在本书中，我们努力将基层干部和群众的肺腑之言、本团队及其成员对强村富民的学习与思考融为一体，努力撰写一部接地气、冒热气、有梦想、有思考的调研作品，践行笔者与团队全体成员“将文章写在家乡乡村大地上”的理念。

囿于笔者水平，书中纰漏和错误在所难免，恳请读者海涵和指正。

裘　斌

2024 年 2 月于绍兴

① 吴毅．村治变迁中的权威与秩序——20 世纪川东双村的表达［M］．北京：中国社会科学出版社，2002：378.